Le
Palais de Justice
de PARIS

Ancienne Maison Quantin
Librairies-Imprimeries Réunies
Paris, 7, Rue Saint-Benoît

LE

PALAIS DE JUSTICE

COMMISSION DU LIVRE :

A. Bataille

V. Champier — Halbrand — H. Vonoven

LISTE DES COLLABORATEURS :

Baillot — Bataille — Beau — Benoit-Lévy — Bergougnan — A. Blondeau

P. Bonhomme — Burgensis-Desgaultières — Champier

Ch. d'Arcis — A. Clemenceau — Ducuing — Dugas — Ebrard

Fourcaulx — R. Godefroy

Halbrand — Heusy — Husson — De Maizières

Jules Moinaux — F. Obermayer — Pujo — Ratoin — V. Riffard — Sembat

Taunay — Vannesson — M. Vincent — H. Vonoven

ILLUSTRATIONS :

Notes et croquis d'audience de M. P. Renouard

Dessins de MM. E. Brun — Lacker — Loévy — de la Nézière

Photographies de MM. Klerjot et Coulet

Gravures de Rougeron et Vignerot

QUELQUES AVOCATS :

Er. Riquebel

LE
PALAIS DE JUSTICE

DE

PARIS

Son Monde et ses Mœurs

par

LA PRESSE JUDICIAIRE PARISIENNE

150 dessins inédits

Préface de M. Alexandre Dumas fils

PARIS
ANCIENNE MAISON QUANTIN
LIBRAIRIES-IMPRIMERIES RÉUNIES
7, Rue Saint-Benoît, 7
May et Motteroz, Directeurs
1892

PRÉFACE

Mes chers confrères,

Je viens de lire tout d'un trait votre livre sur le Palais
de Justice. En m'en communiquant les épreuves, vous me
demandez quelques lignes de préface. Si jamais livre a pu se
passer de préface, c'est bien celui-là. Il est clair, pittoresque, intéressant, utile, amusant, le mot magique d'aujour-
d'hui, d'un bout à l'autre. Si je me laissais aller à parler
comme il le faudrait de ce gros sujet de la Justice, je ferais à
mon tour une préface aussi longue, et bien moins intéressante
que le livre lui-même. Mais il m'a semblé durant notre entretien que sur un point surtout vous désirez avoir mon opinion.
Lorsqu'on me demande mon opinion sur une de ces grosses
questions sociales, je suis toujours très embarrassé, non pas
pour en avoir une, mais pour l'exprimer convenablement. J'ai
sur toutes les choses de la vie morale des sociétés et des individus des idées tellement arrêtés, tellement absolues, et j'ai,
avec cela, un tel respect des convictions et de la liberté des
autres, une telle horreur de contrister et de choquer une foule
de braves gens se trouvant très bien d'idées toutes différentes
des miennes, que je ferais toujours mieux de me taire, les
choses qui doivent durer comme les choses qui doivent finir

pouvant parfaitement se passer de ce que je puis penser et dire d'elles. Supposons que c'est la dernière fois que je donne mon avis sur quelque chose et causons, comme si nous étions seuls.

Le point sur lequel vous me consultez est défini ainsi dans les dernières lignes de votre livre :

Ce que tout le monde voudrait aussi, ce serait la découverte d'un système judiciaire qui, avec la gratuité absolue de la justice, assurerait le recrutement de magistrats — permanents ou temporaires — ayant, chacun dans ses attributions, le caractère et la compétence, science et conscience, qui, juges criminels ou correctionnels, auraient pour unique souci, dans une procédure, de rechercher la vérité, pour but unique l'application des lois; aux yeux desquels le prévenu réputé innocent jusqu'à l'arrêt de condamnation ne prendrait pas trop souvent figure de coupable et dont enfin la froide et sereine urbanité ne distinguerait jamais entre les puissants et les misérables. Mais ce Palais idéal, ce n'est celui ni de demain ni de l'avenir, c'est le Palais impossible.

Tel est votre dernier mot; ce n'est pas le mien. Cette Justice surhumaine, idéale, que vous croyez impossible, je la crois parfaitement réalisable. J'aime mieux vous le dire tout de suite, je suis de ceux qui sont convaincus que tout idéal même collectif peut être réalisé en ce monde, à la condition d'y mettre le temps. L'humanité ne fait pas autre chose, malgré ses écarts apparents, que de poursuivre et d'effectuer la réalisation de tous les idéals que quelques esprits supérieurs sont chargés de concevoir et de proposer pour elle. C'est sa mission sur la terre; seulement, comme elle doit durer des millions d'années, pour ne pas dire des millions de siècles, il est naturel qu'elle opère les progrès auxquels elle est prédestinée, sans se presser, souvent même à son insu, en

s'attardant et en se complaisant dans ses habitudes et ses
routines. Je me figure donc que la Justice ne sera pas seulement modifiée dans son mécanisme et son outillage, comme
le demande M. Adolphe Guillot, si compétent en la matière,
dans son livre *l'Avenir de la Magistrature*, où il explique
fort bien pourquoi certaines réformes sont indispensables et
comment elles seront possibles, je me figure aussi qu'elle sera
modifiée dans son principe, dans son essence, dans son esthé-
tique pour ainsi dire, enfin dans l'appréciation philosophique
qu'elle fera des êtres et des choses.

Ni vous ni moi ne savons, personne ne sait qui a fait
notre monde; mais celui qui l'a fait, l'a fait évidemment
avec un but, sans quoi ça n'eût pas été la peine de le faire.
Physiquement ce monde tourne sur lui-même, autour du
soleil, sans s'arrêter jamais un millionième de seconde. A
chaque évolution, il est entraîné, paraît-il, de manière insen-
sible, mais certaine et régulière, avec toutes les autres planètes
qui forment le cortège du soleil, vers la constellation d'Hercule. Le Dieu que nous ignorons n'a pas dû procéder dans le
monde moral autrement que dans le monde physique. Les lois
qu'il a établies pour celui-ci, ont dû lui servir pour celui-là.
Il n'a certainement voulu ni contradiction ni antagonisme
dans son œuvre où la logique et l'harmonie sont évidentes
dans quelque partie qu'on l'examine. Si nous devons jamais
connaître ce créateur, ce ne sera qu'en étudiant un à un les
phénomènes extérieurs, en les enchaînant successivement les
uns aux autres et en essayant de remonter à lui, à l'aide
de tous les anneaux de la chaîne. Nous tournons donc moralement sur nous-mêmes, à une très grande distance, autour
de cette lumière fixe qu'on appelle la vérité, comme nous
tournons physiquement autour de ce foyer rayonnant, chauf-

fant et éclairant qu'on appelle le soleil; et, à chaque évolution, nous avançons très peu, mais un peu. Quand le soleil
et notre planète arriveront-ils à Hercule? Quand notre intelligence humaine arrivera-t-elle à la complète vérité? Je n'en
sais rien, mais je ne doute pas que nous arriverons. Au train
dont nous marchons, nous avons encore du temps et du
chemin devant nous, c'est ce qui fait croire à nombre de
gens que c'est et que ce sera toujours la même chose. Notre
globe ne serait pour ces gens-là qu'une immense bulle de
savon, qu'un grand enfant nommé le Hasard aurait faite
pour s'amuser et sur laquelle se refléteraient incessamment
des images sans consistance et sans durée. C'est inadmis-
sible.

En attendant et pour en revenir à la petite question qui
nous occupe dans un petit coin de notre petite bulle, il est
évident que le grand ouvrier ayant l'éternité à occuper et
à remplir, s'est bien gardé de donner à tous les hommes
une intelligence étendue ou même désireuse de s'étendre qui
aurait trop précipité les solutions. Il a besoin évidemment,
pour préparer ce qu'il a à faire, de l'indifférence de l'individu,
de l'apathie des masses et de la lenteur des faits. Et tandis que
quelques-uns meurent désespérés de n'avoir pu rendre le
progrès plus précoce et plus vite fécond, le plus grand
nombre, sans conscience, ni souvenir de leur incurie passée,
s'épouvantent de la rapidité apparente avec laquelle certaines révolutions s'accomplissent, surtout en ces derniers
temps. Ils n'avaient pas vu ce qui les préparait et ils sont
surpris par l'explosion, par l'éclosion logique, fatale que
d'autres voyaient, voulaient et annonçaient trop tôt. Mais
les vérités qu'on ne dit pas trop tôt ne valent pas la peine
d'être dites plus tard.

Les temps sont-ils accomplis? Le fumier fait du sang, de la chair, des os de tant de générations, a-t-il assez chauffé la terre et la moisson promise va-t-elle enfin percer le sol? Personnellement je le crois. Voici en effet que toutes les questions politiques, religieuses, sociales, morales, posées et constamment ajournées depuis des siècles, semblent décidées à se faire résoudre définitivement et que les solutions catégoriques paraissent devoir seules avoir raison d'elles. A d'autres périodes de notre histoire, certaines de ces questions étaient attaquées, discutées, provoquaient des luttes; elles sortaient de ces épreuves un peu ébranlées, un peu meurtries, un peu inquiètes; mais avec de la souplesse, de la ruse, et grâce à la complicité des foules toujours ignorantes et routinières, dont le poids se retrouvait tout à coup, dans un des plateaux de la balance, à la disposition du plus hardi ou du plus fort parmi les vaincus, les conventions anciennes, les formules consacrées reprenaient bientôt leur aplomb, leur tyrannie; c'est que le principe fondamental était toujours hors de cause. On attaquait, je suppose, les abus de pouvoir du roi, mais on ne discutait pas la royauté; on combattait les excès du clergé, mais on ne mettait pas en doute la nécessité de la religion et l'existence de Dieu. Aujourd'hui il n'en va plus de même. La liberté absolue, illimitée, proclamée et à jamais implantée chez nous, a ouvert la porte à toutes les analyses, à toutes les méthodes, à toutes les critiques, et c'est le principe même des choses qui est sur la table de dissection.

Toutes les traditions, toutes les croyances dans lesquelles les sociétés ont été contenues jusqu'à présent et par lesquelles elles ont été maintenues et dominées s'écroulent de toutes parts, nous laissant à découvert, ahuris et effarés au

milieu des décombres comme gens réveillés en sursaut par
un tremblement de terre, se demandant où ils vont aller et ce
qu'ils vont devenir. Je défie qui que ce soit de faire face
comme dans le passé aux nouvelles questions qui se posent,
avec une fable, une légende, une mythologie quelconques,
si ingénieuses ou si poétiques qu'elles soient.

. Il faut aux sphinx nouveaux qui s'allongent à l'entrée de
toutes les routes nouvelles des réponses nettes, irréfutables.
Ce ne sont plus les conséquences et les effets des principes
qui ont dominé pendant des siècles, ce sont les principes eux-
mêmes, c'est le fond des choses qui vont être appelés à la
barre. Il ne s'agira bientôt plus de savoir si les rois qui restent
font bon ou mauvais usage du pouvoir qui leur est attribué
par grâce divine ou par assentiment populaire, il s'agira de
savoir s'il doit y avoir encore des rois ; on ne se demandera
plus si les riches font bon ou mauvais emploi de leurs biens,
on se demandera s'il doit y avoir encore des riches ; on ne
cherchera plus si les ministres du Dieu révélé aux hommes
pratiquent bien ou mal la morale qu'ils se sont chargés de
répandre, si le pape doit avoir ou n'avoir pas un domaine
temporel, en même temps que la direction des âmes, on se
demandera s'il doit y avoir des religions, si l'on doit admettre
un Dieu, si celui qu'on a adoré ou subi jusqu'à présent est
le vrai, s'il y en a un. Enfin, et c'est pour le moment le signe
le plus inquiétant, dans un temps plus prochain qu'on ne le
croit, il ne sera plus question de savoir s'il vaut mieux être
soldat pendant trois ans ou cinq ans, si tout le monde doit
être soldat, il sera question de savoir si l'on doit être soldat
et si ce qu'on appelle la Patrie n'est pas une légende, une
erreur, une duperie comme le reste. Ne voyons-nous pas les
prolétaires de tous les pays se donner des poignées de main

par-dessus les frontières, par-dessus les armées, par-dessus
les gouvernements et les lois, par-dessus les affronts subis
et les haines jurées! Et comme c'est avec les prolétaires
qu'on fait des soldats, on peut se demander si, après s'être
donné tant d'accolades au nom de leurs intérêts communs,
ils resteront disposés à se donner encore des coups pour des
raisons qui ne les intéressent pas.

Que deviendra la Justice, me demanderez-vous, au milieu
de cette démolition générale indispensable au remaniement
universel? Pour qui la regarde fonctionner actuellement, en
spectateur désintéressé, espérant bien n'avoir jamais affaire
à elle, elle paraît déjà quelque peu hésitante et désorientée.
La physiologie, la psychologie, le sentiment, la littérature, le
théâtre, le roman, le journalisme me font l'effet de pénétrer
de plus en plus dans les verdicts de nos jurés et même de
nos juges. Ils entendent soulever autour d'eux tant de problèmes d'hérédité, de fatalité, de suggestion, de libre ou non
libre arbitre sur lesquels la science elle-même n'ose pas
encore se prononcer, ils voient les enquêtes dont les magistrats seuls étaient chargés jusqu'à présent, faites si rapidement, si délibérément et si imprudemment par les premiers
reporters venus à la grande satisfaction du public, qu'ils ne
savent plus très bien à quoi s'en tenir sur leurs droits et quelquefois sur leurs devoirs. Avant l'ouverture des débats, la
cause est discutée, jugée dans nombre de journaux qui ont la
prétention de représenter l'opinion et de l'imposer aux juges
officiels. La presse divulgue d'avance l'acte d'accusation, et
raconte et règle la pièce qu'on va représenter le lendemain.
Les agences des théâtres ne vendent pas encore les billets,
mais cela ne tardera pas. Une Gabrielle Bompard passe à
l'état d'étoile, on la montre; elle salue la foule, elle sourit;

on note ses mots. On discute publiquement si, la femme Berland étant condamnée à mort, on doit lui couper la tête. Les reporters écrivent à tous ceux qui tiennent une plume pour leur demander une consultation à insérer. Cette Madame, femme du monde, jusque-là des plus honorables, qui a jeté du vitriol au visage de la maîtresse de son mari, arrive au banc des prévenus au bras d'un ancien juge d'instruction ; on l'interroge respectueusement et on l'acquitte aux applaudissements de l'auditoire. Cette autre, mariée à un galant homme qui sert bien son pays, qu'elle trompe avec un fonctionnaire qui le sert mal, se fait avorter et va jeter dans la mer le fruit de ses entrailles, en compagnie de son amant. On s'intéresse à elle, on la plaint par comparaison avec cet amant qui la dénonce et qu'elle soufflette et la question du droit à l'avortement se pose à ciel ouvert. « Après tout, la femme n'est-elle pas libre de disposer de ce qui est partie de sa propre chair et de se faire opérer de ce fœtus comme d'un corps étranger, écharde, tumeur ou kyste ? C'est malgré elle qu'il est là, elle ne le voulait pas. Ce n'est qu'un intrus, un parasite. N'est-on plus maître de sa personne ? Et la liberté, qu'en faites-vous ? Et puis ne risque-t-elle pas sa vie ? Et celui qui la fait avorter est-il donc si répréhensible ? Tout à coup le plus honnête homme du monde ne peut-il pas se trouver dans cette situation délicate ? Car enfin, qui est-ce qui n'est pas l'amant d'une femme mariée ou d'une jeune fille, qui ne veulent pas, qui ne doivent pas être compromises ? Rien de plus naturel, quel mal y a-t-il à cela ? L'amour n'excuse-t-il pas tout ? Et il faut bien sauver l'honneur d'une famille, surtout quand on ne l'a pas respecté ? » Et quand la dame est condamnée, on demande qu'elle soit graciée ou qu'elle ne fasse pas toute sa peine.

Nous avons bataillé pendant des années pour le rétablissement du divorce. Un de nos grands arguments était que,
tant que le divorce ne serait pas rétabli, la loi serait forcée
de tolérer et d'absoudre le meurtre de la femme par le mari,
ce qui nous paraissait monstrueux. Enfin le divorce est rendu ;
le mari trompé n'a plus qu'une chose à faire, c'est d'invoquer
la nouvelle loi ; armé de l'article 231, il n'a plus ni le besoin
ni le droit de se faire justice lui-même : s'il tue la coupable,
le jury ne doit le considérer que comme un meurtrier vulgaire n'ayant obéi qu'à sa passion. Pas du tout, les maris
trompés, et même un mari divorcé dernièrement, continuent
à tuer et les jurés à acquitter. Jamais on n'a vu la Justice
se déjuger aussi naïvement, aussi dangereusement. J'ai lu tous
les procès de cette espèce depuis la modification de la loi. Pas
une seule fois, le président des assises n'a fait observer au
prévenu qu'il avait un autre moyen, beaucoup moins san-
guinaire et complètement légal, de se débarrasser de son infi-
dèle moitié. Je crois qu'au fond, les magistrats sont contre le
divorce, qu'ils voudraient démontrer qu'il n'a rien modifié et
qu'il vaudrait mieux l'abroger de nouveau ; à moins qu'ils
n'ignorent son existence, ce qui est bien possible. Je ne parle
que pour mémoire des infanticides, qui sont tous acquittés,
sauf les cas où la mère s'est montrée par trop sauvage en
écrasant la tête du petit entre deux pavés, en le coupant par
morceaux ou en le donnant à manger aux cochons. Dans
l'infanticide, il reste encore une excuse à la Justice, c'est la
culpabilité du père anonyme qu'elle ne peut pas punir. La
femme profite alors de cette impuissance de la loi.

Ce qui est certain, c'est que cette grande œuvre de la
conscience, ce droit divin que s'est arrogé l'homme de juger,
d'absoudre, de condamner publiquement et, dans certaines

circonstances, de donner la mort à son semblable, n'ont plus la majesté qu'ils devraient avoir, n'inspirent plus le respect qu'ils devraient inspirer. Des éléments complexes viennent troubler les habitudes, bouleverser les traditions, inquiéter la conscience des juges les plus austères. Le laisser-aller des mœurs nouvelles reflue et influe évidemment sur les verdicts du Tribunal. La morale semble avoir perdu le droit d'être indiscutable et se laisse ballotter de l'absolu au relatif sans savoir où aborder. Il m'est arrivé d'assister à quelques procès criminels retentissants, Dieu sait que ce n'était ni par curiosité banale, ni par recherche d'émotions. Je n'avais aucune envie de me repaître des angoisses du misérable, ou plutôt de l'imbécile, qu'on avait fini par découvrir et par amener là. Quand on en a vu un, on les a tous vus; c'est toujours le même. Mais je voulais m'interroger encore plus que lui, me demander quelle sentence je porterais si j'étais parmi les jurés. J'ai suivi quelquefois le condamné jusqu'à l'échafaud. Il mourait bravement ou lâchement, embrassant ou repoussant le prêtre, résigné ou révolté, le plus souvent ahuri et ne se rendant pas compte. En assistant à ces condamnations et à ces exécutions, je ne pouvais pas m'empêcher de me dire : « Et après? Qu'est-ce que cela prouve? Où cela mène-t-il? Il y a eu un ou plusieurs individus assassinés; il y a un assassin de plus d'exécuté. Justice est faite, dit-on. Après? L'exemple a-t-il profité? Les crimes diminuent-ils? Ils n'ont jamais été si nombreux, si féroces, si insolents. Va-t-il falloir en revenir au pilori, à la marque, à la torture? Ou bien ne serait-ce pas nous qui nous tromperions? Ce criminel est-il vraiment coupable? »

Il y a cinquante ans, la littérature posait la question en

interpellant la société, aujourd'hui la science pose de nouveau
la question en interpellant la nature. L'ignorance, la misère,
la révolte contre l'état social ont été les arguments de certains romanciers ; l'hérédité, la suggestion, l'obsession, l'irres-
ponsabilité native sont aujourd'hui ceux de certains savants.
Nous donnons la mort à ces meurtriers en pleine possession
de notre conscience et de notre raison, nous le croyons du
moins ; s'ils ont donné la mort sans avoir jamais eu ni raison,
ni conscience, où est notre droit, où est leur faute ? Ce qui me
fait croire par moments, je dis par moments, pour ne pas
trop offusquer mes lecteurs, à l'*innocence* de ces individus,
c'est leur état de corps et d'esprit immédiatement après la
perpétration du crime, c'est le parfait équilibre physique et
mental où ils se trouvent. Ils se mettent à table, ils mangent
de bon appétit et ils dorment d'excellent sommeil, quelquefois
à côté du corps de leur victime. Pas la moindre trace de remords, d'agitation même. S'ils ont été déçus dans leurs espérances, s'ils ont tué pour quelques sous seulement après
avoir cru se procurer une grosse somme, ils en prennent immédiatement leur parti : c'est à recommencer, voilà tout. Si
la grosse somme est trouvée, ils font bombance publiquement. On croit que c'est pour s'étourdir ; pas le moins du
monde, c'est pour se donner la jouissance qu'ils rêvaient
et au nom de laquelle ils ont pris la résolution de tuer. Ils
laissent voir à tout le monde leur fortune nouvelle et inexpli-
cable avec une naïveté, une candeur d'enfants. Ils convoi-
taient une somme d'argent représentant pour eux la réalisation
de leur idéal stupide, il y avait un obstacle entre eux et cette
somme d'argent, c'était le possesseur : ils suppriment l'obstacle, après quoi ils digèrent, jouissent et se reposent. C'est,
comme raisonnement, celui du boa. Regardez donc bien cet

individu, il appartient au genre animal et n'a rien d'humain
dans le sens où nous entendons ce mot, quand nous parlons
de nous-mêmes. Dès lors doit-on le punir comme un homme?
Ne faut-il pas le traiter tout simplement en animal? Raison
de plus, me direz-vous, pour le traiter comme nous faisons,
et pour ne pas discuter outre mesure sur le cas de cet animal,
et il n'y a aucun inconvénient à ce qu'on le supprime, puisqu'il
est malfaisant comme un chacal ou un loup. Évidemment c'est
le moyen le plus expéditif, le plus économique et le plus sûr.
Est-ce le meilleur? De ce que cet animal a raisonné comme un
animal, dois-je, moi qui n'en suis pas un, me contenter en ce qui
le concerne, d'un raisonnement qui ne dépasse pas le sien? Ne
suis-je pas chargé au contraire de raisonner pour lui? Il a
tué, je le tue. A quoi cela sert-il? Cela donne la mort à un
vivant, cela ne rend pas la vie au mort. Au premier aspect
cela semble être l'expiation, la compensation, logique, naturelle. D'où vient cependant que, quand ce meurtrier est an-
nihilé à son tour, je ne me sens pas entièrement satisfait et
que j'ai cette impression persistante qu'il y avait peut-être
autre chose et mieux à faire? Avez-vous remarqué que cet
homme, qui avait mangé et dormi si tranquillement après son
crime, dort et mange tout aussi tranquillement après son arrestation? A partir du moment où il a introduit son pourvoi,
il est convaincu que sa peine sera commuée. Quand on vient
lui annoncer que ce pourvoi est rejeté, il dort toujours profondément; il faut le secouer pour le réveiller. Il dort, malgré le
souvenir de son crime, malgré la menace de la mort. Où est
l'âme, où est la conscience, où est l'intelligence dans tout
cela? A l'autopsie tous les organes sont sains, en parfaite
corrélation les uns avec les autres. Le cerveau ne présente
aucune lésion, pas la moindre anomalie. Quelle plénitude de

santé ! Quelle accumulation de forces ! Quelle parfaite harmonie ! Que devient le *mens sana in corpore sano ?*

Voilà toutes nos conceptions philosophiques sur les rapports du corps avec l'esprit ébranlées de fond en comble par
cette contradiction. Ce n'est pas tout. Je ne pouvais, en regardant ces hommes jeunes et vigoureux qu'on menait à la mort,
m'empêcher de me dire : « Combien d'autres hommes allons-
nous tuer en tuant cet animal à forme humaine, car, s'il ne
peut plus donner la mort, maintenant que nous le tenons, il
pourrait encore donner la vie. De toutes ces énergies réunies
et disponibles dans cet être, n'y a-t-il vraiment pas autre
chose à faire que de les détruire? Avons-nous le droit d'empêcher de se produire tous les germes humains qui grouillent
dans ce corps auquel la nature réservait encore trente ans,
quarante ans peut-être, d'existence et d'extension? »

Nous avons les oreilles rebattues des questions d'hérédité,
de libre arbitre, de responsabilité; pourquoi ne pas essayer
de résoudre ces questions *in anima vili?* Au lieu de couper
la tête à ce misérable, ce qui ne sert absolument à rien et
ne prouve rien, si nous l'utilisions? Expédions-le dans une
de nos colonies pénitentiaires, accouplons-le avec une
coquine de son espèce et voyons un peu quel produit ils
nous donneront ou plutôt ce que nous pourrons tirer de leur
produit, non pas en le laissant dans le milieu où il sera né,
sous l'influence immédiate de ses générateurs et sous l'autorité de gardes-chiourmes qui le traiteront de fils d'assassin
et d'empoisonneuse, mais en le transportant dès sa naissance
dans un milieu sain où rien ne lui révélera ni ne lui imposera
jamais ses origines. Mettons là aux prises la nature et l'empi-
risme. C'est une expérience de laboratoire comme une autre;
c'est de la sélection supérieure. Donnons à cet enfant l'édu-

cation et l'instruction que nous donnerions à nos propres enfants et voyons ce que deviendra cette implacable héré-dité, objet de tant de discussions, purement théoriques, jusqu'à présent. Si nous allions obtenir un individu intelligent, moral, utile, quelle découverte, quel pas en avant, quelle réfutation du péché originel de la religion et des fatalités de la science! Combien de temps l'arsenic et la strychnine n'ont-ils été que des poisons propres seulement à donner la mort! On en a fait des médicaments qui rendent à la vie. Si l'on forçait le mal à produire le bien, il ne faudrait peut-être plus beaucoup de temps pour détruire le mal. Et cætera, et cætera.

Il y aurait encore bien d'autres folies à dire; j'en ai déjà trop dit et l'imprimeur attend.

Bien à vous,

A. DUMAS fils.

I

LE PALAIS ANCIEN

ET LE

PALAIS ACTUEL

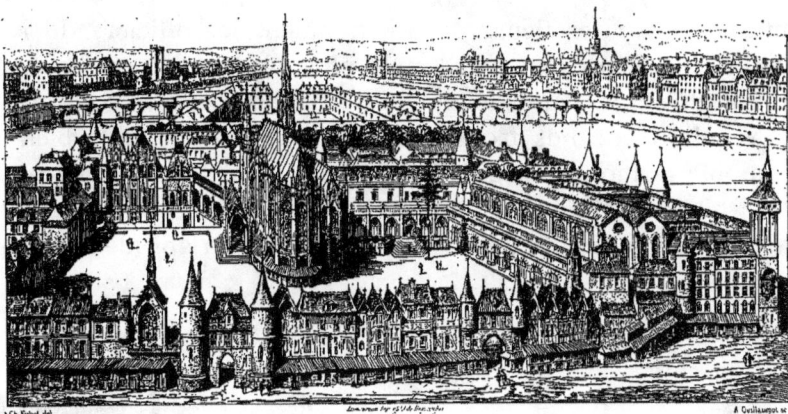

Le Palais d'autrefois (XVIᵉ siècle).

I

LE PALAIS ANCIEN

SON HISTOIRE

Le Palais de Justice ! « Le Palais », ainsi qu'on le désigne couramment, comme s'il n'y en avait point d'autre. Et de fait, parmi nos monuments, s'il en est de plus anciens ou de plus célèbres, aucun n'a été plus constamment associé à notre vie nationale, aucun surtout n'est resté plus vivant, se transformant sans cesse, à mesure que se modifiaient nos idées et nos mœurs.

Tandis que les autres édifices, une fois bâtis, semblent s'être drapés dans la splendeur de leurs robes de pierre, le Palais a suivi en quelque sorte la mode et chaque siècle l'a marqué de son empreinte.

Jamais la vie ne s'y est arrêtée. De basilique romaine, devenu forteresse et résidence royale, il subit le choc des Normands et abrite les festins de noce de la royauté. Temple de la justice, le Tribunal révolutionnaire y condamne la reine de France, là même où, sur les fleurs de lys, trônaient les officiers du roi. Nulle part le présent ne se mêle plus étroitement au passé, et son architecture, où la chapelle de Saint-Louis s'encadre dans la régularité de nos froides bâtisses modernes, semble bien le symbole des fonctions qui s'y accomplissent, de cette justice où le droit moderne emprunte encore quelquefois leurs formules archaïques aux coutumes oubliées et aux jurisprudences disparues.

AVANT SAINT LOUIS

Jusqu'à ces derniers temps, on avait ignoré que l'administration romaine eût établi sur l'emplacement même occupé par le Palais actuel un important édifice, et c'est à Eudes et aux derniers Carolingiens que l'on attribuait la fondation du Palais. Mais des fragments de colonnes, trouvés en 1848, des fresques, des bas-reliefs, découverts derrière le chevet de la Sainte-Chapelle, ont révélé l'existence d'un vaste ensemble de constructions romaines, et des médailles, des pièces de monnaie, aux effigies d'Auguste, de Trajan,

Un coin du vieux Palais.

d'Adrien, de Posthume et de Constance, ont permis de conjecturer que ces constructions étaient au moins antérieures à Constantin.

Un temple consacré à Mercure s'élevait, au midi, à l'endroit même où sera bâtie, plus tard, la chapelle de Saint-Michel.

M. Édouard Fournier, dans le savant travail qu'il a consacré au Palais de Justice (*Paris à travers les âges*), va jusqu'à admettre que c'est là, au cœur de la Cité, que résidaient les Césars de la Gaule, les Thermes n'étant qu'une sorte de dépendance de ce palais des Césars et, comme leur nom l'indique, qu'un établissement spécial destiné à un usage particulier.

Les rois mérovingiens de Paris auraient naturellement habité l'ancienne demeure des Césars et c'est là que se seraient déroulées les scènes tragiques de notre histoire la plus reculée, comme le meurtre des enfants de Clodomir.

Quoi qu'il en soit de ces hypothèses un peu hasardées, il est certain que, dès cette époque, le Palais était le centre de la plus grande activité. Grégoire de Tours est frappé de la richesse des boutiques qui s'étendaient le long de la rue qui donnait accès au Palais et qu'a remplacée plus tard la rue de la Barillerie, aujourd'hui boulevard du Palais.

L'avènement des Carolingiens, qui est le triomphe de la puissance austrasienne, diminue l'importance politique de Paris et, durant cette période, le Palais est quelque peu abandonné.

Mais bientôt les invasions normandes y ramènent la royauté et viennent se briser contre la tour de bois qui défend le pont de Charles le Chauve, à l'extrémité de la Cité.

La dynastie capétienne, qui a l'Ile-de-France pour point d'appui, fait du Palais son séjour de prédilection. Le vrai fondateur de cette dynastie, le comte Eudes, jette les premières bases d'un grand édifice, le « Nouveau Palais », comme on l'appela dès lors, par opposition soit à l'ancien monument romain, soit au vieux palais des Thermes. C'était un vaste parallélogramme, longeant la Seine, dont quatre grandes arcades de plein cintre formaient la façade et que flanquaient deux grosses tours carrées à terrasse.

Forteresse à la fois et résidence royale, cinq siècles durant, elle abritera la monarchie. A mesure que s'affermit et que s'étend le pouvoir royal, le Palais dépouille peu à peu son caractère d'enceinte fortifiée. Le fils de Hugues Capet, le roi Robert, y a joint, du côté du levant, à l'endroit où s'élèvera la Grand'Salle, une chapelle, la chapelle de Saint-Nicolas.

L'entrée principale du Palais se trouvait alors sur la berge de la Seine, entre les deux tourelles qui encadrent aujourd'hui la Conciergerie. Les appartements royaux donnaient sur un vaste jardin, s'étendant de la cour de la Conciergerie à l'extrémité occidentale de l'île. C'est là, dans ce jardin, qu'en la

belle saison, saint Louis se plaisait à rendre la justice, « en la
manière, comme écrit Joinville, que je vous ai dit du bois de
Vincennes ».

Alors, en effet, il n'existait point de local particulier affecté
au service de la justice. Le roi est le grand et théoriquement le
seul justicier, et partout où il réside, là se rend la justice. Mais
déjà la nécessité se manifeste de spécialiser les innombrables
attributions de la royauté et d'en déléguer, d'une façon permanente, l'exercice à des officiers qui fassent de chacune d'elles
leur occupation exclusive. L'extension du royaume, la complexité
sans cesse croissante des intérêts sociaux, ne permettent plus
de se contenter d'une justice ambulatoire. Le Parlement va se
fixer et il lui faudra un local approprié.

SAINT LOUIS ET LA SAINTE-CHAPELLE

Est-ce à saint Louis qu'il faut attribuer l'initiative de cette
transformation du Palais? On l'a dit, mais il n'en existe aucune
preuve. Ce qui est bien au pieux roi, c'est la Sainte-Chapelle,
cette merveille de l'architecture française. Une châsse de pierre,
c'est ce qu'avait voulu le roi et c'est ce que réalisa l'architecte
P. de Montereau. Une châsse, car la chapelle ne devait avoir
d'autre destination que d'abriter la plus précieuse des reliques,
la couronne d'épines, que l'empereur de Constantinople, Bau-
douin II, venait d'offrir à Louis IX, en retour des sommes que
le roi avait payées pour lui aux Vénitiens. En moins de cinq ans,
la chapelle fut achevée. Le 25 avril 1248, elle fut consacrée sous
le titre de la Sainte-Couronne et de la Sainte-Croix. Elle avait
coûté quarante mille livres tournois.

L'édifice se divise en deux chapelles, la chapelle basse, sorte
de crypte, qui fut la paroisse de la domesticité du Palais, sombre,
de style grave, où la pierre domine, et la chapelle haute, destinée aux reliques et à laquelle on accédait par un escalier extérieur à portiques, aujourd'hui disparu.

Enchâssée dans ses minces et élégants piliers, on dirait moins une œuvre d'architecture qu'un bijou finement sculpté. Quinze fenêtres, où d'éblouissants vitraux racontent les actes de l'Ancien et du Nouveau Testament, éclairent le maître-autel, que surmonte la plate-forme, « où se tenait saint Louis, lorsque aux jours de fête il montrait au peuple les reliques et les châsses conservées dans le trésor » (A. de Champeaux). Chaque fenêtre est encadrée de jambages, n'ayant pas plus d'un

Le Palais ancien (XIIIᵉ et XIVᵉ siècles).

pied d'épaisseur et que surmonte chacune une figure d'apôtre. Une grande rose, dont les peintures ont été refaites sous Charles VIII, domine la porte principale.

Au temps de saint Louis, la Sainte-Chapelle se trouvait flanquée, sur son côté nord, d'un autre édifice de même style, également divisé en deux parties, l'une servant de sacristie à la Sainte-Chapelle, l'autre à l'étage supérieur, où se trouvait le dépôt du trésor des chartes.

Cet édifice a disparu sous le marteau des architectes. Plus heureuse, la Sainte-Chapelle a résisté aux entreprises des démolisseurs comme aux injures du temps et des incendies. Un moment on put craindre pour sa conservation après que, mise en vente par la Révolution, comme propriété nationale, le Directoire en fit un magasin à farine et le Consulat un dépôt d'archives judiciaires. Alors, « pour faire plus de place aux documents..., on enleva toute la partie basse des vitraux anciens, en la remplaçant par des panneaux en verre blanc » (A. de Champeaux).

Notre époque a heureusement compris l'intérêt qui s'attache

à la conservation des œuvres du passé, et la Sainte-Chapelle, restaurée par Viollet-le-Duc et Lassus, est désormais à l'abri de ces attentats du vandalisme administratif.

L'ŒUVRE DE PHILIPPE LE BEL — LA GRAND'SALLE

Saint Louis n'avait embelli que les alentours du Palais. Son petit-fils, Philippe le Bel, le modifia de fond en comble. Enguerrand de Marigny, superintendant des finances, eut la direction des travaux et profita des expropriations auxquelles ils donnèrent lieu, pour réaliser quelques-uns de ces bénéfices qu'il devait payer de la potence. Les agrandissements portèrent surtout du côté de l'est. En 1313, le roi achète du chapitre de Notre-Dame le moulin de Chante-Raine (1) et sur son emplacement fait construire le vaste bâtiment que termine la tour de l'Horloge et qui renfermait la Grand'Salle.

Cette Grand'Salle était la merveille du nouveau Palais. Longue de 120 pieds, large de 50, elle était pavée de marbre noir et blanc. Sa voûte était d'azur et d'or. Huit colonnes partageaient en deux l'immense nef et servaient de support aux cintres, qui s'appuyaient d'un côté sur ses chapiteaux, de l'autre sur les pilastres adossés aux murs latéraux, et que surmontaient des statues de tous les rois de France.

C'est la salle des fêtes de la royauté. Là le roi reçoit les ambassadeurs étrangers ! Là se célèbrent les festins donnés pour les noces des enfants de France ! Rois, empereurs, princes du sang, pairs de France qui seuls y ont droit, viennent alors s'asseoir à cette célèbre table de marbre, détruite par l'incendie de 1618, et qui, à l'extrémité occidentale, occupe presque toute la largeur de la salle ! Même quand le Parlement aura pris possession du Palais tout entier, il faudra qu'aux grandes solennités, aux réceptions d'apparat, il cède la place au roi et à ses hôtes. Alors, sans souci de la justice qui chôme pendant des semaines,

(1) Chante-Grenouille.

on déménage le Parlement dans les églises voisines, à Saint-Éloi ou aux Augustins.

La construction de la Grand'Salle déplaçait le centre du Palais. L'entrée principale en fut transférée au levant et s'ouvrit sur la rue de la Barillerie. Deux tours la défendaient et protégeaient la cour du Mai qui s'étendait entre la Grand'Salle et la Sainte-Chapelle, reliées désormais par une nouvelle galerie, la galerie Mercière.

La Grand'Chambre et la salle Saint-Louis, bâties à cette époque ou un peu auparavant par saint Louis lui-même, complétaient cet ensemble de constructions, qui faisaient de l'ancien monument du comte Eudes un véritable palais nouveau.

LOUIS XII — LA CHAMBRE DES COMPTES

Mais le Palais est à peine ainsi agrandi et embelli que les rois le désertent. Charles V, importuné par le souvenir du meurtre des maréchaux de Champagne et de Normandie, accompli sous ses yeux, au Palais, gêné peut-être aussi par l'extension que

Vue de la Sainte-Chapelle et de la Chambre des comptes de Paris.

prennent les services du Parlement, abandonne le Palais, auquel il préfère l'hôtel Saint-Pol. Les troubles de la guerre de Cent Ans, la domination anglaise, en forçant la royauté à chercher un asile au centre de la France, habituent les rois à

cet abandon. Ce n'est plus guère que par intervalles qu'ils y
reviennent ou s'en occupent.

La reine Isabeau s'en fait nommer concierge, afin de per-
cevoir les droits et redevances attachés à la police du Palais.
Louis XI y fait élever dans la Grand'Salle cette chapelle de
Saint-Nicolas, où chaque matin l'on célébrait la messe avant
l'ouverture des audiences et où se chantait aussi la messe
solennelle de rentrée, la messe rouge.

Il faut arriver à Louis XII pour trouver un changement
notable dans les dispositions du Palais. Louis XII avait
pour cette résidence une prédilection marquée. Il
n'habitait point cependant les anciens logements de
saint Louis, mais s'était installé dans
l'hôtel du Bailliage, situé au midi et
donnant sur les

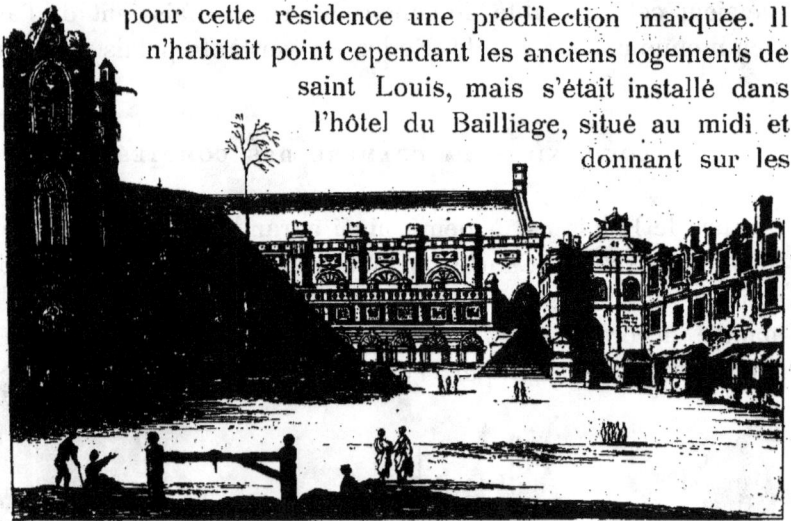

La cour du Mai. Galerie du Dauphin (xviie siècle).

jardins qu'il parcourait volontiers, monté sur un petit âne. Ce
fut lui qui restaura la Grand'Chambre avec cette profusion
d'ornements qui lui valut le nom de Chambre dorée. Elle s'ou-
vrait sur la Grand'Salle, du côté nord, auprès de la grande table.
Son plafond en bois de chêne était tout entrelacé d'ogives se
tenant les unes les autres et se terminant en culs-de-lampe, le
tout vermillonné, doré et portant la devise du porc-épic qui
était celle du roi (1).

(1) Piganiol de la Force et Ed. Fournier.

A la Grand'Chambre, Louis XII n'avait pratiqué que des travaux de restauration et d'ornementation. Son œuvre principale au Palais fut la Chambre des comptes. Un architecte italien, Fra Giocondo, en dirigea les travaux. Le nouvel édifice était un curieux mélange du style de la Renaissance et de l'architecture gothique. Il s'étendait sur une ligne perpendiculaire à l'axe de la Sainte-Chapelle et se dirigeait, au midi, vers la Seine. Un escalier, recouvert d'arcades surmontées de clochetons, serpentait le long des murs, ornés de sculptures allégoriques, et menait aux salles, où les peaux de parchemins, les sacs à mettre les acquets, les jetons de cuivre destinés aux calculs, s'étalaient sous les sabliers de coquilles d'œufs qui marquaient l'heure dans ce « pressoir », comme dit Rabelais, et « où vingt-cinq grands pendards s'entre-regardaient, ayant les mains longues comme jambes de grues (1) ».

La prédilection de Louis XII pour le Palais n'avait été qu'un caprice particulier. François Ier y viendra bien encore, mais en passant, pour y faire des dévotions, avant de partir pour l'Italie, ou pour y célébrer ses noces avec la sœur de Charles-Quint. François II y épousera Marie Stuart. Le rôle du Palais n'en est pas moins fini comme résidence royale.

LE PARLEMENT AU PALAIS — LA GALERIE DES MERCIERS LA BASOCHE

Mais la vie ne s'est point retirée du Palais avec la royauté. A mesure que les rois l'abandonnent, les services judiciaires tendent à s'y concentrer. A côté de la Grand'Chambre, dans un local s'ouvrant aussi sur la Grand'Salle, siègent les Enquêtes. Plus loin, à l'ouest, à peu près à l'endroit où s'élève aujourd'hui la Cour d'assises, sont les Requêtes. La Chambre criminelle du Parlement s'est installée à la Tournelle. A la Table de marbre se

(1) A. de Boislisle, *Chambre des comptes de Paris;* Geffroy, *les Cours souveraines dans l'ancienne France;* Hofbaüer, *Paris à travers les âges.*

sont rattachées les juridictions extraordinaires, la Connétablie, l'Amirauté, les Eaux et Forêts. Les premiers présidents résident dans l'ancien hôtel du bailliage.

Dans les anciens appartements de la reine, au milieu de la galerie Mercière, la Cour des aides s'est établie.

Seul le jardin du Palais a gardé quelque chose de sa destination royale. On y cultive des fleurs rares, destinées à servir de modèles aux fournisseurs des toilettes de cour.

C'est comme une petite ville qui s'agite entre les murs du Palais. Son entretien exige tout un atelier. Le Palais a son charpentier, son maçon, son huchier, son verrier, son peintre, son costumier, son fripier, son nattier, ses fournisseurs de bougies, de bûches, d'herbe verte, car, dès le mois de mai, les nattes, dans les salles du Parlement, doivent être remplacées par de l'herbe verte dont on jonche le sol.

C'est une transformation complète du Palais qu'entraîne cette installation définitive du Parlement. La vieille tour de l'Ouest est devenue une prison. Montgomery, le meurtrier de Henri II, y sera enfermé et lui donnera son nom. Les cuisines, les sous-sols regorgent des justiciables du Parlement. L'affluence en est telle que les épidémies se multiplient. Aux jours de soulèvements populaires, on s'en débarrassera par des exécutions sommaires. Des bourreaux improvisés, préludant dès le quatorzième siècle aux massacres de septembre, les assomment à mesure qu'on les fait sortir de la Conciergerie dans la cour du Mai.

Armés de bâtons, ils les attendent, postés sur les marches de cet escalier qui, de la cour du Mai, conduit à la galerie Mercière, escalier sinistre au pied duquel on marque les condamnés et où, jusqu'en 1789, on brûlera les écrits que le Parlement condamne par milliers.

Les caves sont devenues des oubliettes. Rivés à leurs chaînes, ceux que la faim et le manque d'air n'ont pas encore terrassés y attendent qu'une inondation de la Seine vienne emporter les squelettes qui gisent à leurs pieds dans la boue.

Au-dessus, enveloppant de toutes parts le Palais, une foule

affairée, gens de justice, plaideurs, oisifs,
boutiquiers et leur clientèle. De tout temps,
le Palais avait été un centre de vie
commerciale, comme d'ailleurs, au
moyen âge, la plupart des monuments publics. Jusqu'alors la
présence du roi avait quelque
peu contenu cet envahissement
du Palais par les gens d'affaires.
Maintenant, le champ est libre, et
de tous côtés le flot montant des
boutiques bat les murs du Palais.
Sur le quai Nord, ce sont les lu-
nettiers. Au midi, les orfèvres.

Chapelle Saint-Michel.

C'est en vain que les archers
du guet ont tout auprès, à la cha-
pelle Saint-Michel, le centre de leur confrérie. Les riches boutiques des orfèvres offrent aux coupe-jarrets un appât trop
attirant et le quartier est devenu le royaume des tire-laine.

Des environs, les boutiques ont envahi l'intérieur même du
Palais. Dans la cour du Mai, au bas de la Grand'Salle, se
tiennent les changeurs. « C'est la Bourse de Paris, » écrit un
voyageur anglais qui s'étonne de la mesquinerie de ce marché
de l'or.

Partout, le long des murs de la Sainte-Chapelle, de la Cour
des comptes, les échoppes s'adossent et montent jusqu'à la
galerie Mercière. Là elles s'étalent au large. Tout marchand
notable y a son carré. C'est le bon ton de s'y montrer, en galante
compagnie, entre les deux rangées des étalages, où d'accortes
boutiquières, de la voix et du sourire, provoquent la clientèle.
Le roi donne l'exemple et chaque matin Henri III y vient faire
sa promenade quotidienne et provision de bijoux et de coli-
fichets.

En même temps, dans l'enceinte du Palais, aux fêtes de la
royauté ont succédé les réjouissances, moins solennelles, mais
autrement animées, du peuple et de la bourgeoisie. A la chapelle

Saint-Michel, le guet, les pâtis- tion tous les clercs du Palais. Elle avait son roi, arbitre-né de toutes les contestations qui pouvaient s'élever entre les membres de la corporation.

Saint-Michel, le guet, les pâtissiers, les huissiers des Comptes, célèbrent si bruyamment leurs fêtes patronales que l'archevêque de Paris sera bientôt forcé de les interdire.

A la Grand'Salle, c'est la Basoche qui remplit de ses ébats ses voûtes majestueuses.

Fondée en 1703, la Basoche groupait en corpora-

tion tous les clercs du Palais. Elle avait son roi, arbitre-né de toutes les contestations qui pouvaient s'élever entre les membres de la corporation.

Le dernier dimanche de mai, le

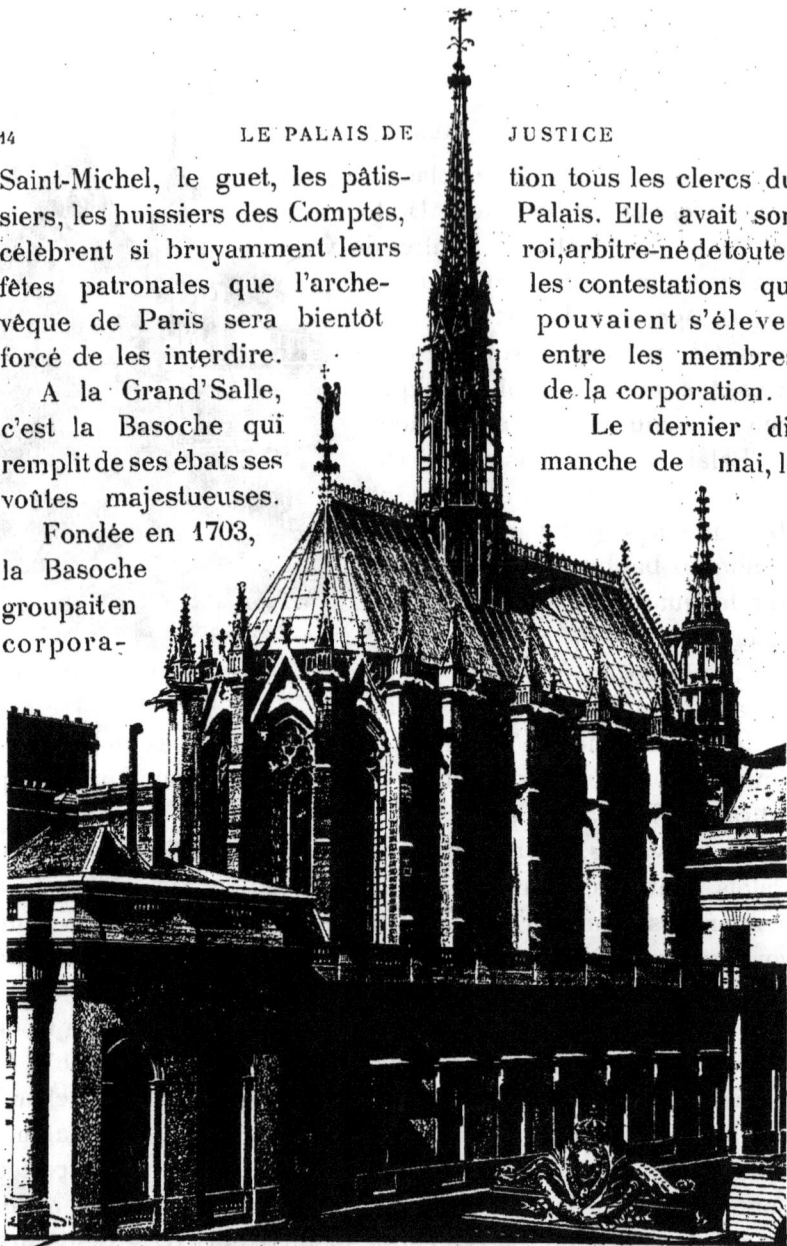

Palais actuel, La Sainte-Chapelle vue du boulevard du Palais.

Palais lui appartenait. Ce jour-là, après avoir planté, dans la cour du Palais, un mai arraché dans la forêt de Bondy, elle envahissait la Grand'Salle.

La Table de marbre devenait alors la scène des spectacles
qu'elle donnait en grande pompe, raillant en liberté et le
Parlement dont elle dépendait et le roi de qui elle tenait ses
privilèges.

De ces fêtes de la Basoche, il est resté mieux qu'un souvenir.
Le théâtre français y retrouve ses origines et dans *Pathelin* l'un
des monuments de son répertoire.

DE HENRI IV A LA RÉVOLUTION

Dès lors, et pour les besoins de l'époque, le Palais semble
avoir atteint son entier développement architectural. Aussi,
aux dix-septième et dix-huitième siècles, sauf l'hôtel des premiers présidents qu'Achille de Harlay et M. de Verdun font
rebâtir, à la place de l'ancien hôtel du Bailliage, il n'y aurait
aucune modification notable à signaler au Palais, si des
incendies répétés n'avaient nécessité de nombreuses reconstructions.

Le premier de ces incendies éclata dans la nuit du 7 mars
1618. La sentinelle du Louvre donna l'alarme. Il n'était plus
temps. La Grand'Salle était déjà réduite en cendres, la Table
de marbre brisée en mille morceaux. Les bâtiments de la cour
du Mai, placés de chaque côté du portique décoré de la statue
d'Enguerrand de Marigny et par lequel on accédait à la Grand'
Salle, avaient disparu. On put encore sauver la tour de
l'Horloge, ainsi que la Grand'Chambre, dont il fallut cependant
redorer les boiseries.

De la salle de Philippe le Bel il ne subsistait que les substructions, qui servent aujourd'hui de salle des gardes.

On ne manqua pas d'attribuer ce sinistre à la malveillance.
On avait voulu, disait-on, faire disparaître les pièces du procès
de Ravaillac.

Quatre ans après, la Grand'Salle fut reconstruite. L'architecte,
Salomon de Brosses, le même qui avait bâti le Luxembourg,
fut chargé de cette restauration. La nouvelle salle reproduisait

les proportions de l'ancienne. Elle était également divisée en
deux parties par une suite d'arcades reposant sur des piliers,
autour desquels on s'empressa de réinstaller des boutiques. En
1630, nouvel incendie qui abîme la flèche et la toiture de la
Sainte-Chapelle.

En 1737, c'est la Chambre des comptes qui disparaît à
son tour dans un troisième incendie. L'architecte Gabriel
réédifia   Comptes le   occupé
pour   monu-   depuis
.les   ment   par

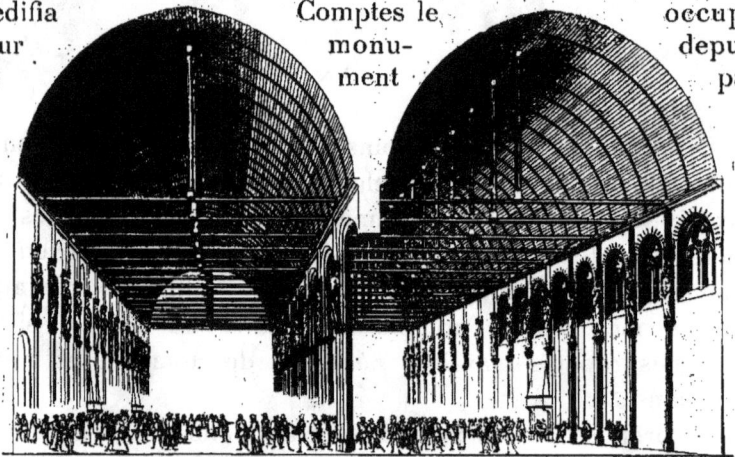

La Grand'Salle du Parlement (dessin de Ducerceau).

les services de la Préfecture de Police et qu'a dévoré l'incendie de 1871.

Quarante ans plus tard, le feu exerce de nouveau ses
ravages. Une partie de la salle Saint-Louis, la galerie des
Prisonniers, la galerie Mercière, la Chambre des aides sont
détruites.

L'étendue des ravages allait nécessiter une transformation
presque complète de cette partie du Palais. Depuis longtemps,
on se plaignait de l'infection que l'encombrement des boutiques
et des cabarets entretenait au Palais. L'architecte Desmaisons
résolut d'en débarrasser la Cour du Mai en même temps
qu'il en dégagerait les avenues du côté de la rue de la Barillerie.

Aidé de ses collègues de l'Académie, Antoine, Moreau et

Couture, il édifia cette façade orientale du Palais, qui domine encore aujourd'hui le boulevard. La sacristie de la Sainte-Chapelle fut démolie. L'antique escalier de la cour du Mai fut remplacé par le perron actuel.

L'air et la lumière purent enfin pénétrer dans la vieille cour, à travers l'admirable grille en fer estampé et doré, exécutée par Bigonnet, sur les dessins d'Antoine (1).

L'œuvre de Desmaisons ne fut achevée qu'à la veille même de 1789. La Révolution ne toucha guère au Palais. Elle se borna à masquer les tentures et les décors de la Grand'-Chambre, qu'elle trouvait « inconstitutionnels », et à rem-placer dans cette Chambre le buste de Louis XV par celui de Marat.

A ces modifications de l'aspect extérieur du Palais corres-pondent, pendant ces deux derniers siècles, des changements assez notables dans sa physionomie. La Basoche n'y donne plus de fêtes. Ce n'est plus pour y célébrer leurs noces, c'est pour y tenir des lits de justice que les rois y font encore de courtes apparitions. La politique a envahi le Palais, que lui ouvrent tout grand les prétentions du Parlement. La Grand'Salle est maintenant le rendez-vous des nouvellistes, ardents à discuter l'édit du jour et les remontrances qu'il provoque. Les boutiques emplissent toujours toutes les galeries ; mais elles ont un peu perdu de leur vogue. Celles des libraires font pourtant exception. Ce monde du Palais, intelligent, instruit, passionné, c'est leur vraie clientèle. Ils l'ont bien compris et dès l'origine ! C'est au Palais qu'est édité *Pantagruel*. L'échoppe de Barbin est célèbre, et c'est pour un auteur la consécration même de sa célébrité que d'être mis en vente, au deuxième pilier, dans la boutique de Bilaine.

Mais déjà, dès la fin du dix-huitième siècle, la vie commer-ciale avait émigré du Palais. La Révolution en déplaça égale-ment le centre de l'agitation politique. Les boutiques survé-curent jusqu'au commencement de ce siècle. Mais l'esprit

(1) Hofbaüer ; de Champeaux ; Piganiol de la Force ; de Boislisle.

moderne, avec ses tendances de méthodique spécialisation, ne pouvait tolérer longtemps qu'il subsistât au Palais quelque chose d'étranger aux services judiciaires. Le Palais ne fut plus désormais que le Palais de Justice.

Façade du Palais (place Dauphine).

II

LE PALAIS ACTUEL

Maintenant que nous avons, d'un trait rapide, évoqué le passé et tenté de résumer l'histoire des transformations successives du Palais de Justice, il nous reste à parler du monument actuel, des restaurations entreprises, des constructions nouvelles se substituant peu à peu aux anciennes et qui, bientôt terminées, d'après un plan conforme aux besoins modernes, donneront à cet édifice si compliqué, si vaste, si divers en ses éléments, un caractère en apparence presque entièrement contemporain.

Un visiteur qui, sans guide, s'aventure une première fois dans l'enceinte du Palais et qui erre vaguement au milieu de ces dédales de pierre, n'aperçoit tout d'abord, certainement, que confusion et chaos en cette succession de bâtiments variés, de cours majestueuses et froides, de galeries sans fin. Comment, en effet, pouvoir comprendre, si l'on n'est pas initié, la logique topographique de ce quadrilatère encombré de constructions, qui est

circonscrit d'un côté par la place Dauphine, à droite par le quai
de l'Horloge, à gauche par le quai des Orfèvres, enfin par le
boulevard du Palais ? On se promène de salle en salle, on va
de galerie en galerie, on circule à travers des édifices, symétriques et moroses, comme ceux qui constituent la plupart des
bâtiments administratifs, et c'est à grand'peine si l'on parvient
à se reconnaître au milieu de tant de labyrinthes, moins
obscurs sans doute, mais qui semblent tout d'abord plus em-
brouillés que les sept cercles de l'Enfer de Dante.

Cependant la plus rigoureuse méthode a présidé à la disposition de ces bâtiments, qui n'ont qu'un tort, grâce à nos
architectes contemporains, c'est d'être trop semblables les uns
aux autres, perdant ainsi le pittoresque des antiques architec-
tures et n'exprimant plus, comme jadis, par les différences
extérieures, la diversité de leur destination. En définitive,
chaque partie du monument a un rôle distinct, nettement
déterminé.

Le Palais comprend : la Cour d'assises, la Cour de cassation,
les bâtiments de la Cour d'appel, les prisons de la Conciergerie
et du Dépôt, les services du Parquet, des juges d'instruction, les
dépendances affectées à la bibliothèque et à la salle du Conseil
des avocats, etc., sans parler de la Sainte-Chapelle qui, au centre
de ces multiples constructions, les domine de toute la hauteur de
sa nef séculaire et de sa flèche si fine, si élégante!

Aujourd'hui le Palais de Justice n'est plus cet amas d'édicules
hétéroclites, poussiéreux et rongés par le temps que nous dé-
crivait Balzac, il n'y a pas encore cinquante ans, et qui, encadrés par de basses maisons posées sur leurs flancs comme des
champignons au pied des grands arbres, traversés par des
rues sordides où des vestiges de chefs-d'œuvre architecturaux
se mêlaient aux maçonneries grossières, présentaient un aspect
à la fois repoussant et vénérable de cour des Miracles et de
temple austère. La pioche du démolisseur a changé tout cela;
elle termine en ce moment son œuvre. Encore un peu de temps,
le Palais de Justice, où l'on a raccordé savamment et patiemment
à des constructions neuves ce qui pouvait être conservé des an-

ciennes, remanié de fond en comble, agrandi, aménagé selon les
conditions du confort moderne, aura pris, malgré ses vieux ans,
comme un air de jeunesse et de nouveauté.

C'est en 1835 que la restauration complète du Palais fut réso-
lue, après de nombreuses réclamations adressées par la Cour

Le Palais de Justice. Travaux de restauration (1840-1860).

royale et la Cour de cassation au Conseil général de la Seine.
Quelques travaux indispensables avaient bien été entrepris par
les gouvernements de Louis XVIII et de Charles X, notamment
la restauration de la Sainte-Chapelle et la réfection des voûtes
et piliers sur lesquels repose la grande salle des Pas-Perdus.
Mais ce qu'on demandait, ce qu'il fallait, c'était l'isolement des
bâtiments, une transformation absolue. M. Huyot, membre de
l'Institut, présenta un projet. Après de longues études, il fut
adopté, le 18 août 1836. Sa réalisation devait donner lieu à une
dépense de 3 591 617 francs.

Les travaux ne furent commencés qu'en 1840. M. Huyot

étant mort cette année même, ce ne fut pas lui qui put présider
à l'exécution de son plan. Les architectes Duc (1) et Dommey (2)
le remplacèrent. Ils se mirent activement à la besogne. En dix

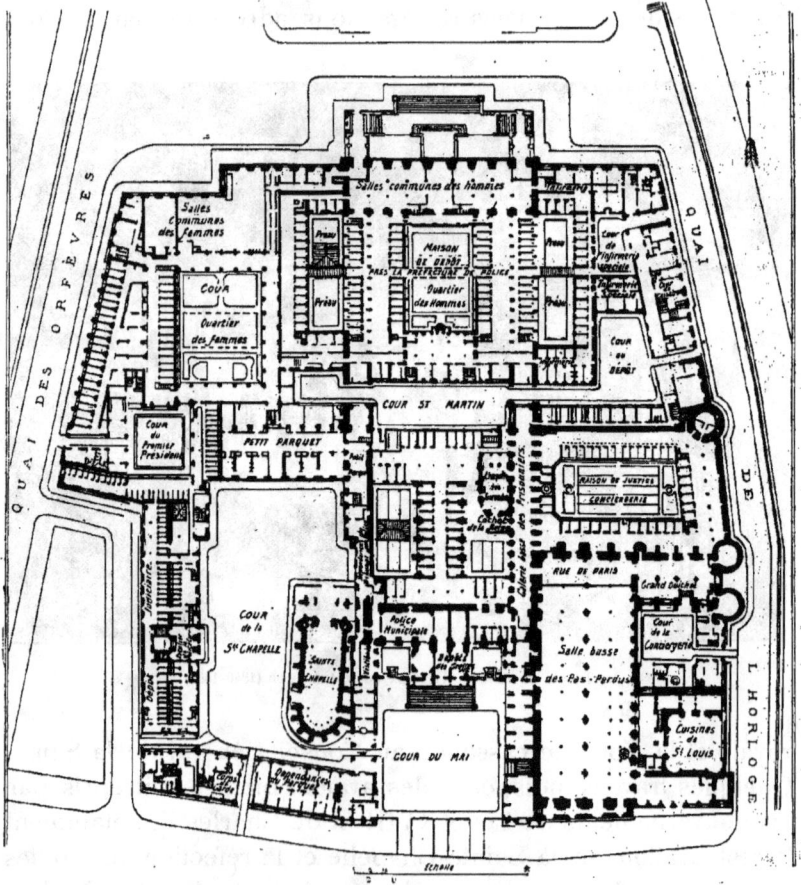

Plan du Palais de Justice avec les modifications projetées (rez-de-chaussée).

ans, de 1843 à 1853, ils reprennent en sous-œuvre la tour de
l'Horloge, consolident les étages supérieurs et refont le cadran.

(1) Duc (Joseph-Louis), architecte, né à Paris en 1802, membre de l'Institut
en 1866, mort en 1879.
(2) Dommey (Et.-Th.), architecte français, né en 1801, mort en 1872.

En 1845, on restaure le monument de Malesherbes. De 1847 à 1854, on construit les bâtiments de l'instruction et des archives de l'état civil, les bâtiments des Chambres de police cor-

Plan du Palais de Justice avec les modifications projetées (premier étage).

rectionnelle, la galerie entre la cour du Mai et la Sainte-Chapelle ; on procède à l'installation du Tribunal de simple police, de la Chambre des avoués ; enfin on pousse l'achèvement des Chambres civiles du Tribunal de première instance. En 1854, on commence la construction des salles d'assises et de la maison de Dépôt près la Préfecture de Police. Puis, de 1856 à 1867, on se met à la construction de la Cour de cassation ; de 1860 à 1866, à la restauration des cuisines de saint Louis, de la salle des Pas-Perdus et de la salle de la tour de l'Horloge. Au moment de la guerre de 1870, il ne restait plus, pour terminer ces travaux, qu'à élever les bâtiments de la Cour d'appel et du quartier des femmes à la Conciergerie. Mais les incendies allumés par la Commune de 1871 viennent tout remettre en question en consumant une partie des constructions et restaurations à peine achevées (1). Il faut dès lors recommencer la restauration de la salle des Pas-Perdus. En 1879, la mort frappe l'architecte Duc qui, depuis trente-huit années, se consacrait tout entier à la reconstruction du Palais de Justice. Il est remplacé par M. Daumet, son collaborateur distingué, qui, avec non moins de zèle, donne toute son activité à l'œuvre gigantesque. Successivement, de 1879

---

(1) Les incendies de la Commune attaquèrent le Palais sur plusieurs points. Il détruisirent entièrement la toiture de la salle des Pas-Perdus et rendirent nécessaire la réfection totale de la salle, ainsi que de l'ancienne Grand'Chambre, aujourd'hui première Chambre du Tribunal civil. Ils dévorèrent également les Chambres correctionnelles et civiles, les tours de la Conciergerie et le gracieux bâtiment de la Chambre des comptes avec l'ancien hôtel des premiers présidents qui lui était adossé.

Ce monument de la CHAMBRE DES COMPTES, primitivement construit sous Louis XII par le moine artiste Fra Giovanni Giocondo, était un véritable bijou architectural. Il fut terminé en 1508. Un incendie l'anéantit le 27 octobre 1737. Réédifié par Gabriel en 1740, il devint, en 1792, l'hôtel des maires de Paris, puis l'hôtel de la Préfecture de Police. Sa façade se trouvait sur la cour de la Sainte-Chapelle. La porte d'honneur, encadrée de doubles colonnes, était ornée de deux statues d'Adam le cadet : la *Justice* et la *Prudence*, qui tombèrent en poussière après l'incendie de 1871.

Adossé à la Chambre des comptes, était l'hôtel des premiers présidents qui avait sa façade du côté de la rue de Harlay, précédée d'un jardin. Une jolie gravure de Silvestre nous a conservé la physionomie de ce coquet bâtiment avec ses larges arcades ouvertes en forme de *loggia*. C'est sur son emplacement qu'il y eut jadis la demeure des concierges et des baillis du Palais (de 1100 à 1485). Puis il devient l'hôtel du Bailliage, et reçoit successivement les baillis et les premiers présidents. C'est là qu'habitèrent tour à tour Hugues de Courci, qualifié dans les registres de la Cour de 1334 de « premier maître du Parlement de Paris », puis Christophe de Thou (reçu en 1562), Achille de Harlay (1583), Mathieu Molé (1641), de Lamoignon (1658), de Maupeou (1743), en un mot les cinquante-trois premiers présidents dont la liste se clôt par Bochard de Saron, nommé en 1789, qui mourut sur l'échafaud en 1794, puis six maires de Paris et vingt Préfets de Police. (Cf. *l'Hôtel de la Présidence*, par Labat, 1846, broch. in-8°.)

à 1891, M. Daumet (1) achève les bâtiments de la Cour d'appel et ceux de la Préfecture de Police, affectés désormais aux services du Parquet et du procureur général. Il ne reste plus à l'heure qu'il est, pour terminer cette colossale entreprise, qu'à raccorder la galerie de la Sainte-Chapelle avec la partie achevée de la façade du boulevard du Palais et à déblayer la cour Saint-Martin, située derrière la Cour d'assises. Tous ces travaux d'agrandissement et d'isolement du Palais de Justice, qui, depuis 1840, n'ont pas coûté moins de 35 millions, occasionneront encore une dépense d'une dizaine de millions. On est loin, comme on le voit, des 3 591 000 francs prévus au début pour le plan de Huyot!

Pour donner au lecteur une idée bien nette de ce qu'est le Palais de Justice de nos jours, au point de vue architectural, et de ce que sera le Palais de demain, il est nécessaire de procéder à une description succincte mais méthodique, qui, en montrant les diverses parties de l'édifice, aideront en même temps à l'intelligence du mécanisme de la justice dont il va être parlé plus loin. En suivant le plan qui accompagne ici notre texte, il sera facile de se rendre clairement compte de l'itinéraire que nous allons parcourir.

LES FAÇADES

La cour du Mai. — Tout d'abord faisons le tour du Palais extérieurement. Il existe deux entrées principales, celle de la place Dauphine, qui ne date que des reconstructions modernes de Duc, et celle de la cour du Mai, qui s'ouvre boulevard du Palais et remonte presque aux origines mêmes de l'édifice. C'est par ce côté que nous commençons notre visite. Cette cour doit son nom à l'usage que les clercs de la Basoche pratiquèrent, jusqu'à l'époque de la Révolution, de planter, à droite du grand perron, un arbre décoré de fleurs et de panonceaux qu'on

(1) Daumet (Pierre-Jérôme-Henri), architecte, né à Paris vers 1830, membre de l'Institut en 1885.

appelait *le Mai*, à cause du mois pendant lequel cette cérémonie avait ordinairement lieu (1).

Elle est accusée par deux pavillons d'ordre dorique et fermée par une grille en fer forgé et doré, dont la composition remarquable est due à l'architecte Antoine (2), qui, au siècle dernier, après l'incendie de 1776, fut adjoint à Desmaisons (3), ainsi que Moreau (4) et Couture (5), pour la reconstruction des bâtiments de la cour du Mai. Cette grille, exécutée par le maître serrurier Bigonnet, en partie détruite en 1871, a été restaurée avec une scrupuleuse exactitude par M. Daumet. Elle a 40 mètres de développement et est interrompue par trois portes. Celle du milieu s'ouvre entre deux pilastres ioniques portant un linteau décoré de rinceaux dorés. Elle est surmontée d'un couronnement d'une richesse et d'une ampleur magnifiques, qui est formé d'une sphère soutenue par deux rinceaux figurant des consoles renversées auxquels s'accroche une guirlande de fleurs et de fruits. La sphère, entourée du collier de l'ordre du Saint-Esprit et ornée de trois fleurs de lys d'or, porte en chef la couronne royale. L'ensemble a de l'élégance et un grand caractère. C'est un véritable chef-d'œuvre.

Les deux pavillons qui limitent la grille comprennent, au-dessus d'un haut soubassement, un ordre dorique composé de quatre colonnes, d'un encadrement dont la frise est décorée de triglyphes et d'une balustrade formant acrotère. Le soubassement est ajouré par trois baies plein cintre et les colonnes franchissent la hauteur de deux étages indiquée par des baies rectangulaires.

(1) Nous nous aidons ici, pour notre description, des documents publiés par les soins de la Ville de Paris dans l'*Inventaire général des œuvres d'art du département de la Seine* (1883, t. III).

(2) Antoine (Jacques-Denis), architecte, né à Paris en 1733, membre de l'Institut, mort en 1801.

(3) Desmaisons, architecte du Palais de Justice, membre de l'Académie, mort en 1803.

(4) Moreau-Desproux (Pierre-Louis), architecte, membre de l'Académie en 1762, mort en 1793.

(5) Couture (Guillaume-Martin), architecte, né à Rouen en 1732, membre de l'Académie en 1733, mort en 1799.

La cour du Mai.

La façade, qui est dans l'axe de la grille et à laquelle on accède par un perron monumental de 6 mètres de hauteur et de 20 mètres de largeur à sa base, comprend un pavillon d'ordre dorique. A droite et à gauche du perron sont deux grandes arcades plein cintre : celle de gauche conduit au Tribunal de simple police ; celle de droite aboutit à un escalier par lequel on descendait autrefois à la Conciergerie. C'est là que, durant la Terreur, arrivaient les charrettes qui devaient conduire les condamnés à la guillotine : le passage est fermé aujourd'hui. Un puissant entablement couronne le pavillon central et se termine par une balustrade de pierre qui se découpe sur le toit, au-dessus duquel apparaissent quatre statues de pierre : la *Force* et l'*Abondance*, par Berruer (1), la *Justice* et la *Prudence*, par Lecomte (2). Le centre de l'attique est occupé par un cadran d'horloge décoré de deux génies qui soutiennent un écusson portant les attributs de la Justice. Ce motif sculptural est dû à Pajou (3) et porte bien le cachet de l'art aimable du dix-huitième siècle.

Façade de la salle des Pas-Perdus. La tour de l'Horloge. — Si, longeant le monument à droite, nous nous dirigeons du côté du quai de l'Horloge, nous trouvons, aussitôt après la grille, la façade de la salle des Pas-Perdus, avec ses trois étages, un soubassement percé de quatre baies plein cintre dont le jour éclaire insuffisamment l'espace qui fut jadis le vestibule du palais de Philippe le Bel, et enfin ses quatre grandes fenêtres du premier étage, séparées par des groupes de pilastres doriques. Jetons, en passant, un regard sur le motif décoratif qui orne cette façade : deux figures de femmes, debout, accostant un grand écusson aux attributs de la Justice, qui est dû à Toussaint (4), et lisons l'inscription gravée dans la pierre, qui nous

---

(1) Berruer (Pierre-François), sculpteur, né à Paris en 1733, membre de l'Académie en 1764, mort en 1797.

(2) Lecomte (Félix), sculpteur, né à Paris en 1737, membre de l'Académie en 1771, mort en 1817.

(3) Pajou (Augustin), sculpteur, né à Paris en 1730, membre de l'Académie en 1760, mort en 1809.

(4) Toussaint (Fr.-Christ.-Armand), sculpteur, né à Paris en 1806, mort en 1862.

apprend les dates des réfections successives de la salle des Pas-Perdus.

Le bâtiment à quatre étages, qui vient ensuite, est affecté au *Tribunal de première instance.*

Au rez-de-chaussée se trouve le poste des gardes du Palais; la partie supérieure est percée de fenêtres à créneaux; elle est divisée en six travées par de puissants contreforts encadrés de fines colonnettes et de moulures. Le toit, très accusé à la manière gothique, se termine par une crête en plomb repoussé.

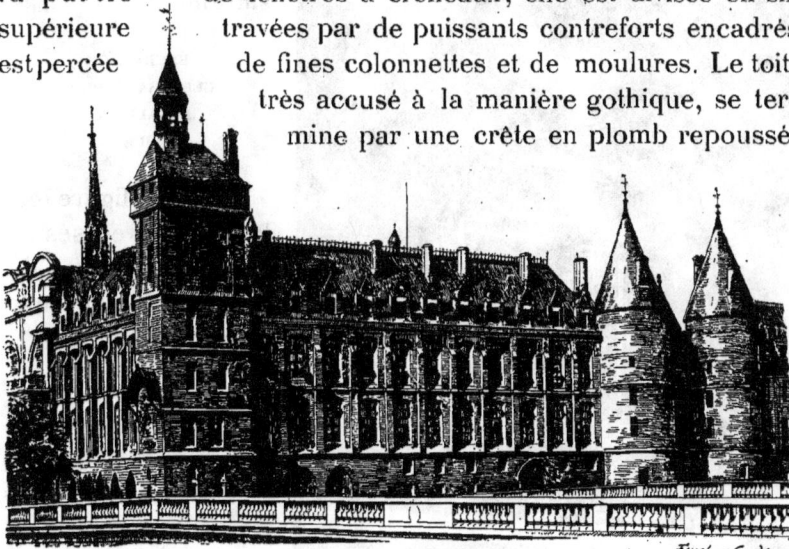

Façade du quai de l'Horloge.

Nous voici à l'angle du boulevard du Palais et du quai. C'est ici qu'est la fameuse tour de l'Horloge, construite, croit-on, par saint Louis sur d'anciennes substructions de l'époque gallo-romaine et qui abrita, sous le règne de Philippe le Bel, la première grosse horloge que l'on vit à Paris. En 1370, cette horloge fit place à une autre, celle qu'inventa l'Allemand Henri de Vic à qui Charles V la commanda et dont le cadran fut splendidement décoré, sous Henri III, par Germain Pilon, lequel figura une colombe, symbole du Saint-Esprit, déployant ses ailes au-dessus du double écusson de France et de Pologne entouré du collier de l'ordre du Saint-Esprit, création de Henri III. Deux figures de terre cuite peinte, dra-pées dans des tuniques argentées et ressortant sur des plaques

de marbre rouge qui forment pilastres d'encadrement, accos-
tent ce cadran. L'une représente la *Pitié* tenant un livre ouvert où se lit la sentence suivante :

L'Horloge.

SACRA DEI
CELEBRARE PIUS
REGALE TIME
JUS

L'autre figure est la *Justice* avec ses at-tributs. Au-dessus du cadran, on lit cette inscription :

MACHINA QUÆ BIS SEX
TAM JUSTE DIVIDIT HORAS
JUSTITIAM SERVARE MONET
LEGESQUE TUERI

Cet ensemble gra-cieux a [été] reconsti-tué par la restaura-tion scrupuleuse qu'en
ont faite Duc, Albert Lenoir et M. Daumet, en 1852.

Façade du quai de l'Horloge : la Grand'Chambre, la Cour de cassation. — C'est à coup sûr un des côtés intérieurs du Palais de Justice qui offre le plus de pittoresque et qui, grâce aux antiques tourelles, a conservé un peu du caractère de l'ori-gine. La première partie de la façade, entre la tour de l'Horloge et la tour de César, affectée au Tribunal de première instance, est en tout point semblable à celle qui a été décrite plus haut. A proximité de la tour de l'Horloge, on voit deux arcades ogivales encadrant deux baies rectangulaires qui éclairent une salle voûtée sur un quinconce de colonnes qu'on désigne sous le nom de *cuisines de Saint-Louis* et dont nous parlerons tout à l'heure. Puis, vient un soubassement percé irrégulièrement de baies rectangulaires et d'une porte ogivale, qui donne accès dans la « maison de justice » ou *Dépôt*. Du glacis qui termine ce soubassement partent des contreforts, qui franchissent deux étages pour venir s'amortir à la corniche supérieure; des lucarnes se détachent sur le toit, que domine une crête très délicate.

A cet endroit nous nous trouvons à la porte de la *Concier-*

Quai de l'Horloge. Façade de la Cour de cassation.

gerie, après avoir passé devant la *tour de César* et la *tour d'Argent*. C'était là, au temps de saint Louis, très probablement, la porte principale du Palais. C'est par là que pénétraient ceux qui venaient demander justice au roi; c'était « l'huis ouverte » dont parle Joinville. Ce nom de « porte de la Conciergerie » lui fut donné sous Charles V, par l'ordonnance d'établissement du « bailliage ou conciergerie » du Palais, dont le premier titulaire fut Philippe de Savoisy. La salle qui sert aujourd'hui de guichet à la prison, était la salle des gardes de saint Louis. Elle est rectangulaire; on y voit encore ses vieux piliers trapus à colonnettes dont les chapiteaux sont décorés de feuillages et de personnages et qui reçoivent les retombées des voûtes ogivales à nervures.

Après la tour d'Argent commence la façade de la Cour de
cassation qui jusqu'à la *tour Saint-Louis* a été construite dans
le style du treizième siècle et comprend des parties anciennes,
puis, à partir de là, présente un aspect entièrement moderne,
jusqu'à l'angle de la rue de Harlay. La tour Saint-Louis paraît
dater de Philippe-Auguste : elle fut appelée aussi la *Tournelle*
et donna son nom au corps de logis qui la prolongeait sur le
quai et dans lequel on établit, au quatorzième siècle, une juridiction criminelle qu'on appelait juridiction de la Tournelle, à
cause du voisinage de la tour. On la nomma aussi *tour Bon Bec*,
à cause des cris de douleur que l'on arrachait aux prévenus
auxquels on faisait subir la torture dans une de ses salles.

Le pavillon central de la Cour de cassation, par où a lieu
l'entrée des magistrats, est flanqué de deux ailes symétriques
et se termine par un dôme rectangulaire assez banal. Le cham-
branle de la porte, disposé en avant-corps, est décoré d'entrelacs
et couronné d'une tête de Minerve formant clé; deux boucliers,
portant les attributs de la Justice et enguirlandés de branches de
chêne et de laurier, accompagnent cette clé et complètent sa
décoration. Il y a deux étages. Au premier, deux pilastres composites portent une corniche architravée et un fronton circulaire interrompu par un écusson que présentent deux génies.
Au second sont placées devant des pilastres composites quatre
statues qui symbolisent les attributs de la Justice. Dans le
tympan du fronton sont deux figures assises, la *Loi protectrice*
qui tend la main à l'Innocence, et la *Justice vengeresse* qui
garde devant elle le coupable enchaîné. Toute cette partie de la
Cour de cassation était occupée au dix-huitième siècle par les
maisons qu'avait fait construire le président Lamoignon et qui
s'étendaient des logis de la Tournelle à la rue de Harlay.

Façade de la place Dauphine. — Elle s'étend sur toute la
longueur de la rue de Harlay, entre le quai de l'Horloge et le
quai des Orfèvres. L'architecte Duc s'est appliqué à lui donner
un caractère imposant, et il est certain que par la vigueur des
lignes, par le parti pris de force et de sobriété des ornements,

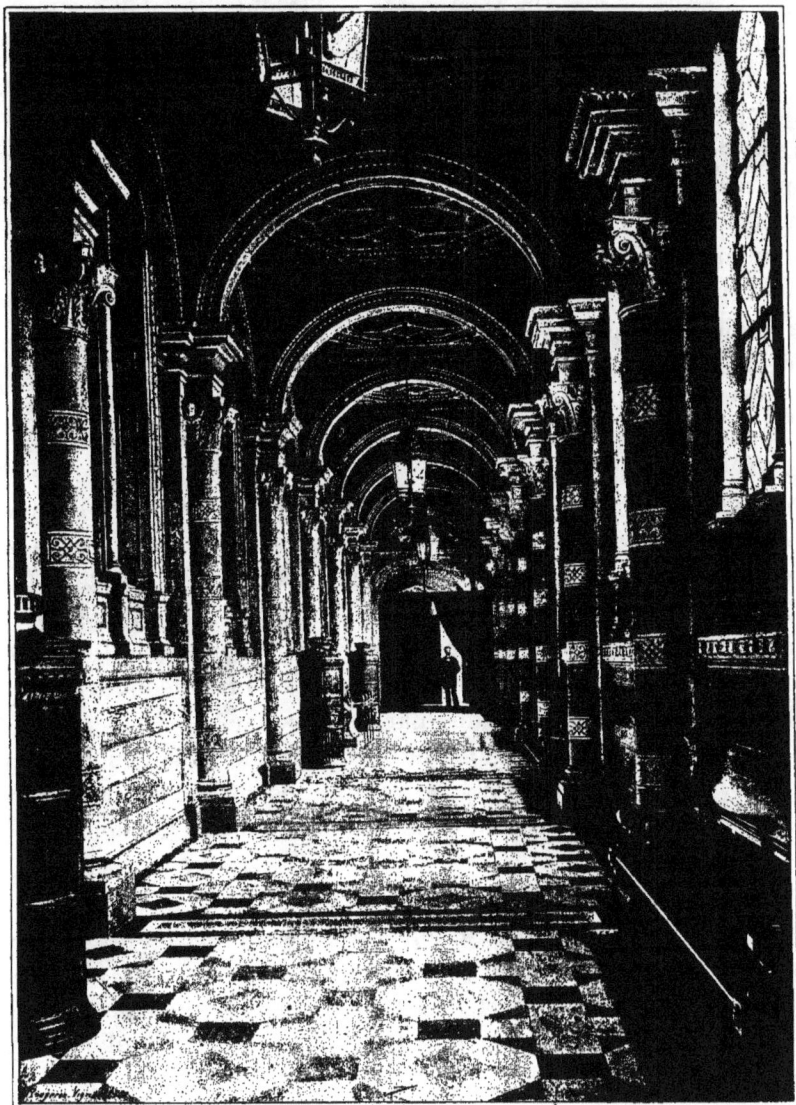

Galerie Saint-Louis (Cour de cassation).

par l'étendue de son soubassement, sur lequel s'appuie un triple escalier à balustre, elle ne manque ni d'originalité, ni d'ampleur. L'escalier aboutit à trois portes qui donnent accès dans le grand vestibule de la Cour d'assises. Il repose sur un vaste palier qui, de chaque côté du perron central, est à claire-voie pour l'éclairage des salles communes du Dépôt de la Préfecture de Police qui s'étendent sous ce perron et sous le vestibule de la salle des assises. Au-dessus du soubassement règne un grand ordre monumental, inspiré par celui de la tour des Vents et comprenant neuf travées séparées par des colonnes cannelées. Il est arrêté à droite et à gauche par deux puissants pilastres couronnés, au-dessus de la corniche, de deux piédestaux supportant des aigles. Cette corniche est très saillante et se termine par un chéneau en pierre décoré d'entrelacs, de mufles de lion et de petits balustres faisant une très légère saillie. Entre les neuf travées, qui sont ajourées, de grandes figures debout, en ronde bosse et taillées en pleine masse, se détachent sur un cadre à forte moulure : elles symbolisent les attributs de la Justice. Ce sont : la *Prudence* et la *Vérité* par Dumont (1), le *Châtiment* et la *Protection* par Jouffroy (2), la *Force* et l'*Équité* par Jaley (3). Les métopes laissées entre les consoles et la frise sont décorées de divers attributs maintenus par un bouclier.

Au-dessus du premier palier, deux grands lions couchés, en pierre, œuvre d'Isidore Bonheur (4), reposent sur les deux piédestaux qui accompagnent le perron de la porte d'honneur.

Façade du quai des Orfèvres et de la rue de la Sainte-Chapelle. — Achevons de faire le tour du monument. Allant toujours à droite, nous débouchons sur le quai des Orfèvres et nous avons devant nous la partie du Palais réservée plus particulièrement aux services du Dépôt de la Préfecture de Police, à la Police correctionnelle, au Parquet. C'est par là qu'on pénètre

(1) Dumont (Aug.-Al.), né à Paris, membre de l'Institut en 1838.
(2) Jouffroy (Franc), né à Dijon, membre de l'Institut en 1857, mort en 1882.
(3) Jaley (J.-L.-Nicolas), né à Paris en 1802, mort en 1866.
(4) Bonheur (Isidore-Jules), né à Bordeaux vers 1833.

dans la cour de la Sainte-Chapelle où s'étendent les bâtiments de la Cour d'appel.
Cette façade est froide
et très simple. Elle
est élevée de quatre
étages. Les baies
des premiers éta-
ges sont
encadrées
de cham-
branles
couronnés
par une
corniche
et un fron-
ton trian-
gulaire ap-
puyés sur
deux con-

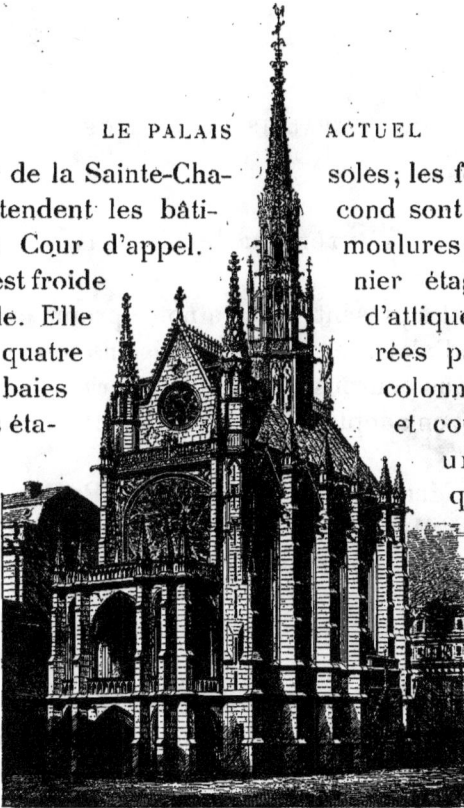

soles; les fenêtres du second sont encadrées de
moulures; celles du der-
nier étage, ou étage
d'attique, sont sépa-
rées par de petites
colonnes composites
et couronnées par
une corniche
qui se prolonge
au-dessus
des avant-
corps.

Dans le
plan de
reconstruc-
tion primi-
tif, la Pré-
fecture de
Police de-

La Sainte-Chapelle.
Vue de la cour du Tribunal correctionnel.

vait être installée là. Mais après les événements de 1871,
comme on reconnut que les services du Dépôt et du Palais
de Justice n'étaient pourvus que de locaux insuffisants, on
décida de transporter la Préfecture de Police à la caserne de la
Cité.

Tout cet emplacement compris entre la rue de Harlay et
la rue de la Sainte-Chapelle était occupé autrefois par des
constructions diverses, par les annexes de l'ancienne Cour des
comptes et l'hôtel du Bailliage, dont nous avons parlé plus haut,
et aussi par les rues de Jérusalem et de Nazareth. C'est là que
furent les maisons où naquirent Boileau et Voltaire.

L'INTÉRIEUR DU PALAIS

Connaissant à présent, grâce a notre promenade circulaire à l'extérieur du Palais, les grandes divisions topographiques du monument, nous pouvons pénétrer à l'intérieur, sans crainte de nous égarer et en adoptant une marche méthodique.

LA GALERIE MERCIÈRE. — SALLE DES PAS-PERDUS. — Pénétrons par la cour du Mai, et, ayant franchi la belle grille décrite ci-dessus, gravissons le haut perron,

Cet immense perron d'où tombe un peuple noir,

pour parler comme la *Némésis* de Barthélemy. Il est bientôt midi. C'est l'heure où le mouvement des affaires amène le plus de monde au Palais. Mais ne nous inquiétons point de cette foule active et pressée qui circule, de ces groupes qui se forment, juges qui, la serviette sous le bras, montent en hâte pour revêtir leur robe, ou avocats que les clients interpellent et qui causent avec de grands gestes. Ce tableau animé a trait aux mœurs et à la physiologie du Palais; il sera décrit dans une autre partie du livre. Pour l'instant nous ne nous occupons que de description architecturale.

Galerie Mercière ou Marchande.

Le vestibule dans lequel nous entrons est la *galerie Mercière* ou *Marchande*. Son nom vient-il, comme l'assurent certains historiens, de ce que la puissante corporation des merciers qui

tenaient boutique en cet endroit avait choisi saint Louis
comme patron, laissant croire qu'elle tenait de ce roi le droit
d'établissement au Palais? Nous ne saurions le dire. Ce qui est
certain, c'est que cette galerie, détruite par l'incendie de 1776,
avec tous les bâtiments qui entouraient la cour du Mai, fut
reconstruite à cette époque par Desmaisons et qu'elle est
destinée à demeurer intacte d'après le plan d'agrandissement
actuel, malgré la démolition des bâtiments contre lesquels elle
est adossée.

La galerie comprend neuf arcades plein cintre faisant
pénétration dans la voûte en anse de panier qui la recouvre.
Nulle décoration. Çà et là des bancs sur lesquels viennent
s'asseoir des avocats en robe pour causer avec les plaideurs. A
droite, en entrant, deux vestiaires, où l'on voit, à travers des
cloisons vitrées, les avocats revêtir leur costume et s'armer de
leur toque. Au milieu, faisant face aux trois baies du grand
perron, est une haute porte rectangulaire, encadrée de deux
colonnes ioniques et couronnée d'une corniche architravée, au-
dessus de laquelle sont placés les attributs de la Justice. Cette
porte précède l'escalier de ce qui a été jusqu'à présent la Cour
d'appel, et que l'on doit prochainement démolir, la Cour d'appel
devant être installée ailleurs, comme nous allons le voir. Signa-
lons seulement dans cet escalier, qu'éclaire une belle lumière
tombant de haut, une gracieuse statue placée dans une niche
et qui représente la *Justice*. C'est l'œuvre du sculpteur Gois (1).

A l'extrémité gauche de la galerie Mercière est la *galerie de
la Sainte-Chapelle*, non encore achevée, qui traverse le Palais
de Justice dans toute sa longueur, aboutissant au vestibule de la
Cour d'assises, et sur laquelle s'ouvrent les galeries donnant
accès aux nouvelles salles de la Cour d'appel. A l'extrémité
droite est la *galerie des Prisonniers*, allant également jusqu'à la
Cour d'assises et sur laquelle donnent les Chambres de la Cour
de cassation. Mais, avant de nous engager dans ces galeries, il

(1) Gois (Étienne-Pierre-Adrien), sculpteur, né en 1731, membre de l'Académie
en 1770, mort en 1823.

convient de monter les quelques degrés qui, à droite, conduisent
à la *salle des Pas-Perdus.*

Elle est célèbre, cette salle, et l'on a pu voir, dans les pages
précédentes, à quelle époque elle remonte et combien mouve-

La salle des Pas-Perdus. Les Girondins se rendant à l'échafaud.
(Gravure de Duplessis.)

mentée est son histoire. Le dernier incendie qui la mit en ruine
est celui de 1871. L'architecte Duc l'a reconstruite à peu près
telle que l'avait conçue en 1618 Salomon de Brosses. Elle est très
vaste et a grand aspect. Elle comprend deux grandes nefs
plein cintre juxtaposées, dont les berceaux s'appuient d'une part
aux murs latéraux et d'autre part à une arcature qui la divise
en deux parties égales. Décorée d'une grande ordonnance
dorique à arcades, elle offre neuf travées dans le sens de la longueur et quatre dans la largeur. Les travées sont séparées par
des piliers composés chacun d'un pilastre dorique très saillant,
flanqué de deux contre-pilastres de même ordre. Les deux nefs
sont éclairées aux extrémités par des demi-roses garnies de me-
neaux rayonnants et par des œils-de-bœuf faisant pénétration
dans les voûtes. Les arcatures des murs latéraux renferment

soit des tableaux saillants soutenus par des mufles de lion et couronnés de frontons, soit les portes, au nombre de neuf, qui donnent accès aux Chambres ou services divers dont voici la désignation :

Cinquième Chambre, Chambres civiles : cette porte est placée à droite d'un escalier monumental, en pierre, à double révolution, avec balustrades en pierres découpées à jour;

Chambre des référés : cette porte est couronnée par un fronton orné d'un cadran d'horloge soutenu par deux figures d'enfants sculptées par M. Mathurin Moreau (1);

Septième Chambre;

Chambre des criées;

Escalier du greffe des criées;

Chambre des avoués.

Deux monuments ont été élevés dans la salle des Pas-Perdus pour perpétuer le souvenir du magistrat Malesherbes et de Berryer, l'illustre avocat.

Le monument de Malesherbes, érigé en 1821, sur les dessins de Lebas (2), au moyen d'une souscription publique, comprend, comme motif central, la statue en marbre blanc de ce magistrat. Cette statue, qui est de Dumont (3), fut donnée par le roi Louis XVIII. Elle est élevée sur un haut soubassement décoré d'un bas-relief en marbre, dans lequel Cortot (4) a figuré la présentation à Louis XVI des avocats de Sèze et Tronchet chargés de le défendre à la barre de la Convention. Deux autres piédestaux, placés de chaque côté du motif central, portent deux figures en marbre, symbolisant la *France* et la *Fidélité*, par Bosio (5).

Le second monument est un des chefs-d'œuvre sortis du

(1) Mathurin Moreau, né à Dijon vers 1825.

(2) Lebas (Louis-Hippolyte), architecte, élève de Vaudoyer, né à Paris en 1782, mort en 1867.

(3) Dumont (Jacques-Edm.), né à Paris en 1761, mort en 1844.

(4) Cortot (Jean-Pierre), né à Paris en 1787, membre de l'Institut en 1825, mort en 1843.

(5) Bosio (François-Joseph, baron), né à Monaco en 1769, membre de l'Institut en 1816, mort en 1845.

ciseau de Chapu (1) et comprend la statue de Berryer en marbre
blanc. L'artiste a représenté Berryer en robe d'avocat, prononçant un de ses éloquents plaidoyers. Debout, la main gauche
appuyée sur la barre, l'orateur se frappe la poitrine dans un
geste ardent. La statue repose sur un haut piédestal accompagné
de deux figures de jeunes femmes assises et symbolisant la
Fidélité et l'*Éloquence*. La première tient l'écusson royal; la
seconde, un rouleau de papyrus et pose le pied sur une tortue.

Ne quittons pas la salle des Pas-Perdus sans donner un coup
d'œil à une curiosité qui reste ignorée assez généralement des
visiteurs. Par un escalier de pierre en spirale dont la porte est
placée non loin du grand escalier monumental décrit ci-dessus,
on descend dans l'ancienne salle Saint-Louis, remarquable-
ment restaurée par M. Daumet, et qui a un aspect saisissant.
Cette salle obscure, conservée jusqu'à notre époque malgré
tant de ruines successives, fait penser à une vaste crypte souter-
raine. Quatre rangées d'arcades ogivales forment neuf travées
dans le sens de la longueur, et l'entre-croisement de ces voûtes
qui se perdent dans l'ombre fait un tableau d'une mystérieuse
poésie. Par une erreur qui s'accrédite, les guides qui conduisent
les visiteurs dans le Palais désignent volontiers cette salle
comme les anciennes cuisines de saint Louis. En réalité, les
cuisines dites de Saint-Louis sont situées sur le quai, à côté de
la tour de l'Horloge. D'une dimension bien moindre, elles
offrent un spectacle également très pittoresque de colonnes soutenant une voûte à nervures ogivales. Les quatre cheminées des
angles sont restées à peu près intactes. De l'extérieur, on reconnaît cette salle à ses deux fenêtres à arcades ogivales très caractéristiques.

LE TRIBUNAL DE PREMIÈRE INSTANCE. — On vient de voir que sur
deux des côtés de la salle des Pas-Perdus s'ouvraient un certain
nombre de portes desservant différentes Chambres qui occupent
la partie du Palais limitée par le quai de l'Horloge, la galerie

_____

(1) Chapu (Henri-Michel-Antoine), né au Mée (Seine-et-Marne) vers 1840,
membre de l'Institut en 1880, mort en 1891.

La Grand'Chambre (première Chambre actuelle).

Séance extraordinaire tenue par Louis XVI le 19 novembre 1787.

des Prisonniers, le boulevard du Palais et la cour du préau de la Conciergerie. Ces Chambres sont les sept Chambres du *Tribunal civil*, la *Chambre des référés*, la *Chambre des criées* et la *Chambre des avoués*. Six de ces Chambres sont groupées autour d'une cour vitrée à laquelle on accède par la porte placée au-dessous du grand escalier de pierre en saillie dans la salle des Pas-Perdus, sorte d'atrium comprenant deux étages. Rien de remarquable à signaler dans ces salles qui ont une décoration à peu près uniforme : un soubassement en chêne règne tout autour, interrompu par de petits pilastres composites dont la base s'appuie sur une cimaise et dont le chapiteau porte une légère corniche; au-dessus, un papier de tenture de couleur neutre. Le plafond est blanc avec moulures rehaussées d'or; aux angles sont de grands motifs composés d'un bouclier sur lequel se détachent les attributs de la Justice. Le fauteuil du président, au fond de chaque salle, est accusé par un panneau décoré d'attributs sculptés.

Seule, la *première* Chambre du Tribunal civil mérite une mention particulière, car c'est celle qui fut autrefois si célèbre sous le nom de la *Grand'Chambre*. Nous avons dit plus haut combien elle était vaste et luxueuse, alors qu'elle était réservée aux grandes causes dans lesquelles se trouvaient appelés les comtes, les barons et les évêques, ou bien tandis que les rois y tenaient leurs lits de justice. Elle a, depuis, beaucoup changé d'aspect, et ses dimensions ont été fort réduites. En 1791, le Tribunal de cassation s'y établit; puis, en 1793, le Tribunal révolutionnaire s'y installa, et elle prit le nom de *salle de l'Égalité*. En 1795, le Tribunal de cassation en reprit possession, pour ne plus la quitter qu'en 1871. A cette date, elle fut détruite à peu près complètement par l'incendie. Les nouveaux architectes du Palais, MM. Duc et Daumet, se sont appliqués, en la reconstruisant, à lui restituer un peu de son ancien aspect. Elle est assez richement décorée. Une suite de petits arcs plein cintre reposant sur un bandeau interrompu par de légères consoles occupent la partie supérieure des murs et rappellent les petites voûtes d'arête de la salle de Louis XII. Le plafond est divisé en caissons se détachant sur fond bleu et encadrés de nervures dorées. Sur les tympans des arcs plein cintre sont peints des centaures, des sirènes et des écussons représentant alternativement les armes de France et le porc-épic, emblème de Louis XII. La Chambre du Conseil, qui est située derrière le prétoire, est également fort belle. On y accède par deux portes surmontées de larges frises sculptées, composées d'un camée tenu par deux génies et accompagné de deux cornes d'abondance. Tout autour est un grand soubassement en chêne poli, composé de panneaux séparés par des pilastres Renaissance et couronnés par une frise sur laquelle se détache un motif composé de deux génies à cheval sur des cornes d'abondance. Le plafond est de couleur chêne. Une superbe cheminée en pierre à deux corps superposés et une horloge monumentale complètent cet ensemble.

Le cabinet du président de la première Chambre civile est très simple : sur les murs sont placés cinq portraits d'anciens présidents : Berthereau (an VIII-1811), de Try (1811-1821), Moreau (1821-1829), de Belleyme (1829-1836) et Benoist-Champy. C'est dans cette salle sans doute que se trouvait la table de marbre — non pas la vaste table légendaire de la salle des Pas-Perdus, sur laquelle on jouait les mystères au moyen âge, celle-ci est irrémédiablement perdue — mais la très intéressante table de marbre que l'on a retrouvée à peu près intacte dans les décombres de l'incendie de 1871 et qui reste, on ne sait pourquoi, oubliée dans les caves du Palais. Elle mesure environ 2 mètres de longueur sur 80 centimètres de largeur ; elle est de marbre gris, très délicatement ornée d'un encadrement gravé de fleurs de lys, avec un motif central figurant l'ordre du Saint-Esprit. Sur les côtés sont des bâtons de marchand. Elle servait, croit-on, lors des cérémonies où les marchands prêtaient serment au roi.

COUR DE CASSATION. — En sortant de la salle des Pas-Perdus par la large baie donnant sur la galerie Mercière, nous trouvons à droite la *galerie des Prisonniers* qui traverse le Palais dans

toute sa longueur. Cette galerie fut construite par Philippe le Bel,
qui voulait pouvoir aller de son logis (alors près le préau de la
Conciergerie) jusqu'à la rue de la Barillerie. Détruite en 1618
et en 1676 par l'incendie, la galerie des Prisonniers fut prolon-
gée à cette dernière date jusqu'à la rue de Harlay; les fenêtres
qui l'éclairaient s'ouvraient, à droite sur la cour Lamoignon, à
gauche sur la cour neuve, dont l'emplacement est occupé maintenant par les Assises et la cour Saint-Martin.

C'est par la galerie des Prisonniers que sont desservies les
salles d'audience de la Cour de cassation, la *Chambre civile*, la
Chambre criminelle, la *Chambre des requêtes* et la *galerie Saint-
Louis*.

Il y a lieu de faire ici une observation qui ne laissera pas
d'étonner beaucoup de nos lecteurs. La Cour de cassation, bien
qu'au point de vue architectural elle fasse partie intégrante du
Palais de Justice, est considérée au point de vue administratif
comme un monument à part, rentrant dans les attributions de
la direction des bâtiments civils, ayant son budget de construction et d'entretien distinct, son architecte spécial. Cet architecte,
M. Coquart (1), à qui l'on doit la plus grande partie de la construction et la décoration du monument, a été remplacé brusquement en 1891 par M. Blondel (2). Au surplus, il n'est pas sans
intérêt de faire remarquer que l'ensemble des constructions du
Palais de Justice, à cause de leur diversité même et parce que
les services multiples qu'il abrite relèvent de différents services
administratifs, est soumis à un régime budgétaire absolument
exceptionnel. Par exemple, si c'est l'État qui est seul à avoir la
charge des bâtiments de la Cour de cassation, en revanche la
partie du monument affectée à la Cour d'appel dépend du ministère de l'Intérieur, puisque c'est un groupe de départements
qui doivent en supporter les frais. De son côté, le département
de la Seine a sa part bien distincte dans les frais de construction
et d'entretien du monument. Enfin, la Ville de Paris a la sienne,

(1) Coquart (Georges-Ernest), né à Paris vers 1840, membre de l'Institut en 1888.
(2) Blondel (Paul), né à Paris vers 1850, prix de Rome en 1876.

La salle des Bustes (Cour de cassation).

qui n'est pas la moins lourde. De cette collectivité de propriétaires du Palais résulte, on le devine, une complication peu ordinaire pour la répartition des dépenses. Prenons, par exemple,
la galerie des Prisonniers. Le rez-de-chaussée appartient à la
fois à la Ville de Paris et à l'État, puisqu'il touche d'un côté à la
Cour de cassation; le sous-sol, qui est une dépendance du Dépôt
et de la Conciergerie, appartient à la Ville et au département de
la Seine; enfin l'étage supérieur se trouve également réparti
entre plusieurs services. De telle sorte que s'il s'agit, soit de
réparer une dalle du sol, soit de refaire un plafond, soit de
revêtir la muraille d'une couche de peinture, l'architecte est
obligé de répartir la dépense, à un centime près, entre l'État,
le ministère de l'Intérieur, la Ville de Paris et le département
de la Seine, dans la mesure proportionnelle où chacun de ces
services doit y contribuer. Cette répartition est souvent assez
difficile.

Toutes les salles de la Cour de cassation ne sont pas encore
terminées. C'est par la *galerie Saint-Louis*, débouchant sur la
galerie des Prisonniers, qu'on y pénètre maintenant. La galerie
Saint-Louis, élevée par Louis XII, avait été détruite pendant la
Révolution. Elle a été reconstruite en 1833 par de Gisors (1), puis
démolie en 1866 par Duc, et enfin réédifiée telle qu'on la voit
aujourd'hui avec une rare élégance. Elle est formée par une série
d'arcades soutenues par des colonnes à arcs-doubleaux très
saillants. D'un côté sont des fenêtres donnant sur le préau de la
Conciergerie et qui sont garnies de verrières en grisaille, décorées d'arabesques et de fleurs de lys bleues. La face opposée
est occupée par deux portes donnant accès, soit dans la salle
d'audience de la *Chambre criminelle*, soit dans la salle des délibérations, et par deux grandes compositions peintes, très remar-
quables, dues à M. Luc-Olivier Merson (2) et représentant des
scènes de la vie de saint Louis. Au milieu est la statue polychrome de *Saint Louis rendant la justice sous un chêne*, œuvre de

(1) De Gisors, architecte, né en 1797, membre de l'Académie en 1854, mort
en 1866.
(2) Merson (Luc-Olivier), né à Paris, prix de Rome en 1869.

M. Eugène Guillaume (1). L'ensemble de la galerie est rehaussé d'une décoration polychrome exécutée par M. Lameire (2), de l'effet le plus original.

A l'extrémité de la galerie Saint-Louis, on tourne à gauche dans une petite galerie, dite la galerie des Bustes — où l'on voit, sur des gaines de pierre, les bustes des anciens premiers présidents de la Cour de cassation — et qui donne accès dans la *salle des délibérations*, une des plus importantes et des plus luxueuses du Palais. On y remarque surtout le plafond en bois sculpté et doré.

La Chambre d'audience n'a pas un aspect moins grandiose. C'est pour cette salle que Paul Baudry (3) a peint le célèbre plafond qui représente la *Glorification de la Loi*. Au frontispice d'un monument dont les silhouettes se profilent sur un ciel d'azur pâle, devant une architecture élégante où des colonnes de marbre vert font valoir les gris vénitiens des frontons et des murailles, la Loi se tient assise, vêtue d'une robe blanche. Sereine, charmante et jeune, elle étend la main en signe de domination.

Une femme est debout devant elle, un peu penchée, qui écoute : c'est la Jurisprudence, habile à interpréter ce que la Loi décide, une Jurisprudence qui, dans son manteau de brocart d'or, a tout à fait grand air. Deux figures féminines volent au-dessus de la Loi et la couronnent : ce sont la Justice et l'Équité portant l'une et l'autre les attributs qui les caractérisent. Au pied du trône, une autre allégorie, l'Autorité, tenant le drapeau national. A droite, sur les marches du temple, la Force repose et veille sur l'Innocence, un enfant qui dort avec la sérénité des êtres protégés sans le savoir. Enfin, pour marquer d'un trait bien net la destination de son œuvre, l'artiste a représenté un personnage vêtu de la robe de président de la Cour de cassation qui se découvre et salue la Loi.

(1) Guillaume (Eugène), sculpteur, né en 1822, membre de l'Institut en 1862.
(2) Lameire (Ch.-Joseph), peintre et architecte, né à Paris, vers 1836.
(3) Baudry (Paul), peintre, né à La Roche-sur-Yon en 1828, membre de l'Institut en 1870, mort en 1886.

La salle pour laquelle a été peinte cette œuvre de haute
valeur n'est point encore ouverte au public, et l'on ne peut
prévoir la date où le public sera admis à la contempler, les

Cour de cassation. La *Glorification de la Loi*.
(Tableau de Baudry.)

travaux d'achèvement de la Cour de cassation marchant avec
une extrême lenteur.

LA COUR D'ASSISES. — A l'extrémité de la galerie des Prisonniers se trouve le grand vestibule de la Cour d'assises, ou vesti-

bule de Harlay, situé sur la façade de la place Dauphine, dont
nous avons parlé plus haut. C'est une grande nef rectangulaire
de la hauteur du monument lui-même, formée par des pilastres
dont les chapiteaux sont composés d'une tête de femme surmontée d'une corbeille de fleurs. Dans des niches sont placées
les statues des rois législateurs : Charlemagne, saint Louis,
Philippe-Auguste, Napoléon Ier. Elle est éclairée par de vastes
baies prenant jour au-dessus d'un haut soubassement. Dans ce
soubassement s'ouvrent trois portes en bronze encadrées de
chambranles surmontés de corniches; la porte du milieu est la
plus importante. La face opposée aux fenêtres est occupée par
les deux escaliers conduisant aux deux salles d'assises. A droite
et à gauche de ces escaliers sont de petites portes donnant
accès à des escaliers intérieurs qui desservent les galeries et
les salles réservées aux témoins, à la presse, etc.

Les deux salles d'assises sont semblables de forme; l'une,
celle du Nord, a été décorée par M. Bonnat; l'autre, celle du
Sud, par feu Lehmann. Les incendies de 1871 ont détruit cette
dernière salle, dont on a dû entreprendre la restauration.

On y arrive par les deux escaliers monumentaux dont nous
venons de parler, ayant un palier commun au bas duquel est
une grille en fer forgé. Derrière cette grille, dans une niche
cylindrique, est une statue debout, symbolisant la Loi : c'est la
dernière œuvre de Duret (1). Les escaliers aboutissent chacun
à un vestibule rectangulaire, précédé d'un péristyle sur lequel
s'ouvre la porte des salles d'assises au fronton de laquelle sont
deux figures de jeunes femmes tenant les attributs de la Justice.
Les sculptures sont de M. Gumery (2).

Pénétrons dans la salle. Elle est divisée en deux parties par
une balustrade en chêne : en avant se trouve l'enceinte réservée
au public; au delà, la partie réservée à la Cour, au jury, aux
avocats. Sept grandes fenêtres, qui prennent jour au-dessus de
la galerie des Prisonniers, l'éclairent. Tout autour règne un

(1) Duret (François-Joseph), sculpteur, né à Paris en 1804, membre de l'Institut
en 1843, mort en 1855.
(2) Gumery, sculpteur, mort en 1871.

lambris en chêne formant soubassement, dans lequel s'ouvrent les différentes portes de service. Au-dessus, les murs sont revêtus de toiles marouflées à fond bleu semé de fleurons d'or et encadrées d'un courant de rinceaux chamois sur fond rouge. Derrière la Cour, les tentures sont interrompues par trois toiles de M. Bonnat : un grand *Christ en croix* et deux grisailles représentant deux figures debout : *Robur*, *Justitia*. Dans l'enceinte réservée au public, les tentures sont décorées de dessins encadrant les attributs de la Justice.

La salle des Pas-Perdus après l'incendie de 1871.

Le plafond est très riche. Au-dessus des sièges de la Cour, il présente des compartiments décorés de compositions de M. Bonnat : au centre, un médaillon ovale représentant *la Justice entre le Crime et l'Innocence*, et quatre compartiments encadrant des enfants qui tiennent des écussons sur lesquels on lit la devise : *Lex et jus*. La partie du plafond placée au-dessus des témoins et du public est divisée en caissons.

La Chambre du Conseil des assises Nord, placée au fond du prétoire, derrière la Cour, est luxueusement tendue d'étoffe de soie brochée de feuillages et de fleurs. Son plafond est orné d'une peinture de M. Charles Lefebvre, *la Justice appuyée sur la Loi*. Une cheminée monumentale en marbre rouge y est surmontée d'un motif décoratif au milieu duquel se détache le buste en marbre blanc du président de Harlay par M. Chatrousse.

Quant à la salle de délibérations des jurés, placée au-dessus
de la Chambre du Conseil, elle est d'une grande simplicité.
Elle est entourée d'un lambris de chêne poli, interrompu par
une cheminée avec un médaillon encadré de couronnes, au centre
duquel on a placé le buste de Mathieu Molé par Lafrance.

LES BATIMENTS DE LA COUR D'APPEL. — COUR DE LA SAINTE-CHA-
PELLE. — Parallèlement à la galerie des Prisonniers s'étend la
galerie de la Sainte-Chapelle dont la construction a été commen-

La salle des Pas-Perdus après l'incendie de 1871.

cée, du côté de la cour du Mai, par l'architecte Desmaisons, en
1777, sur l'emplacement de l'antique monument du *Trésor des*

chartes, et dont l'extrémité aboutissant au vestibule de la Cour d'assises a été achevée récemment par M. Daumet. Cette galerie, qui longe d'un côté les salles d'assises, dessert de l'autre les chambres de la Cour d'appel et la bibliothèque des avocats, le cabinet du bâtonnier, etc.

Les Chambres civiles de la Cour sont au nombre de sept. Nous n'en entreprendrons pas la description, qui nous forcerait à des redites, car elles ne diffèrent guère de celles que nous venons de parcourir. Toutefois la première Chambre, bien que non encore tout à fait terminée, doit être citée pour sa luxueuse ordonnance.

Elle est très vaste, éclairée par de hautes fenêtres donnant sur la cour de la Sainte-Chapelle. Les murailles sont tendues de tapisseries de laine fabriquées spécialement à Aubusson. Un soubassement de chêne sculpté règne tout autour. Sur le mur de droite est un grand cadre d'horloge en pierre sculptée, ainsi que le buste de la République posé sur une console. La partie réservée aux magistrats est très vaste et disposée de façon que, pour les audiences solennelles, conseillers, juges, magistrats du Parquet, au nombre de soixante-douze, se trouvent placés selon leur hiérarchie, soit dans des fauteuils, soit sur des sièges plus ou moins élevés. Le plafond, qui doit être décoré d'une peinture de M. Bonnat, est surchargé d'ornements. Il est en bois de pitchpin apparent, sculpté dans la masse d'un grand motif central encadré de quatre médaillons figurant la Loi, le Bouclier, le Miroir avec la couleuvre, et la Balance. Des caissons, dont le bois de couleur claire est silhouetté d'or, se détachent sur un fond bleu.

Des œuvres d'art d'un grand intérêt historique ont été placées dans cette salle. Voici d'abord, derrière le Tribunal, au-dessus des portes conduisant à la Chambre du Conseil, deux antiques motifs de sculpture en bois doré qui nous semblent dater du temps de Henri II. Ils ont été trouvés dans les ruines de l'ancienne salle de la Cour d'assises de Philippe le Bel, qui était située sur l'emplacement de la cour Saint-Martin et qui fut détruite en 1871. L'architecte, M. Daumet, les a fait restaurer.

Ils représentent deux femmes soutenant un médaillon au milieu duquel apparaissent l'ordre du Saint-Esprit et l'ordre de Saint-Michel, les trois fleurs de lys et la couronne royale.

Derrière le fauteuil du président, on voit le précieux tableau connu sous le nom de *Retable du Palais de Justice*, qui pendant deux cent quatre-vingt-huit ans — de 1505 environ à 1793 — figura dans la Grand'Chambre du Parlement de Paris. Il mesure $2^m,30$ de hauteur sur $3^m,30$ de largeur. Successivement attribué à Van Eyck, à Memling et à Hugo Van der Goes, ce retable a fourni matière à dissertation aux érudits les plus éprouvés. MM. Taillandier, de Guilhermy, de Laborde, Waagen, Crowe, Pinchart, Clément de Ris ont publié à son sujet de très savants mémoires, sans parvenir à élucider le point de savoir quel est son auteur. Peut-être est-ce un peintre flamand, peut-être aussi un Français, tel que Robert Cailletet. Quoi qu'il en soit, l'œuvre est des plus intéressantes. Elle semble avoir été commandée par Louis XI pour la chapelle qu'il fit construire en 1476 dans la Grand'Salle. Elle représente : au centre, le Christ en croix ; à gauche, la Vierge, sainte Anne, saint Jean-Baptiste, saint Louis, sous les traits de Charles VII, et, à droite, saint Jean l'Évangéliste, saint Denis, tenant sa tête dans ses mains et ayant un chien à ses pieds, Charlemagne tenant l'épée et le globe. Dans le lointain, derrière le Christ, on aperçoit la ville de Jérusalem. Derrière saint Jean et saint Louis, le Louvre est représenté tel qu'il était vers 1480 ; enfin, entre saint Denis et Charlemagne, on a une vue du Palais de Justice à cette même époque, sur la cour du Mai, avec les grands degrés remplacés par l'escalier actuel, le chevet de la chapelle de Louis XI et même le sommet de la flèche de la Sainte-Chapelle (1).

Les bâtiments de la Cour d'appel prennent jour sur la cour de la Sainte-Chapelle, laquelle, de forme rectangulaire, est ainsi occupée : d'un côté, la Sainte-Chapelle ; de l'autre côté, parallèlement au portail de cet édifice, se trouvent les bâtiments de la Cour d'appel, où s'élevaient jadis la Chambre des comptes et

(1) Clément de Ris, *Chefs-d'œuvre des maîtres du quinzième siècle en France ; le Retable du Palais de Justice* (Paris, 1879, broch. in-18).

l'hôtel du Bailliage ; le troisième côté, formant la façade de la rue
de la Sainte-Chapelle, est occupé par le bâtiment des quatre
Chambres correctionnelles ; enfin, le quatrième côté est formé
par le bâtiment de l'instruction ou du parquet du procureur de
la République.

Les Chambres correctionnelles occupent deux étages. On y
accède par un escalier monumental en pierre, qui, avec les vestibules d'arrivée aux différents étages, divise le corps de bâtiment
en deux parties égales. Les vestibules ont vue sur la cour de la
Sainte-Chapelle. Celui du premier étage donne accès, à droite
dans la neuvième Chambre, à gauche dans la huitième ; sur
celui du second s'ouvrent la dixième et la onzième Chambre.
La décoration de ces salles, bien qu'elle ne soit pas dépourvue
de caractère, est d'une grande sobriété et ne se distingue pas
suffisamment des salles d'audience, dont l'aspect est pour ainsi
dire classique, pour donner lieu à une description.

Tel est, dans son ensemble, le Palais de Justice actuel, dont
la reconstruction et l'agrandissement, commencés en 1848, auront
exigé près de cinquante années. Le lecteur, qui vient d'en parcourir avec nous les principales artères, peut en comprendre
les divisions architecturalement combinées selon le fonctionnement de notre justice moderne. Nos explications, volontairement
sommaires et sèches, n'ont point eu d'autre objet.

Sans doute, le monument n'a plus aujourd'hui le pittoresque
des anciens âges. L'art classique des Grecs et des Romains a
remplacé par sa solennité devenue cosmopolite et par ses pom-
peuses ordonnances l'architecture plus variée, plus intimement
expressive de jadis. Les habitudes administratives modernes
s'accommodent de cette régularité, et nos palais symétriques et
froids sont le reflet de nos modifications sociales. Où sont les
treilles près desquelles saint Louis rendait avec bonhomie la
justice ? En définitive, l'architecture du Palais actuel diffère autant de l'ancienne que le magistrat contemporain de ses ancêtres.

Mais, en foulant ce sol qui a été témoin de tant de choses
grandes, en contemplant ces pierres neuves qui, une à une, ont
remplacé les antiques murailles, on n'en est pas moins saisi de

je ne sais quel respect. Chaque jour, au Palais, au moment où
les audiences s'ouvrent, on entend les huissiers qui s'écrient :
« Le Tribunal, messieurs, chapeau bas! » Au visiteur qui franchit
la grille de la cour du Mai et pénètre dans le monument vénérable dont nous venons de retracer la physionomie, on pourrait
dire : « Chapeau bas, messieurs : voici L'Histoire! »

II

MAGISTRATURE D'AUTREFOIS

ET

JUSTICE D'AUJOURD'HUI

LA MAGISTRATURE D'AUTREFOIS

ET

LA JUSTICE D'AUJOURD'HUI

I

Quand ils sont descendus du grand break qui les amène au boulevard du Palais, avant de franchir la grille, les visiteurs étrangers se groupent autour de leur guide et, sur le seuil, celui-ci leur fait un petit *speech* d'entrée, pour leur donner quelques indications générales.

Nous aussi, nous croyons devoir, au moment de nous mêler au monde du Palais, fournir quelques renseignements préliminaires.

Après avoir énuméré les constructions successives qui se sont élevées à la pointe occidentale de la Cité, il n'est pas sans intérêt de faire une rapide esquisse de la vie judiciaire passée, résumée dans l'histoire de la magistrature ancienne.

Puis, ce coup d'œil rétrospectif une fois donné, nous tracerons une sorte de plan de la procédure moderne, sur lequel nos lecteurs pourront suivre la marche d'un procès à travers le labyrinthe des degrés de juridiction que nous parcourrons ensuite.

UN COUP D'ŒIL EN ARRIÈRE

LE PARLEMENT DE PARIS (1)

« En Europe, il y avait des juges; en France seulement, il y avait des magistrats. » Ainsi parle l'ardent apologiste de cette Constitution d'avant 89 dont le paradoxal de Maistre démontrait l'excellence, par cette raison que personne n'en aurait pu citer le texte.

Magistrats : c'est-à-dire faisant partie d'une corporation, ayant des droits, des privilèges, des traditions, le tout garanti en forme par un contrat de vente.

L'ancien régime était ainsi fait que l'individu n'y avait guère de place. Pour compter, il fallait faire partie d'une collectivité. Tout y prenait la forme de l'association.

Associations étroites, malheureusement, jalouses les unes des autres, uniquement soucieuses, même quand elles prétendaient se liguer pour le bien public, de maintenir et d'accroître leurs privilèges particuliers.

Dans cette superposition d'aristocraties, comme on pourrait définir l'ordre social d'avant la Révolution, aucune ne le cédait à la magistrature en prétentions de toute sorte.

I

Elle était pourtant d'origine relativement récente et les pouvoirs qu'elle exerçait, elle les tenait sans conteste de la délégation royale. A vrai dire, le Parlement de Paris, le plus puissant

---

(1) On indiquera, une fois pour toutes, les principaux ouvrages cités : Guyot, *Répertoire*; d'Avenel, *Richelieu et la Monarchie absolue*; P. Boiteau, *État de la France en 1789*; Ch. Aubertin, *l'Éloquence politique et parlementaire avant 1789*; J. Flammermont, *le Chancelier Maupeou et les Parlements*; Desnoiresterres, *la Société au dix-huitième siècle; la Comédie satirique au dix-huitième siècle*; H. Taine, *l'Ancien Régime*; Fustel de Coulanges, *la Justice sous l'ancien régime*.

des anciens corps de magistrature, ne l'entendait pas ainsi. Son origine, il la faisait remonter à ces Champs de Mai où la loi

MESSIRE IACQVES LE COIGNEVX
GRAND PRESIDENT AV PARLEME."
Beaubrun pinx. Nanteuil sculpebat 1654.
Rougeron, Vignerot se

se faisait *consensu populi et constitutione regis.* Se considérant comme investi du dépôt des lois fondamentales de la monarchie, il se prétendait aussi vieux que ces lois elles-mêmes.

La prétention n'était pas justifiée. En fait, le Parlement

n'était qu'un démembrement de l'ancienne Cour du roi. Cette
Cour, justement parce qu'elle n'avait pas d'attributions bien
définies, les exerçait toutes, non point en vertu d'une autorité
qui lui fût particulière, mais au nom du roi, censé toujours
présent en sa Cour et faisant fonctions de roi !

Mais, à mesure que se développait le domaine royal, et avec
lui la complexité des affaires à traiter, les attributions de la
Cour du roi devaient tendre à se spécialiser.

Ce fut saint Louis qui décida de confier les fonctions judi-
diaires à certains membres de sa Cour. Ces membres, il les
désignait pour chaque affaire. Aucune autre condition de recrutement. Ceux qu'on a nommés les légistes ne formaient point
alors une classe à part. La morgue aristocratique de Saint-
Simon l'a une fois encore aveuglé, quand elle lui a fait voir des
hommes de loi sur des escabeaux aux pieds des seigneurs et
leur soufflant leurs décisions.

Ces maîtres ès lois, ils siégeaient à ce qui prit dès lors le
nom de Parlement, au même titre que les évêques, barons,
moines ou simples clercs qu'avait désignés le roi.

C'est qu'eux-mêmes étaient gentilshommes, comme Philippe
de Beaumanoir ou Pierre de Fontaines, moines comme Abdon
de Fleury, ou évêques comme Yves de Chartres !

A l'origine, le roi avait pu désigner un peu au hasard ceux
de ses conseillers qu'il déléguait pour rendre la justice en sa
place et en son nom. Mais il était naturel qu'on s'habituât à
confier ces fonctions toujours aux mêmes conseillers, à ceux
qui avaient fait des lois une étude particulière. Peu à peu, prélats et barons cessèrent de siéger ordinairement au Parlement.
La séparation s'accentua quand, en 1302, Philippe le Bel fixa à
Paris le siège des juges, qui jusqu'alors avaient suivi le roi
partout où il se déplaçait. Dix-sept ans après, le Parlement était
définitivement constitué. Par son ordonnance de 1319, Philippe
le Long faisait défense aux prélats de siéger en son Parlement
et le divisait en trois Chambres : la Grand'Chambre, les Enquêtes
et les Requêtes

A cette date, la royauté n'a pas d'agents plus zélés que les membres de son Parlement. Ils sont encore trop près de leur origine pour élever des prétentions. Mais bientôt, auxiliaire ardent du pouvoir royal, dans sa lutte contre la noblesse et la papauté, quand ce pouvoir aura triomphé, le Parlement en aura grandi d'autant.

Par l'aide qu'il donne au roi, il prend conscience de sa force. Cette force, désormais, il entendra que personne n'y touche, pas même le roi. Et quand la monarchie aura tout abaissé ou supprimé, clergé, noblesse, États généraux, alors qu'elle croira avoir tout nivelé sous le même absolutisme, elle trouvera devant elle cette puissance qu'elle a créée : le Parlement, et qu'elle a fortifiée en s'en servant !

Dès lors, c'est la lutte, une lutte de trois siècles. Un moment, pendant les guerres de religion, il semble que toutes les prétentions du Parlement soient sur le point de triompher. Officiellement, les États de Blois les consacrent, en déclarant que les Cours de justice « sont une forme des États ». Les étrangers s'y trompent et l'ambassadeur autrichien Busbeck écrit : « En France, les Parlements sont rois, ou peu s'en faut, à l'égal des rois. »

Il s'en fallait au contraire de beaucoup et, avec Richelieu et Louis XIV, la royauté va s'employer à le démontrer.

Pourtant, si dure que soit la main qui le mate, si prolongé que soit le silence qu'on lui impose, le Parlement n'abandonne rien de ses prétentions.

Souvent forcé de plier, souvent proscrit, humilié dans cette lutte, jamais sa défaite ne sera définitive.

Né avec la royauté, à ce qu'il affirmait, il ne périra qu'avec la royauté !

Mathieu Molé (1584-1656).

II

D'où lui était venue cette force de résistance ?

De ce que ses membres étaient inamovibles et propriétaires de leurs charges, a-t-on dit !

« La propriété, comme une barrière impénétrable..., formait autour du monarque une enceinte qu'il ne pouvait franchir. »

C'est toujours M. de Bonald qui parle ainsi et, en effet, seul un théoricien pouvait risquer cette formule.

Inamovible et propriétaire de ses charges, l'ancienne magistrature l'était, il est vrai.

Mais jamais elle n'y trouva même une garantie d'indépendance.

L'inamovibilité, des ordonnances royales l'avaient expressément consacrée. Le roi, disait l'ordonnance du 21 octobre 1467, « ne donnera aucun de ses offices, s'il n'est vacant par mort ou par résignation faite de bon gré et du consentement du résignant, dont il appert dûment, ou par forfaiture préalablement jugée. »

C'était là la Charte de l'inamovibilité. Mais jamais les rois, pas même Louis XI qui l'avait rendue, ne se crurent liés par l'ordonnance du 21 octobre.

Messire François de Chamizot, conseiller du roi.

Ils avaient leur façon de l'interpréter, et cette interprétation, Louis XV la formule en ces termes : « Le roi, bien instruit de la loi célèbre du roi Louis XI..., entend que les titulaires de ses offices, tant que ces offices subsistent, n'en puissent être privés, autrement que par mort, résignation volontaire, ou forfaiture bien et dûment jugée, ce qui ne déroge pas au pouvoir de Sa Majesté, qu'on ne doit pas mettre en question, de supprimer les offices, lorsque le bien de ses sujets et la réformation de quelques parties de l'ordre public peuvent le demander. »

Ainsi le titulaire de l'office est inamovible; mais l'office reste à la discrétion du roi.

Quand, au seizième siècle, avec Charles VIII et François Ier, l'usage va s'établir de vendre les charges de magistrature, il semblerait qu'il en doit résulter pour l'inamovibilité une garantie nouvelle. La garantie n'était qu'apparente. D'abord, en droit, le roi est toujours maître de supprimer l'office, pourvu qu'il en rembourse le prix. Les apologistes de la vénalité, Montesquieu, Sénac de Meilhan, M. de Bonald, ont pu essayer d'y montrer un système comme les autres, plus pratique que les autres, plus susceptible d'assurer la dignité et l'indépendance de la magistrature. Pour les rois qui l'avaient établie, la vénalité ne fut jamais qu'un expédient. Le roi, qui a besoin d'argent, s'en procure comme il peut. A aucun moment il ne se fait illusion sur la valeur du moyen qu'il emploie, et l'un des ministres de l'ancien régime, le chef même de la magistrature, dira de la vénalité qu'elle n'est qu'un « honteux trafic ».

Aussi ne parle-t-on que de la supprimer. Chaque fois que le roi crée de nouveaux offices, le préambule de l'édit portant création de ces offices annonce cette intention du roi de renoncer à la vénalité. Bien entendu, il a garde d'y renoncer. Sans doute c'est que le roi a toujours besoin d'argent; mais c'est aussi qu'il ne pense pas que la propriété des charges soit pour son autorité « une barrière impénétrable ».

Et, en effet, contre cette barrière il a tout d'abord la menace toujours pendante du remboursement. Si précaire que fût l'état des finances sous l'ancien régime, la menace n'était pas vaine. On pouvait rembourser en rentes, sauf à ne pas payer les arrérages de ces rentes. Les banqueroutes, ou partielles ou totales, n'effrayaient point les financiers de la monarchie.

On était toujours maître d'avilir le prix des offices en les multipliant. On pouvait même ne pas les rembourser du tout. La tentative de Maupeou montrera que la royauté irait au besoin jusqu'à la confiscation.

Mais il n'était pas besoin de ces moyens extrêmes. Le magis-

trat avait beau être propriétaire de sa charge, il n'en restait pas
moins sous la dépendance du roi.

D'abord, l'office, qui coûtait fort cher par lui-même, ne rap-
portait pas grand'chose. Une place de conseiller au Parlement
qui, au treizième siècle, vaut de 40 à 60 000 écus, ne rapporte
que 2000 livres d'appointements. Et avec cela il faut représenter,
tenir son rang. « Ajoutez-y même les profits indirects, l'exemp-
tion des tailles, la dispense du logement des gens de guerre,
le sel au rabais, on aurait fait encore un marché de dupes,
s'il n'y avait les épices, les pensions, les gratifications. » Or,
pensions et gratifications, c'est le roi qui les distribue. Les
épices, dans chaque affaire le rapporteur en prélève la plus
large part, et le rapporteur, c'est le premier président, nommé
par le roi, qui le désigne.

Pour ses arrangements, même de famille, il faut que le magistrat compte avec l'autorité royale. Veut-il céder sa charge, à
son fils, à son neveu, à son gendre : il faut que le candidat soit
agréé, non seulement par la Cour où il va siéger, mais par le
chancelier. Qu'on ait à se plaindre du père ou que le candidat
soit soupçonné d'indépendance, il sera refusé, comme Duval
d'Éprémesnil. Que ce fils, ce gendre ou ce neveu n'aient pas
l'âge exigé — quarante ans pour une présidence, vingt-sept ans
pour une charge de conseiller — le roi seul peut conférer la
dispense, et naturellement il sait à qui il ne l'accordera jamais.

Ainsi, et sans parler des lettres de cachet, par mille fissures
cette « barrière impénétrable » de la propriété était ouverte à
l'autorité royale. De ces barrières, était-il même possible d'en
concevoir théoriquement l'existence, sous un régime qui formu-
lait ainsi son principe : « Sa Majesté ne tient sa couronne que de
Dieu. En sa personne seule réside toute l'administration de la
force publique et elle ne doit compte de cette administration
qu'à Dieu seul » ?

III

Pourtant le Parlement a résisté. Chaque fois que le roi a voulu briser cette « barrière », il a dû reculer.

C'est que le Parlement représentait une force réelle et considérable. Cette force, que ne pouvaient lui assurer ni l'inamovibilité ni la propriété des charges, il la puisait dans la classe sociale où il se recrutait. S'il est si puissant, c'est qu'il est la tête de la bourgeoisie enrichie, impatiente d'exercer une influence. A cette bourgeoisie qui chaque jour grandit, l'organisation sociale d'alors n'offrait aucun moyen régulier d'exercer sa force sans cesse croissante. Aux armées, dans la maison du roi, dans l'Église, toutes les hautes charges sont réservées à la naissance. Mais voici que le roi se met à vendre quelques-uns de ses offices. Si cher qu'ils coûtent, si peu qu'ils puissent rapporter, cette bourgeoisie va se les disputer. D'abord ils confèrent la noblesse. On était fils de notaire, d'épicier, de drapier, on sera officier du roi, on siégera sur les fleurs de lys, en vue des regards du prince qui nomme à tous les emplois. C'est là surtout l'important. Depuis longtemps déjà, pour achever son œuvre d'abaissement de la noblesse et amener cette noblesse à n'être plus qu'un ornement du trône, le roi a pris l'habitude de choisir en dehors d'elle quelques-uns de ses collaborateurs les plus intimes.

Et tout naturellement il les choisit parmi les adversaires-nés de sa noblesse, ces petits gentilshommes, ces clercs, ces légistes, qu'il voit à l'œuvre dans son Parlement et qui, par situation, par éducation, par ambition, ont du moins pour le moment le même intérêt que lui à l'œuvre de nivellement qu'il a entreprise.

Ainsi donc, à faire partie du Parlement, il y a l'avantage inappréciable d'être à portée de la faveur du roi, en bonne place pour être distingué et désigné par lui. On dirigera des ambassades, comme le président Jeannin ; on négociera la paix de

Westphalie, comme d'Avaux; on sera chancelier, comme Le
Tellier ! C'est la porte ouverte à toutes les espérances !

Par cette porte, la bourgeoisie se précipite. Il suffit de payer
et elle est riche. Aussi c'est elle qui peuple les bancs du Parlement. Au dix-septième
siècle, les conseillers
s'appellent Bizet, Bou-
cher, Pidoux, Brous-
sel, Portail, Crespin,
Catinat, Amelot, Man-
dat. « Ceux dont le nom
a déjà quelque lustre
de noblesse, les Molé,
les de Mesmes, les
Pottier, les de Nes-
mond, n'ont pas plus
d'un siècle d'existence
prouvée. » Il ne fau-
drait pas remonter à
plus de deux généra-
tions pour retrouver
l'humble marchand
dont l'industrie leur a
permis d'acquérir la
charge sous l'éclat de
laquelle disparaît la
modestie de leur ori-
gine.

Les boutiques des libraires au Palais.

Autour d'eux s'agite
et remue une clientèle formidable, les parents, les amis, qui
attendent tout de leur influence, ce monde des avocats, des procureurs, des greffiers, qui vit d'eux et par eux, dont les intérêts
et les ambitions sont de même nature, tous ceux, bourgeois
comme eux, qui, à chaque aune de drap vendue, calculent ce
qu'ils en pourront retirer d'hermine, et enfin, jusqu'à la domesticité, qui s'enorgueillit de l'éclat et de la richesse du maître.

C'est là leur force. Qu'on fasse mine d'y toucher, c'est presque une révolution. La foule innombrable des fournisseurs qu'ils emploient s'émeut; les avocats refusent de plaider; les procureurs ferment leurs études, le cours de la justice est suspendu.

Mais cette force, eux-mêmes s'appliquent à la limiter. Bientôt ils n'ont qu'une ambition : faire, eux aussi, souche de noblesse, créer une aristocratie au-dessous de l'ancienne qui s'obstine à les dédaigner, et, à peine arrivés à marquer leur place dans la hiérarchie sociale, entourer cette place de barrières pour le moins aussi hautes que celles qu'ils ont eu tant de peine à franchir.

C'est qu'ils ont apprécié les avantages de leur situation et ils entendent être seuls à en profiter. D'abord les charges qu'ils ont payées ne sortiront plus de leurs mains. On se les passe de père en fils, d'oncle à neveu. Le gendre succède au beau-père. Il s'est marié pour cela. Au cousin, le petit-cousin. A la fin, tout le monde ou à peu près est parent au Parlement. Dès 1626, la seule famille de Maupeou y compte cinquante parents ou alliés.

Par suite, le prix des charges s'élève dans des proportions extravagantes. Au dix-huitième siècle, une place de président à mortier se paye 750 000 livres, sans compter le pot-de-vin, c'est-à-dire près de 3 millions de notre monnaie actuelle.

Encore n'est-on pas sûr de l'obtenir, même en la payant à ce prix. Car déjà cette aristocratie nouvelle s'étudie à s'approprier tous les préjugés de l'ancienne. Pour qu'elle ouvre ses rangs, il ne suffit plus qu'on soit riche. Il faut qu'on le soit depuis une ou deux générations ; il faut aussi qu'on le soit devenu de certaine manière. Telles professions sont réputées ignobles, qui pourtant n'ont rien que d'honnête. Un fils de boucher ou de ravaudeur doit renoncer à revêtir l'hermine. De l'avis du Parlement, ce sont personnes « viles et abjectes ».

IV

Par là, il travaille à s'affaiblir. S'il garde la force de résister, du moins il sera impuissant à faire triompher ses prétentions. A vrai dire, elles sont exorbitantes, ne tendant pas à moins qu'à déplacer à son profit le pouvoir absolu de la royauté. Insensiblement, il s'y efforce par tous les moyens.

De bonne heure l'usage s'était établi de faire enregistrer au Parlement les actes royaux. Ce n'était qu'une formalité, une garantie d'authenticité et, en même temps, pour les actes législatifs, une sorte de promulgation. De cette simple besogne de greffier, le Parlement va tenter de faire sortir le droit de vérifier, de critiquer et même de rejeter les actes souverains.

Modestement il commence par les remontrances, présentées à genoux, après quoi il enregistre. Mais peu à peu il s'enhardit. Il ne se contente plus de critiquer, il veut qu'on tienne compte de ses critiques. Ce n'est plus en serviteur zélé, appelant humblement l'attention du maître sur ses propres intérêts, c'est comme représentant d'une autorité égale, sinon supérieure à l'autorité du roi, qu'il parle désormais. Il est, ou du moins il se dit le gardien des lois immuables de la monarchie, et le roi lui doit compte du respect de ces lois.

Vainement le roi lui rappelle son origine et déclare solennellement que : « Sa Majesté est seul législateur dans son royaume, sans dépendance et sans partage ; qu'elle seule a le droit de faire exécuter les lois anciennes, de les interpréter, de les abolir et d'en faire de nouvelles ». Vainement il ajoute que les magistrats ne tiennent leur pouvoir que de Sa Majesté ; » que, « si pour le bien de ses sujets elle leur a accordé la permission de lui représenter ce qu'ils croient du bien de son service et l'avantage de ses sujets, il est de leur devoir de ne le faire qu'avec le respect dû à sa personne sacrée et toute la modération qui doit caractériser de véritables magistrats, et qu'ils n'en sont pas moins obligés de donner aux peuples l'exemple de l'obéissance

à ses ordres et de la soumission à ses volontés! » Cette permission que daigne lui octroyer le roi, le Parlement la considère
comme un droit et à cette affirmation de la toute-puissance
royale il répond par une déclaration non moins hautaine :

LE CHANCELIER
D'AGUESSEAU.

R. Tournière Pinxit 1720.   P. Maleuvre Sculp. 1772.

« Nous sommes les représentants de la nation, les interprètes
nécessaires des volontés publiques des rois, les surveillants de
l'administration de la force publique et de l'acquittement des
dettes de la souveraineté. »

Ainsi législation, armée, police, finances, le Parlement prétend au droit de tout contrôler, c'est-à-dire à la souveraineté.

Cette théorie, il avait dû longtemps en voiler l'expression. Tant que les États généraux avaient subsisté, il était bien difficile qu'il se dît « le représentant de la nation ». Il était d'ailleurs trop près encore de son origine pour affirmer si hautement ses prétentions. Volontiers il se contentait d'un rôle intérimaire, en politique, dans l'intervalle de la réunion des États, et se sentait flatté quand ceux de Blois déclaraient, en 1577, « que les Cours de justice étaient une forme des trois États, raccourcis au petit pied ». Mais il suffira d'un demi-siècle pour que tout change. Lorsque, sous la Fronde, le Parlement de Rouen demandera à celui de Paris s'il convient d'envoyer des députés aux États qu'on se propose de réunir à Orléans : « Jamais, répondent les magistrats de Paris, les Parlements, qui sont eux-mêmes un composé des trois ordres, n'ont député aux États généraux. Ils sont supérieurs à ces assemblées, puisqu'ils jugent en dernier ressort ce qu'elles ont arrêté et délibéré. Les États généraux n'agissent que par prières et ne parlent qu'à genoux, comme les peuples et sujets. Les Parlements tiennent un rang au-dessus d'eux, comme médiateurs entre le peuple et le roi. »

C'est que, dans l'intervalle, le Parlement avait pu mesurer sa puissance.

Dans le conflit de toutes les forces sociales qu'avaient entraîné les guerres de la Ligue et les troubles de la minorité de Louis XIII, c'était dans le Parlement que la royauté battue en brèche avait cherché un appui. Chaque parti s'était tour à tour efforcé de l'attacher à sa cause. Richelieu lui-même — il n'était pas ministre alors — l'avait félicité de son « courage » à dire son sentiment au roi « sur le honteux abaissement des affaires ». Bientôt après, il est vrai, le cardinal s'est appliqué à réduire à l'obéissance cette « assemblée de factieux ». Mais une nouvelle minorité a réveillé les espérances du Parlement et cette fois il va jusqu'à la révolte. Ces droits des rois et des peuples qui « ne s'accordent jamais mieux que dans le silence », le Parlement les discute publiquement. Il s'enhardit jusqu'aux formules révolutionnaires.

« Si les princes se dispensent de la règle, s'écrie l'un des conseillers du Parlement de Paris, les peuples se dispenseront du respect et de l'obéissance. »

Et à la sortie des séances où se tiennent ces discours enflammés, c'est un cri nouveau, entendu pour la première fois en France, qui accueille le Parlement : République! République!

Certes il n'entendait point aller jusque-là. La royauté contrôlée par le Parlement, il ne demandait pas davantage. L'exemple n'en était-il pas donné, depuis des siècles, de l'autre côté de la Manche, où un Parlement venait de manifester son autorité jusqu'à faire tomber la tête d'un roi? Sans doute, sous ce même nom de Parlement, il s'agissait de deux organisations bien différentes. Mais la similitude des mots aidait à la confusion des choses et les prétentions politiques n'y regardent pas de plus près. Cela même, ce partage de la souveraineté, c'était plus que le roi ne pouvait consentir. « L'État c'est moi! » déclara Louis XIV, et comme conséquence il supprima aux Parlements le droit même de faire des remontrances avant l'enregistrement.

Le Parlement était vaincu. Mais, dans le long silence qui suit cette défaite, de 1650 à 1715, jamais il n'oublie ses vieilles prétentions. Au premier affaiblissement de la royauté, elles reparaîtront et le conflit recommencera. Il va durer autant que la monarchie. Aux remontrances, le roi répond par les lits de justice, l'exil, la suppression et la confiscation des offices.

Cette fois, c'est le roi qui est allé trop loin et qui devra céder. Le Parlement revient; mais, quoique triomphant en apparence, pas plus que la veille il ne réussira à faire reconnaître et à exercer le droit, auquel il prétend, de contrôler les actes de la souveraineté royale.

C'est que vraiment les intérêts qu'il représente sont trop particuliers. Ce sont uniquement ceux d'une classe sociale restreinte. Au lieu de faire bénéficier de sa force les classes inférieures avec lesquelles il se confondait hier, au lieu de travailler à accroître cette force en associant ses intérêts à leurs intérêts, il n'a songé qu'à se séparer d'elles, à se constituer en caste dis-

tincte, et, parmi les privilégiés, à conquérir une place privilégiée. Ce n'est qu'une aristocratie qui lutte contre d'autres
aristocraties, chacune disposant d'une clientèle particulière
qui lui permet de ré-
sister aux violences
des autres, mais toutes
également impuissan-
tes à assurer le jeu
régulier d'une consti-
tution bien équilibrée.
Ceux qui connaissent
par expérience le mé-
canisme des gouver-
nements contrôlés ne
se méprenaient point
sur cette impuissance.
Selon le mot de Ches-
terfield, « nos Parle-
ments pouvaient bien
élever des barricades,
mais des barrières ja-
mais ! »

V

Au rôle qu'ils re-
vendiquent dans la di-
rection des affaires
publiques, mesurez la
place que les parle-

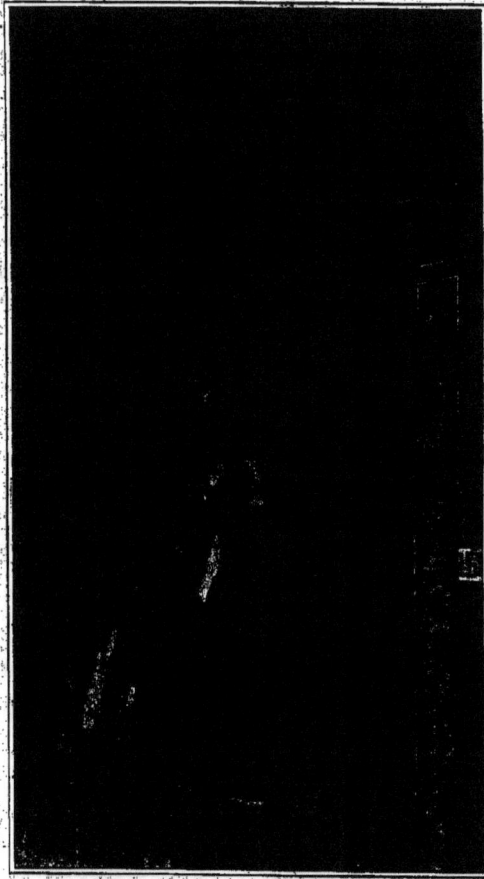

Saint Louis rendant la justice sous un chêne.
(Statue de M. E. Guillaume. Photographie communiquée par M. Coulet.)

mentaires entendent occuper dans la hiérarchie sociale. C'est
la première. En payant si cher leurs charges, en même temps
que l'influence politique, ce qu'ils ont voulu acheter c'est la
considération.

Pourtant leur richesse, qui les a faits nobles, n'a pu leur

donner des aïeux. Ils remplaceront l'éclat de la naissance par
l'éclat de la représentation.

Ce premier rang, en province leurs collègues, et eux-mêmes
quand ils voyagent, ils arrivent à l'occuper à peu près sans
conteste, tout ce qui marque dans la noblesse ayant émigré à
Versailles. A Aix, par exemple, ils ne vont au Palais qu'accompagnés de leurs clients. A de certains jours, c'est pour chacun
un cortège de cinq à six cents personnes. A Dijon, ils sont
qualifiés officiellement de « hauts et puissants seigneurs ».
A leur passage, les autorités locales viennent les saluer et on
leur offre le pain et le vin de cérémonie. Quand Monsieur le
Premier fait son entrée, on le reçoit tambour battant, enseignes
déployées, et « c'est au bruit des canonnades, en passant sous
des arcs de triomphe à ses armes, qu'il se rend à son hôtel ».
Et à chaque absence, c'est à son retour à peu près le même
cérémonial !

Mais, à mesure qu'on se rapproche de la Cour, plus ils
sentent et plus on leur fait sentir leur infériorité. Ici la place
est prise et bien gardée. Autour du roi qui ne lui a pas laissé
d'autre occupation, la noblesse a étagé les entraves d'une
étiquette savante, de même qu'autour du Château elle a bâti
ses hôtels comme pour en garder les avenues.

Cette contemplation du souverain qui, selon le mot de
La Bruyère, fait la félicité du courtisan, les parlementaires ne
l'avaient pour ainsi dire jamais, ou, s'ils arrivaient à être admis
en la présence du roi, c'était en des occasions solennelles, en ces
lits de justice où éclatait l'humilité de leur condition et où ils
devaient en silence souffrir qu'un duc de Saint-Simon leur lançât
« jusque dans les moelles, l'insulte, le mépris, le dédain, le
triomphe » et leur fît sentir « qu'il se baignait dans leur rage ».

Mais, à défaut de la Cour, ils ont la ville, où ils vont s'étudier
à reproduire le ton, les habitudes, les airs de cette société qui
leur est fermée. Les hôtels dont la place est occupée à Versailles, ils en feront élever de pareils, autour du Palais, de cette
même architecture où tout est sacrifié aux besoins de la représentation, vastes cours, larges escaliers, appartements étriqués,

afin que puisse s'étendre plus majestueux ce premier étage ou tout est décor et apparat !

Puisque maintenant la noblesse en est réduite à n'être plus qu'un ornement du trône, eux aussi vont s'appliquer à montrer qu'ils ne dépareraient pas le décor.

Ils y réussissent et facilement. Leur luxe va de pair avec les prodigalités les plus folles des seigneurs les plus endettés. Déjà, sous Louis XIII, « il n'y a juge qui n'ait sa porte cochère, un ou deux carrosses, six chevaux à l'écurie, doubles palefreniers, quatre laquais, deux valets de chambre, outre le train de Mademoiselle (sa femme) qui est égal ». Pour un seul voyage à Metz, un premier président dépense 32.000 livres, deux années de ses appointements. A Troyes, pendant l'exil du Parlement, tous les soirs il y a table de quarante couverts. On brûle tant de bois pour leur cuisine que la ville est sur le point d'en manquer. A Basville, chez Lamoignon, pendant tout l'automne et les vacances de la Pentecôte, c'est chaque jour chasse organisée et dîners de trente couverts.

A ce train, on prouve seulement qu'on est riche. Il reste à montrer qu'on a le ton et des manières. Et l'on tient « bureau d'esprit » comme le président Hénault ; l'on rime de petits vers et de méchantes comédies, comme le président Dupin ; l'on brigue toutes les Académies, depuis l'Académie française jusqu'à cette Académie des Mélophilites que le président de Lubert, « le premier violon du Parlement », s'il faut en croire Voltaire, rassemble chez lui chaque semaine rue de Cléry.

Et de même qu'à Versailles c'est Marie-Antoinette qui tiendra le rôle de Rosine, les comtes d'Artois, de Vaudreuil et M\ :sup:`me` de Polignac qui joueront la Folle Journée, de même à Basville c'est Lamoignon, c'est Pasquier, c'est le président de Rosambo qui représentent les principaux personnages du Barbier.

A Bourges, où, en 1757, les parlementaires sont exilés, il ne leur faut pas moins de trois théâtres, et la galanterie de messieurs les conseillers finit par leur mettre l'épée à la main.

Un premier président — de province il est vrai, mais il sera garde des sceaux, — Hue de Miromesnil, n'a pas de rival dans

les Crispins. Un autre, malgré ses soixante-quinze ans, ne songe
qu'à se produire comme danseur à l'Opéra.

Mais ils ont beau faire, « entre la Cour et la ville, la distance
est à peu près aussi sensible qu'entre Paris et les provinces » ;
et cette distance, la Cour n'entend pas qu'ils la franchissent. A
proportion qu'ils s'élèvent, la noblesse élève davantage ses barrières. Pas une occasion n'est perdue pour marquer les différences. Cela va même jusqu'à la grossièreté : le carrosse de
l'avocat général de Barentin rencontre dans une rue étroite celui
du duc de Lauraguais. L'avocat général met la tête à la portière,
déclare sa qualité et invoque le service du roi pour qu'on ne
retarde pas sa marche. Le duc ordonne à ses valets de passer
outre. Alors Mme de Barentin, d'une laideur renommée, sort aussi
la tête et s'étonne qu'on méconnaisse les privilèges de son sexe.

Arrestation de d'Éprémesnil (mai 1788).

« Ah ! madame, s'écrie le duc, que ne vous montriez-vous plus
tôt ! Je vous assure que moi, mon cocher, mes chevaux, aurions
reculé du plus loin que nous vous aurions vue ! »

Ils prennent leur revanche au Palais. Là ils ne cèdent le pas

à personne et c'est eux que l'étiquette défend : « Commis par le
roi, dit au dauphin un premier président, et assis en son lieu
pour exercer sa principale fonction qui est de rendre la justice,
nous portons ses robes, ses manteaux et ses mortiers, habillements et couronnes des anciens rois; nous séons en ces places
si respectées que les princes du sang même, enfants des souverains dont nous sommes les très humbles sujets, nous les cèdent
par honneur. »

Contre tous ils maintiennent cette primauté.

L'évêque qui comparaît devant eux doit ôter sa croix d'or et
le gentilhomme ses éperons. Si grand personnage qu'on soit,
quand on est accusé, il faut aller s'asseoir sur l'escabeau des
prévenus ordinaires. Ils envoient à la Conciergerie, « pour lui
faire abattre les cheveux et la barbe », un seigneur qui, pendant son interrogatoire, avait affecté de retrousser sa moustache.

Eux-mêmes, par la déférence qu'ils se témoignent, donnent la
mesure du respect auquel ils prétendent. C'est tête nue que
le premier président recueille l'avis des présidents à mortier.

Ce salut du bonnet, « cette usurpation indécente », comme
s'indigne Saint-Simon, ils le refusent même aux ducs et pairs.

Vainement les ducs saisiront l'occasion de la Régence, alors
qu'ils croient tenir le Régent dans leurs intérêts, pour essayer
de faire trancher la question en leur faveur. Quand le duc
d'Orléans déclarera qu'il va examiner leurs prétentions et les
régler : « Doucement, répliquera le premier président de Novion,
nous respectons beaucoup, monsieur, les ordres qu'il vous
plaira de nous donner en qualité de Régent, mais il n'y a que le
roi qui puisse décider une semblable contestation. »

VI

Si absorbés, quel temps leur reste-t-il pour leur besogne
réglementaire, celle qui leur est légalement attribuée? La tâche
était considérable et, pour être bien remplie, eût exigé toute leur
activité.

En effet, outre les causes civiles et criminelles qu'il juge en première instance et en appel, seul le Parlement connaît de certains procès, qu'on lui réserve parce qu'ils touchent à des intérêts religieux : contestations entre curés et marguilliers au sujet des offrandes faites aux églises, procès de captation, désordres, délits et crimes commis dans les couvents, cas de simonie !

C'est lui encore qui prononce dans les questions de naturalisation, d'érections de terres en baronnies, comtés, marquisats, duchés et en tout ce qui concerne les étrangers.

Sa besogne n'est pas moins administrative que judiciaire : la conservation des forêts, les mesures de douanes, l'établissement des foires et marchés, la création des juges et consuls, des contrôleurs dans tous les métiers, des courtiers pour toutes les marchandises, sont de sa compétence et soumis à son contrôle. C'est devant lui qu'on porte les procès civils relatifs aux monnaies et les poursuites au criminel dirigées contre les faux monnayeurs.

Il a la police des prisons, celle des faubourgs, des Halles et des hôpitaux. Le guet, la milice, l'approvisionnement de Paris sont de sa dépendance. Il a la tutelle de l'Université, la censure des théâtres, la police des lieux d'amusement public, celle des voitures, celle de la mendicité. C'est-à-dire qu'il est à la fois juge, préfet, préfet de Police, directeur du service pénitentiaire, directeur de l'Assistance publique, grand maître de l'Université.

Naturellement, il n'y peut suffire, et dans la pratique la plupart de ces attributions lui échappent. On administre, on réglemente en dehors de lui, et ce n'est qu'à l'occasion qu'il exerce sa compétence.

Il le faut bien, car rien que sa besogne exclusivement judiciaire l'absorberait et au delà. Trente et un de nos départements, la moitié à peu près de la France d'alors, dix millions de justiciables ressortissaient au Parlement.

Pour satisfaire à la tâche, il s'était divisé en cinq Chambres, la Grand'Chambre, les Enquêtes, les Requêtes, la Tournelle et la Chambre de la marée qui jugeait « du fait du poisson de mer et d'eau douce ».

A la Grand'Chambre, où l'on n'arrivait qu'après trente ans de services judiciaires, étaient réservés les appels des présidiaux, bailliages ou juridictions quelconques du ressort du Parlement, les appels comme d'abus, en matière civile, les instances où le procureur du roi était partie, les causes relatives aux terres de la Couronne, les causes des ducs et pairs, les causes dérivant du droit de régale, les cas de lèse-majesté, enfin les procès criminels des principaux officiers de la Couronne, des gens du Parlement, des gens des Comptes, des nobles et des gens d'Église. Dans cette Chambre siégeaient le premier président, neuf présidents à mortier, vingt-cinq conseillers laïques et douze conseillers clercs. Là encore, et quand il leur plaisait, venaient prendre place, d'abord les deux conseillers d'honneur nés, l'archevêque de Paris et l'abbé de Cluny, les princes du sang, les ducs et pairs, les présidents et conseillers honoraires. De ceux-ci, on ne compte pas moins de cinquante-quatre en 1789.

René-Nicolas-Aug.-Ch. de Maupeou, chancelier de France (1768).

Aux Enquêtes et aux Requêtes, c'est la foule des jeunes magistrats, ceux qui, dès vingt ans, par droit d'achat ou d'héritage, trônent sur les fleurs de lys.

Les Enquêtes, qui, suivant les temps, sont subdivisées en trois ou cinq Chambres, connaissent des appels rendus dans les procès jugés par écrit, des appels incidents à ces procès, des

appels principaux, des appels des causes criminelles n'entraî-
nant pas peine afflictive, et enfin jugent en première instance les
causes réservées à la Grand'Chambre. Dans chacune des trois
ou cinq Chambres, deux présidents à mortier dirigent tour
à tour les débats.

Les Requêtes, divisées en deux Chambres, jugent en première
instance les affaires des parties ayant droit de *committimus* en
Cour de Parlement, c'est-à-dire des princes, ducs et pairs,
chevaliers du Saint-Esprit, conseillers d'État, maîtres des
requêtes, ambassadeurs, officiers du Grand Conseil, avocats au
Conseil, agents généraux du clergé, chanoines de Notre-Dame,
officiers des gardes françaises, membres de l'Académie française (les quatre plus anciens), en un mot de la plupart des
fonctionnaires ou dignitaires de la monarchie.

A la Tournelle, on juge les appels des causes criminelles. La
Tournelle n'a pas de composition fixe. Les conseillers de la
Grand'Chambre y siègent à tour de rôle, par semestre, et avec
eux, par trimestre, deux conseillers de chacune des Chambres
des enquêtes.

Au total, ils sont, dans les diverses Chambres, deux cents
conseillers, cinquante-six maîtres des requêtes, quatorze présidents de Chambre et sept présidents à mortier.

Mais, si nombreux qu'ils soient, ils sont débordés. Songez
qu'on peut en appeler à leur juridiction dans tout procès où
l'objet en litige dépasse 250 livres. Et l'on peut en appeler, de la
moitié du royaume, de l'Ile-de-France, de la Picardie, du Bou-
lonnais, de l'Artois, de la Champagne, de l'Auxerrois, du Niver-
nais, de l'Orléanais, de la Touraine, du Maine, de l'Anjou, du
Poitou, de l'Angoumois, de la Marche, du Berry, du Bourbon-
nais, du Forez, du Lyonnais et du Mâconnais.

Vainement ils sont dès l'aube au Palais. Une ordonnance de
Charles V avait enjoint aux gens de justice de venir au Palais
« incontinent que six heures seront sonnées ». L'usage en était
né de donner les rendez-vous d'affaires entre six et sept heures
et de tenir les audiences dans la matinée. En hiver, on siège de
huit à dix heures; en été, de sept à dix heures. « On ne doit pas

tenir pour avis bien digéré, disait l'un d'eux, ce qui se fait après dîner. »

Pendant ces deux ou trois heures, ils tiennent deux audiences, la petite où souvent, à la lueur des bougies, on expédie les affaires instruites sur mémoires, et la grande audience où l'on juge sur plaidoiries. Mais cette grande audience, ils ont leurs raisons pour n'en réserver que la moindre part à l'expédition de la justice.

C'est que les affaires sur plaidoiries ne rapportent pas d'épices ! Aussi est-ce à la grande audience qu'on examine les édits et ordonnances à enregistrer. C'est là qu'on prononce sur les règlements de juges, et, comme tous ou à peu près sont parents ou alliés, il ne faut pas moins de deux jours par semaine, mercredi et samedi, rien que pour ces règlements ; aux deux seules audiences qui restent libres, le lundi et le mardi, on appelle les causes de province, dans l'ordre du rôle, en commençant par le rôle du Vermandois qui est le premier, et cela jusqu'à ce que, dans chaque rôle, toutes les causes soient épuisées, si bien que le rôle de Paris ne commence qu'à la Chandeleur pour durer jusqu'après Pâques.

Ajoutez qu'ils sont en vacances depuis Notre-Dame d'août jusqu'au 12 novembre, qu'à Pâques encore ils ont des vacances, que le reste de l'année ils ne chôment pas moins de dix fêtes ou anniversaires, et calculez ce que peut durer un procès !

Par suite, le plus souvent, on instruit les affaires sur mémoires. C'est là ce qu'ils souhaitent, les épices se calculant d'après le volume du dossier. Ce dossier, juges et procureurs ont un égal intérêt à le grossir. « Il n'y a cause si légère, si certaine, si sommaire, que l'on n'en fasse aujourd'hui un long procès par écrit, déclare l'auteur du *Traité de la réformation de la justice*, le président du Refuge. C'est à quoi tendent les procureurs, les advocats, les judges même ; autrement ceux-ci n'auraient pas d'épices si l'on vuidait tout en audience et les autres ne profiteraient pas comme ils le font de la longueur et de la multiplication des procès, d'où vient leur plus assuré et grand revenu et la ruine de plusieurs bonnes familles. » Plus il

sine par Meunier   Gravé par C. Niquet

SON A.R. LE COMTE D'ARTOIS, SORTANT DE LA COUR DES AIDES DE PARIS,
Le 17 Août 1787.

Le second frère du Roi, étant venu le 17 Août 1787 faire enregistrer à la Cour des Aides, les deux Edits du Timbre et de la Subvention territoriale;
le peuple qui vit dans cet Edits de l'autorité Royale une injure aux Magistrats alors dans sa faveur, manifesta son ressentiment dans la Cour du Palais.

y a de pièces, plus le juge rapporteur, qui est censé les avoir étudiées, touchera d'épices. Tel de ces juges, qui a su obtenir du premier président le rapport de plusieurs affaires, se fait par an plus de 20 000 livres de revenu.

Ce ne sont pas là leurs seuls bénéfices, et ils ont encore d'autres raisons également intéressées pour écourter leurs audiences régulières. C'est qu'alors ils peuvent décider qu'ils jugeront à l'extraordinaire, auquel cas ils touchent des vacations à tant par heure.

Heureux encore le plaideur quand on ne lui compte que les vacations réellement employées à l'examen de ses affaires. Il n'en a d'autre garantie que le contrôle du premier président qui taxe les épices. Or c'est par là que s'exerce l'influence du premier président, c'est par là qu'il tient sa Compagnie; mais, s'il la tient par son intérêt, lui aussi, pour garder son influence, il doit ménager cet intérêt.

Aussi, plus d'un plaideur se décourage. Pour suivre un procès à Paris, il a dû quitter sa province, venir s'installer à portée du Parlement. Car ce n'est pas tout que d'avoir choisi un avocat et un procureur.

Sans cesse il faut solliciter, solliciter le juge, solliciter le procureur, solliciter le greffier, solliciter les secrétaires. Et à chaque démarche, c'est un cadeau, argent, étoffes, vins précieux, bijoux pour les femmes, pourboires aux valets, aux portiers :

« *On n'entre point chez nous sans graisser le marteau!* »

Si bien que, souvent, à bout de ressources, ne pouvant prolonger son séjour à Paris, le plaideur s'en retournait, ruiné par des frais qui dépassaient la valeur de l'objet en litige, laissant sans solution une cause excellente, gagnée déjà devant quatre ou cinq juridictions !

VII

Voilà le souci qu'ils ont de la tâche à laquelle ils sont spécialement délégués. A la Tournelle, par exemple, où l'on ne touche pas d'épices, les magistrats désignés pour y siéger y mettent tant de mauvais vouloir qu'il faut un ordre exprès du roi pour les y contraindre.

Comment d'ailleurs s'intéresseraient-ils à cette tâche? Elle est ardue et compliquée et ils n'y sont point préparés. Pour se reconnaître dans l'enchevêtrement des lois, coutumes, édits, ordonnances, règlements spéciaux, qui constituent alors le droit, ce ne serait pas trop d'un labeur assidu, d'une application soutenue, d'une étude patiente et méthodique. Or, ce qu'on leur a le moins enseigné, c'est la théorie de cette justice qu'ils sont chargés de rendre. Sans doute on exige d'eux des diplômes. Mais Reims en tient une fabrique célèbre, où en trois mois l'on satisfait à toutes les épreuves. Sans doute ils doivent subir des examens, avant d'occuper le siège qu'ils ont trouvé dans l'héritage paternel. Mais le premier président qui fait passer ces examens a bien soin de ne pas s'apercevoir que le candidat ouvre le livre sur lequel on l'interroge, juste à la page qu'il a préparée d'avance. Ce n'est qu'à force d'exercer leur métier qu'ils en acquerront une certaine pratique.

Ceux-là mêmes qui ont le goût des choses de l'esprit, seront vite rebutés, comme Montesquieu, par le fatras de la jurisprudence. Ils traduiront Salluste ou disserteront sur les grandes questions religieuses et politiques.

Car c'est toujours à leur rôle politique qu'ils en reviennent. Autant ils négligent leur besogne purement judiciaire, autant ils sont assidus, ardents, passionnés, dès qu'il s'agit de discuter quelqu'une de ces mesures financières, administratives, politiques qu'ils sont appelés à enregistrer.

A ces discussions ils consacrent leurs plus longues et leurs plus solennelles audiences.

Ces jours-là, dans la Chambre dorée, au pavé de marbre blanc et noir, sous la Grand'Voûte, comme on appelait encore la Grand'Chambre, tous les membres du Parlement se réunissent. Vraiment alors on dirait l'une de nos assemblées politiques actuelles.

Rien n'y manque. Les gens du roi occupent en quelque sorte le banc des ministres, ministres parlementaires, soucieux avant tout de s'assurer l'estime et la faveur de la Compagnie, à laquelle ils transmettent, par ordre, des édits que souvent ils désapprouvent.

Le maire de Paris allant poser les scellés sur les papiers du Parlement (novembre 1790).

Il y a un centre et une opposition : le centre, les vieux conseillers assagis par la perspective de la pension de retraite à obtenir du roi, et qui généralement suivent l'avis de leur doyen, le premier consulté, dès que, suivant l'usage, le premier président a mis en délibération le *quod agendum de republica;* l'opposition, les jeunes conseillers des Enquêtes, qui, chez le professeur Sareste, ont étudié le droit dans le *Contrat social*, qui à défaut d'autorité ont la vigueur, qui huent, qui sifflent, et, pour que la ressemblance soit parfaite, poussent même, s'il faut en croire un témoin, des cris « inarticulés ».

Parfois leurs clameurs sont telles que les gens du roi épouvantés n'ont que la ressource de se retirer. Pas une allusion, pas une équivoque ne leur échappe. Un orateur laisse-t-il, de bonne foi, tomber quelque parole imprudente, ils s'en emparent, la soulignent, la dénaturent. L'un d'eux, en 1648, ayant cité ce mot de Cicéron : *Ornavit Italiam, mox domum*, tout le Parlement, appliquant le mot à Mazarin, se répandit en acclamations telles que le pauvre conseiller, qui n'y avait pas songé, se voyant à jamais compromis, en fut si ému qu'il tomba raide mort, frappé d'apoplexie !

Ils sont si montés qu'ils en viennent même aux coups. Le 16 juin 1648, il faut séparer les conseillers Quatresols et Bitaut, qui se battent en pleine audience.

En théorie, leurs audiences sont secrètes. En fait, rien ne s'y fait qui ne soit aussitôt connu et colporté. Comme en Angleterre, à la Chambre des Communes, le public, qui ne doit pas assister aux audiences, y est admis, un public privilégié, bien entendu, dans de petites galeries boisées, qu'on appelle les lanternes. Sorte de tribune de la presse, les lanternes interviennent dans les débats, murmurent, applaudissent. De là partent les nouvelles, les petits billets manuscrits relatant les incidents de l'audience et que s'arrache la foule, moins favorisée, qui se presse dans la salle des Pas-Perdus. Foule innombrable, car chaque chef de parti amène sa clientèle — sous la Fronde, Retz ne vient au Parlement qu'escorté de quatre cents gentilshommes et de quatre mille bourgeois armés, — foule anxieuse, passionnée, dont les grondements retentissent jusque dans la salle d'audience et influent sur les délibérations.

Sitôt pris, l'arrêt qui refuse l'enregistrement d'un édit impopulaire est connu, commenté, et à la sortie la foule bat des mains aux conseillers, elle leur jette des couronnes, elle les salue du titre de « Pères de la Patrie! » A travers la foule qui les acclame, c'est à peine s'ils peuvent avancer sur deux rangs; on se presse à s'étouffer pour les contempler et c'est « les yeux remplis de larmes de joie » que le premier président essaye de tempérer cet enthousiasme et de modérer ce triomphe !

VIII

Cet enivrement de la faveur populaire, ils ne le connaîtront plus, du moins au même degré, à dater de la Fronde. De jour en jour, leur popularité décroît et leur clientèle diminue. Tandis qu'ils s'attardent à leur opposition de privilégiés, le siècle marche et bientôt les dépasse, sans qu'ils s'en aperçoivent.

Si quelques-uns d'entre eux, plus avisés ou plus ambitieux, essayent de les entraîner dans le sens du courant qui pousse à la transformation de l'ancienne France, au fond et pour la plupart ils sont les adversaires déclarés de l'esprit nouveau.

A la veille de la Révolution (1776), ils condamnent le livre de Boncerf sur les droits féodaux. Comme ils ont résisté à Maupeou, ils cabalent contre Turgot!

Aussi n'ont-ils plus pour eux que le petit monde qui vit de leur existence. Walpole, qui les a longtemps soutenus, ne voit plus en eux que des « magistrats prévaricateurs » et déclare « qu'ils ont à moitié absous le chancelier Maupeou de les avoir opprimés ».

Les justiciables se plaignent de leur justice, le peuple dédaigne leur opposition surannée, le roi s'impatiente de leurs prétentions et de leur résistance. C'est l'ancien régime lui-même qui condamne cette institution de l'ancien régime. Par deux fois en moins d'un demi-siècle il a tenté de la modifier. Mais lui-même n'a plus la vitalité nécessaire pour pratiquer les grandes réformes. Il y faudra la Révolution.

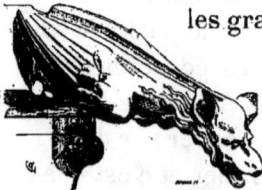

II

LA JUSTICE D'AUJOURD'HUI

LE PROCÈS MODERNE

« Justice n'est que formalité. »

Un grave magistrat avait placé en tête de l'un de ses livres cette formule.

Voulait-il par là faire la critique de la justice ou l'éloge de la procédure? Ceux qui l'ont connu pencheront vers cette dernière hypothèse.

En tout cas cet auteur disait vrai : il ne suffit pas de discerner son droit, il faut connaître la manière de l'exercer. Le Code de procédure l'enseigne de façon parfois si subtile que seuls les agents du fisc et les gens de justice peuvent s'y retrouver. Aussi n'essayerons-nous pas d'en tracer ici un tableau fidèle. La place nous manquerait et l'esprit du lecteur aurait peine à nous suivre. Le dossier moderne ressemble trop encore au sac dont parlait Rabelais, qui chaque jour grossissait d'une écriture nouvelle et prenait bec, panse, jambes, mains et griffes, tandis que se vidait la bourse du plaideur.

Mais prenons comme exemple un procès déterminé qui vous donnera une idée de ce qu'on nomme *procédure*.

Pierre avait loué au premier souffle du printemps une maison de campagne, non loin du bord de la Seine. Il s'installe, et voilà que la chaleur de l'été rend la maison inhabitable. Elle avait été inondée durant l'hiver, séchée et réparée dans des conditions trop hâtives, les murs s'étaient imprégnés d'eau, et cette eau sortait par toutes les jointures, gâtant les tapisseries, moisissant les charpentes, envahissant les plafonds.

Mon ami n'avait qu'une idée : c'était de partir. Le propriétaire, en possession d'un bail de trois ans et d'un locataire solvable, pestait contre les fleuves, les architectes et les hommes et ne voulait rien entendre. Il fallut plaider.

Pierre chargea de l'affaire son ami Mᵉ Renard.

« Nous allons faire un *constat*, dit l'avoué; et vous direz à votre architecte d'aider l'huissier dans la rédaction de son exploit. Puis nous irons en référé. »

Le *référé* est une procédure expéditive, qui consiste à

Une expertise.

demander au président de prescrire les mesures urgentes, tous droits et moyens réservés.

Voilà donc le propriétaire assigné. Il court, à son tour, chez son avoué, Mᵉ Leveau.

On arrive devant le bureau du juge.

Mᵉ Renard exhibe son constat. Mᵉ Leveau proteste que, si la

maison est humide, c'est parce que le locataire a horreur du soleil et ferme tous les volets. Et, pour trancher le différend, le président nomme par ordonnance un *expert*.

Les choses ont marché rondement jusqu'ici.

Mais l'expert est un gros personnage, chargé de clientèle, chargé de commissions de justice, et qui traite chaque chose en son temps. L'automne arrive, sans que l'affaire ait fait un pas. Pierre a dû quitter la maison, qui tombe en larmes ; mais il paye toujours au propriétaire son terme, à l'avoué sa provision, à l'expert ses honoraires. L'expert se transporte sur les lieux, prescrit des travaux importants qui ne pourront s'exécuter qu'au printemps ; le propriétaire se voit déjà ruiné et n'a tort qu'à demi.

Déjà, les sacrifices faits de part et d'autre sont si considérables qu'une conciliation devient impossible. L'expert dépose son rapport, rend hommage à la bonne foi du propriétaire et reconnaît que la Seine a fait dans sa maison un trop long séjour.

Le procès proprement dit va seulement commencer.

Le Code de procédure indique un *préliminaire de conciliation* devant le juge de paix. Mais à Paris on présente *requête* au président pour assigner à bref délai, *vu l'urgence :* la requête est toujours *répondue*, ou pour mieux dire accueillie. C'est là une pratique toute parisienne : elle n'a que de bons effets.

Le propriétaire est donc *assigné* en résiliation du bail et en dommages-intérêts. Il doit, aux termes de l'exploit, comparaître à trois jours francs. Mais son avoué lui explique ce que cela veut dire ; il doit se faire représenter par un avoué, dont le ministère est obligatoire. Me Leveau signifie à son confrère acte de *constitution*.

A partir de ce jour jusqu'à la signification du jugement, tous les actes de procédure vont s'échanger entre avoués, mais bien entendu sur papier timbré enregistré et par ministère d'huissier.

Me Renard, avoué de mon ami Pierre, dépose alors au greffe du Tribunal une feuille de papier sur laquelle les motifs de l'assignation sont textuellement reproduits. Cet acte se nomme *placet;* il sortira un jour des casiers du greffe pour traîner sur la barre d'une Chambre du Tribunal ; il passera au moment des plaidoiries sous les yeux du juge et ira finalement mourir dans la poussière des archives. Mais le placet de Pierre n'en est pas encore là.

Marquons ces étapes... comme sur la carte du Tendre. Le greffier a inscrit l'affaire au *rôle général* du Tribunal. Mᵉ Leveau, avoué du propriétaire, prend alors des *conclusions exception-nelles,* tendant à la communication des pièces. On ne lui répond pas ; il n'insiste pas et, au bout d'une ou deux quinzaines, il prend alors des *conclusions au fond,* où il déclare que la demande n'est pas justifiée.

Ces conclusions tiennent en deux lignes, mais elles vont être *grossoyées* en un nombre de *rôles* (feuille de papier écrite au recto et au verso), proportionnels à l'importance du litige. Un livre de droit fournira la matière ; mais l'expéditionnaire pour-rait impunément y intercaler des articles de journaux ou des pensées humoristiques. Personne ne lit ce fatras, qui n'a d'autre but que d'augmenter l'émolument de l'officier ministériel. L'abus est prévu et légitimé au tarif.

Dans les affaires sommaires, c'est-à-dire dans celles qui ne sont pas susceptibles d'appel, il n'y a pas de conclusions gros-soyées.

Voilà donc les conclusions en défense du propriétaire signi-fiées. Son avoué lui a expliqué qu'elles sont volontairement insignifiantes. Plus tard, quand les avocats auront échangé leur communication, on s'expliquera en pleine connaissance de cause.

Désormais l'instance est *liée.* Si le défenseur n'avait pas cons-titué avoué sur l'assignation, il y aurait eu *défaut contre partie.*

Le Tribunal aurait adjugé à Pierre ses conclusions, sauf au propriétaire à faire *opposition* après signification du jugement ou commandement, voire même après saisie. Si le défendeur avait constitué avoué, mais n'avait pas conclu sur le fond, il y aurait eu *défaut contre avoué,* et l'opposition pour être valable

aurait dû être faite dans la huitaine de la signification du jugement.

L'affaire a été distribuée à la sixième Chambre et inscrite à
son *rôle particulier*.

Elle est urgente, cette affaire : pour Pierre, qui paye toujours
son loyer ; pour le propriétaire, dont la maison, réparée par les
soins de l'expert, demeure close. Mais elle n'est point la seule
urgente : la sixième Chambre est encombrée ; et le président,
obsédé des démarches des avoués, des avocats, des plaideurs
et des amis des plaideurs, se renferme dans un formalisme
farouche.

Grâce aux efforts communs des deux adversaires, l'affaire
sort cependant du rôle au bout de treize mois.

« Enfin ! dit Pierre, je vais être jugé. » Me Renard de lui
répondre : « Moi, je procède ; un autre plaide. J'ai adressé votre
dossier à l'avocat. »

Pierre commence à avoir des doutes sur le fameux principe
de la division du travail : l'huissier, l'architecte, l'avoué, l'avocat... Que de rouages, qui ne sont point gratuits !

Notre plaideur se résigne... Il voit son avocat, explique
l'affaire, paye sans trop crier la provision d'usage et continue
d'espérer.

Car l'affaire vient à un jour déterminé de la semaine.
Soixante autres, sorties avant elle, devraient être plaidées
auparavant. Heureusement, les deux parties ont la même hâte
d'en finir, et leurs avocats sont zélés.

Ils se communiquent leurs pièces. C'est un usage peu connu
dans le monde, encore moins apprécié. Les honnêtes gens
aimeraient assez confondre leurs adversaires en démasquant à
l'audience seulement leurs batteries. Ceux qui le sont moins
voudraient profiter de l'équivoque, que l'examen préalable de
leurs pièces rend impossible. Le barreau est là-dessus très
scrupuleux : et c'est ainsi qu'il y a dans les procès de la lumière
et une sécurité relative.

Après l'échange des communications, après la rédaction des

conclusions définitives, on se met d'accord et l'on obtient du président la *mise en délibéré*.

Depuis trois mois, à l'appel du jeudi, l'affaire était appelée de huitaine en huitaine. Elle continuera de l'être, mais dans un rang privilégié.

Enfin les avocats plaident, et le Tribunal juge. Pierre a gagné son procès.

Il est vrai qu'on est à la veille de l'expiration du bail et que Pierre a compté sans son hôte. Le propriétaire, qui a dû déjà réparer sa maison dans les conditions les plus onéreuses, recule épouvanté devant les frais de référé, d'expertise et d'instance, qui comprennent aussi les honoraires d'expert.

Tout jugement qui porte sur une demande indéterminée dans son chiffre ou supérieure à 1500 francs est susceptible d'appel.

Le loyer de Pierre était de 1800 francs par an, la durée du bail qu'il demandait à résilier, de trois ans. Le propriétaire se décide à porter l'affaire devant la Cour.

Pierre devra donc payer jusqu'au bout le loyer d'une maison qu'il a habitée deux mois, car l'appel est suspensif.

Il croit du moins qu'il n'aura pas affaire à de nouveaux visages. Me Renard le détrompe : « Je ne procède qu'en première instance, je vais vous envoyer à mon confrère, Me Prudent, qui est avoué à la Cour. »

Il va sans dire que le ministère de Me Prudent est obligatoire, comme celui de Me Renard, mais non plus gratuit.

Pierre est raisonneur et s'étonne que son avoué, comme son avocat, ne puisse pas le suivre devant tous les degrés de juridiction. Il lui faudra faire une initiation nouvelle.

La visite à Me Prudent le rassérène.

Il croyait que le procès durerait deux ans et demi, comme en première instance :

« Rassurez-vous, répond Me Prudent. Vous aurez arrêt dans neuf mois. »

Me Prudent a dit vrai. Les procès vont d'un train si lent

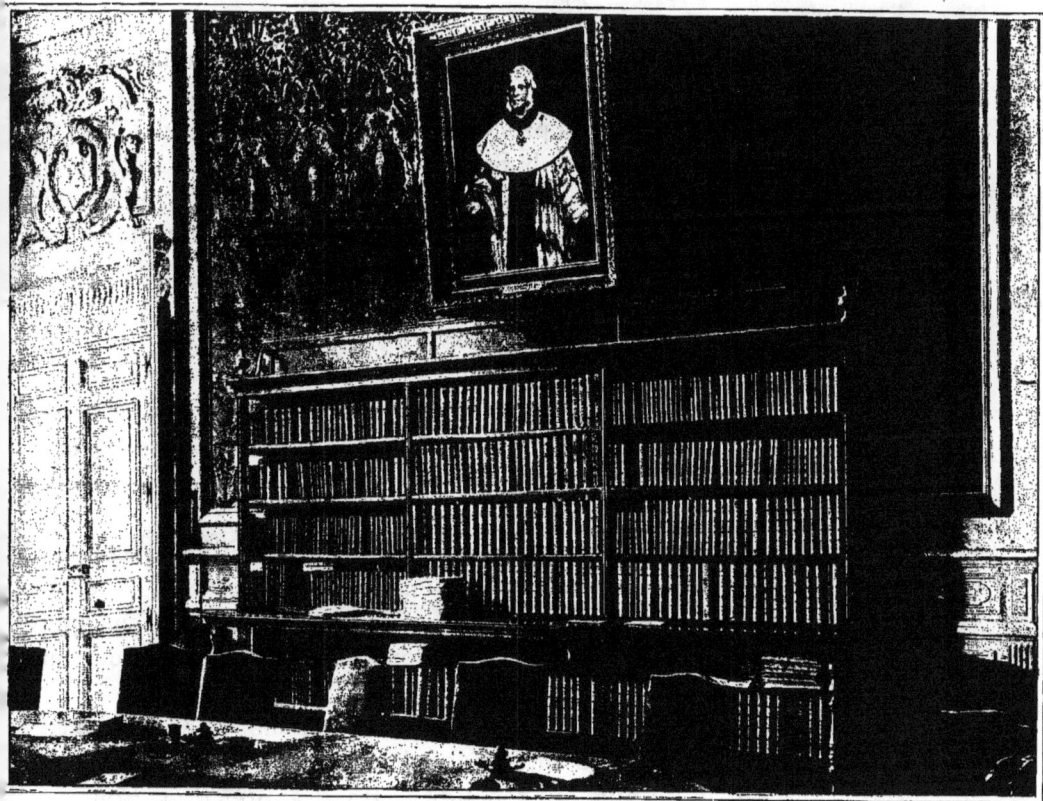

Salle des délibérations de la Cour de cassation.

devant le Tribunal que le courage et souvent la bourse des plaideurs sont épuisés dès le premier degré de juridiction.

Pierre est d'ailleurs charmé de la simplicité de la procédure. L'appelant déduit dans des conclusions ses griefs; l'intimé, fort des motifs donnés par les premiers juges, se contente de demander la confirmation du jugement.

Au bout de neuf mois, l'affaire est appelée à l'audience. Un mois après, elle est plaidée.

Pierre a perdu son procès. La Cour a considéré qu'en louant la maison il savait que la Seine y avait passé; les déprédations causées par l'humidité n'étaient pas de nature à rendre la maison inhabitable; et le propriétaire a fait d'ailleurs tous les travaux prescrits par l'expert.

« J'irai en cassation! s'écrie Pierre.

— Vous n'y songez pas, lui représente son avocat. La connaissance que vous pouviez avoir de l'état des lieux, la gravité des dégâts causés par l'humidité, ce sont là questions de fait dont la Cour de cassation n'est point juge.

— Mais que fait-elle, alors?

— Elle commence par constater quels sont les faits reconnus pour constants par l'arrêt attaqué. Puis elle recherche si la loi a été sainement appliquée. Or c'est l'exactitude des faits que vous contestez et non les déductions juridiques que la Cour en a tirées. »

Pierre ne voulut point se rendre, et il demanda à son avocat s'il consentirait à le suivre jusqu'en Cour de cassation.

« Eh! je ne puis, lui répondit-il. Il y a, auprès de la Cour de cassation, des officiers ministériels dont le concours est obligatoire : on les nomme avocats comme nous, mais ils font à la fois l'office d'avoués et de défenseurs. »

Pierre admira une fois de plus le principe de la division du travail, conta de nouveau son procès, de nouveau consigna une provision.

L'avocat à la Cour de cassation jugea que le procès ne valait rien. Mais Pierre insista et l'on finit par découvrir qu'il y avait eu omission de statuer, sur un chef accessoire de la demande.

L'avocat rédigea d'abord son pourvoi, puis un long mémoire. Le tout fut déposé au greffe de la *Chambre des requêtes*.

C'est un bureau d'épreuve par lequel il faut passer avant de soumettre le pourvoi à la *Chambre civile*, qui est à proprement parler la Chambre de cassation. Aussi la partie adverse n'est-elle pas représentée dans cette première phase du procès. Mais, comme on n'assemble pas quinze conseillers pour une besogne aussi sommaire que de voir si un pourvoi est sérieux, la Chambre des requêtes examine en réalité le fond du droit, si bien que le malheureux plaideur a deux portes à franchir et deux procédures à payer.

Pierre n'eut pas ce bonheur. Le rapporteur nommé pour l'examen du pourvoi et l'avocat général se trouvèrent d'accord pour considérer que la Cour avait statué implicitement sur le chef de demande prétendument omis. Et le pourvoi fut rejeté, malgré la plaidoirie de l'avocat.

Le procès devant la Chambre des requêtes avait duré un an. Il aurait pu durer dix-huit mois devant la Chambre civile. Et, si l'arrêt de la Cour de Paris avait été cassé, il aurait fallu procéder encore devant la Cour de renvoi, la cassation remettant toutes choses en état...

En pensant à tout cela, Pierre, qui avait de la philosophie et de la fortune, se consola.

Le procès avait duré cinq ans. Il avait coûté 2000 francs environ en première instance (en ce compris 700 francs d'honoraires à l'expert), 1000 francs à la Cour, autant devant la Chambre des requêtes. Encore ne parlons-nous que des frais taxés; les honoraires d'avocat, bien entendu, ne le sont pas. Tout cela n'est pas allé aux gens de loi. Le fisc a eu sa large part, plus de moitié, sous forme de droits d'enregistrement et de timbres.

Le propriétaire n'a pas été moins étrillé, car l'expert avait prescrit les travaux *suivant toutes les règles de l'art*.

Bonnes gens, si vous voulez plaider, ayez du temps, de l'argent et de la résignation.

Du temps !

Il n'est guère de procès à Paris, même parmi les affaires sommaires, qui ne dure un an.

Quant aux affaires ordinaires, c'est bien autre chose. Pour déterminer exactement l'intervalle qui sépare l'assignation du jugement, il faudrait connaître bien des facteurs : la nature de la demande, la Chambre où elle est distribuée (car la justice n'est pas partout également boiteuse), le zèle des avoués pour la faire sortir du rôle, l'empressement des avocats à la plaider... Mais je n'en connais guère qui n'ait traîné deux ou trois ans. A la première Chambre du Tribunal, ce n'est plus par années, c'est par lustres que cela se compte.

De l'argent !

Ici encore toute détermination précise est impossible. Tout dépend de la nature du procès et des incidents qui peuvent se greffer sur la demande principale.

On peut dire, d'une façon générale, que les frais ne sont pas proportionnels à l'importance des litiges et que par conséquent ils sont très lourds dans les affaires de moyenne importance. Les droits d'enregistrement perçus sur chaque acte de procédure sont fixes ; seul le droit établi sur le montant de la condamnation est proportionnel, d'après un taux variable, suivant qu'il s'agit de droits de créance ou de dommages-intérêts. Il va de soi que si la juridiction d'appel enlève les dommages-intérêts ou annule l'obligation, l'Enregistrement ne rend rien : c'est une maxime fondamentale de notre législation fiscale.

Voulez-vous maintenant que nous prenions quelques exemples ?

On calcule qu'une affaire sommaire coûte de 100 à 200 francs.

Un divorce par défaut ne va guère à moins de 500 francs. S'il devient contradictoire et qu'il y ait enquête à la requête de chacun des époux, il faut compter 1000 ou 1500 francs. S'il y a des incidents de pension alimentaire et de garde d'enfant, s'il y a des commissions rogatoires à d'autres Tribunaux pour entendre des témoins domiciliés loin de Paris, le chiffre peut facilement doubler.

Une séparation de biens par défaut (c'est le cas le plus ordinaire) coûte plus de 100 écus, à cause des publications qu'elle entraîne.

On ne peut se tirer d'une affaire ordinaire à moins de 300 francs, non compris le droit d'enregistrement sur le montant de la condamnation. Ce droit est de 0 fr. 50 pour 100 sur une créance, de 2 francs pour 100 sur les dommages-intérêts.

Il ne s'agit, bien entendu, dans cet aperçu, que des frais qui entrent en taxe.

Tout cela n'est ni modéré, ni équitable. Mais l'abus est criant quand le plaideur est un pauvre diable. Sans doute, l'assistance judiciaire est accordée d'une façon très libérale : elle permet de plaider, mais elle ne permet pas d'attendre.

Voilà un ouvrier qui a été renversé à un carrefour par un cocher maladroit. Les roues de la voiture lui ont passé sur le corps. Il sort de l'hôpital estropié. Il obtient l'assistance judiciaire et réclame, à la Compagnie dont dépend l'auteur de l'accident, une indemnité.

Son procès restera au rôle treize ou quatorze mois ; il ne sera pas jugé avant deux ans. Et cependant il s'agit d'un indigent qui, le plus souvent, a des charges de famille. Comment pourra-t-il attendre le jugement du Tribunal ?

De deux choses l'une. Ou bien il transigera à des conditions désastreuses avec la Compagnie d'assurances qui plaide sous le nom du cocher ; ou bien il renoncera au bénéfice de l'assistance judiciaire pour tomber aux mains d'un agent d'affaires qui traitera de gré à gré et plaidera sous son nom.

Les affaires d'accident devraient être jugées d'urgence à des jours spéciaux, sans avoir à subir le rôle. Sans doute elles ne pourraient pas être jugées tout de suite, puisqu'elles prendraient

rang entre elles, suivant la date de l'assignation. Mais les mois
remplaceraient les années.

Quant aux autres affaires, l'encombrement du rôle ne suffit
pas à expliquer le retard qu'elles subissent. Si les audiences
s'ouvraient à l'heure réglementaire, si les suspensions ne se
prolongeaient pas indéfiniment, si les remises de causes n'étaient
pas accordées si libéralement, si, en un mot, au prétoire comme
à la barre, chacun faisait son devoir, les affaires qui sont urgentes
se plaideraient dans un temps raisonnable.

De ce nonchaloir général les agents d'affaires seuls profitent.
L'accès de leur cabinet paraissant plus facile, les avances qu'ils
demandent semblent nulles ou plus discrètes ; le client ne
recherche pas si cet homme qui s'intitule ancien notaire, ancien
avoué, juriconsulte ou avocat, n'est pas ignorant ou malhonnête.

Diminuer les frais de justice, accélérer le cours des procès,
simplifier la procédure et, par voie de conséquence, substituer
au monopole des garanties de moralité et de science, c'est l'idéal
que les exigences du fisc et le respect des droits acquis éloignent
singulièrement de nous.

Le mal dont souffre la justice en France est cependant plus
aigu à Paris que partout ailleurs. Ce serait l'adoucir beaucoup
que d'assurer une administration plus vigilante et plus sévère des
hommes et des choses du Palais et de mieux proportionner les
frais à l'importance des litiges.

III

LA VIE JUDICIAIRE

Touristes au Palais.

JUSTICE CIVILE

~~~~~~

I

LA VIE JUDICIAIRE

Le monde judiciaire ne possède pas seulement un édifice à part. La vie dont il l'anime est spéciale aussi : originale dans les deux sens du terme. Vie calme, sur laquelle le mouvement de l'existence parisienne n'influe que par un contre-coup atténué. Comme des fossés pleins d'eau gardaient des incursions ennemies les forteresses féodales, il semble que la Seine protège contre les à-coups du dehors la tranquillité de la justice, en entourant le Palais de ses deux bras.

Ce trait particulier ne dépend pas cependant du caractère personnel des *justiciards*, comme on disait jadis. Dans Paris, lorsqu'ils ont quitté leurs toques unies ou galonnées, avocats et avoués, conseillers et juges, se mêlent à la foule et s'y confondent : la plupart sont de leur temps, ils professent les théories courantes, partagent les préjugés en vogue, suivent la mode, vont aux Variétés, au Théâtre-Libre et au Chat-Noir, ni plus ni moins que de simples mortels qui n'auraient jamais

attaché l'épitoge à leur épaule. Mais, dès qu'ils ont franchi la
grille du boulevard ou gravi le perron de la place Dauphine, ils
sont transformés et moralement méconnaissables. Le savant,
le boursier, l'acteur portent partout leur allure d'hommes de
science, de finance ou de théâtre. L'homme du Palais n'est du
Palais qu'au Palais.

Nous allons l'étudier, là, sous tous ses aspects, dans toutes
ses variétés : magistrat, avocat, avoué, huissier, greffier, et nous
verrons circuler tout autour la foule des justiciables.

Mais il ne nous suffira pas de faire parcourir à nos lecteurs
les couloirs et les salles du Palais en simples curieux; nous
pénétrerons plus avant dans le monde judiciaire — dont nous
sommes une petite partie, — et que nous connaissons pour
avoir interrogé les gens du métier, pour avoir vécu leur vie et
nous être glissés avec eux jusque dans les recoins qui leur
sont réservés, à l'abri du public.

LE SOMMEIL DU PALAIS

D'août à fin octobre, le Palais se repose. Au contraire des
marmottes, il sommeille pendant l'été, et ses Chambres ne s'ouvrent que lorsque les feuilles tombent. Jusque-là, muet et sans
mouvement, le grand bâtiment semblerait mort, si quelques audiences de vacations n'indiquaient pas que la vie judiciaire,
suspendue, n'est pas complètement abolie.

Pendant ces trois mois, rien de triste comme les grands
couloirs vides que le silence général fait plus sonores. La salle
des Pas-Perdus est déserte ; les galeries, d'ordinaire bourdonnantes, se taisent : dans les vestiaires, cinq ou six chapeaux, au
plus, se rangent sur les tablettes, encombrées le reste de l'année;
point d'audiences civiles, point de conférences.

Parfois, cependant, un des rares hôtes du lieu parcourt cette
solitude, et sur son passage l'écho répercute d'une voix grave
le bruit amplifié des portes qui retombent. A travers les hautes
fenêtres, le soleil, tapant sur la blancheur des dalles, incendie

ce Sahara judiciaire. Les quelques malheureux avocats qui le traversent marchent d'un air irrité, douloureux et las ; ils songent aux confrères absents que la malechance ne retient pas comme eux à Paris, à ceux qui courent les champs ou se trempent dans

Crypte de la Sainte-Chapelle.

la mer ; et furieux d'étouffer entre des murs, rageant, suant, navrés, ils se hâtent vers la Chambre où ils sont attendus.

Souvent une caravane d'étrangers, le Bædeker en main, surgit devant l'un d'eux. « C'est un avocat en robe, » dit le cicerone, en une langue vivante quelconque. Ils font « Ah ! » se répètent entre eux l'explication, regardent avec curiosité le pauvre représentant du Barreau parisien et poursuivent ensuite leur visite du Palais.

14

Alors, de nouveau, pendant une heure, tout se tait. Les habilleuses des vestiaires restées à leur poste, inoccupées et rêveuses, tricotent avec l'énervement du lourd silence : un accablement général pèse autour d'elles ; elles bâillent, éprouvant l'impression que cause l'insomnie dans un dortoir où l'on est seul à veiller. Et la même tristesse, le même ennui s'emparent de tous ceux qui viennent au Palais pendant les vacances : car rien n'est lamentable comme un lieu de réunion sans la foule pour laquelle il est créé : un théâtre sans spectateurs, un musée qu'on ne visite point et notre monument sans ses familiers pourraient servir de symbole à la mélancolie.

Nous l'avons dit : dans ce grand corps endormi, un restant d'activité se manifeste ; les référés fonctionnent, on siège aux « flagrants délits » et les sessions des assises ne sont pas interrompues. Mais là encore, on sent qu'on est en vacances, les magistrats écrasés de chaleur président avec nonchalance, les avocats plaident sans énergie, les accusés même se défendent sans conviction.

Au criminel, les affaires sont sans intérêt : détournements par commis, vols qualifiés, banqueroutes, faux, attentats à la pudeur, telle est la liste peu récréative des crimes portés au rôle. Les procès qui pourraient avoir du retentissement, on les a fait ajourner, par un accord tacite, à une session prochaine, sous prétexte de « pourvoi en cassation contre l'arrêt de renvoi » ou de « supplément d'information ». A quoi bon un débat bien conduit, une défense bien présentée, devant des banquettes? L'accusé peut bien attendre la rentrée ; c'est son intérêt, du reste : il est mieux en prévention qu'enfermé dans la maison centrale qui l'attend, mieux que sur le navire voguant vers la Nouvelle. Qu'il patiente donc, comme patientent les plaideurs dont les affaires sont remises après vacations. Ce n'est pas par 30 degrés centigrades qu'on a le cœur à s'occuper d'eux.

Le boulevard du Palais.

LE RÉVEIL

Mais voici l'automne; comme le fils du roi dans le vieux conte des fées, il va réveiller le Palais de la Belle aux lois dormant, le Palais de la Justice endormie.

Depuis quelques jours, on a revu déjà des visages disparus à la fin de juillet; depuis quelques jours, la vie s'est remise à circuler dans les artères du monument qui se ranime. On rentre et de partout on revient, figure ouverte et mains tendues. Pendant une semaine, le flot des arrivants va croître sans cesse : partout, ce seront des bonjours cordiaux, d'affectueuses paroles prononcées par des gens vraiment heureux de se revoir. Si doux, en effet, qu'ait été le repos, si dur que soit le collier de misères, au moment de le reprendre, on retrouve avec une joie réelle les compagnons du labeur cessé. A leur vue, les heures d'ennui passées ensemble reviennent en mémoire; leur souvenir met aux lèvres un sourire et pour un instant efface les inimitiés, les jalousies d'antan.

Mais, dans ce Temple de la Forme, le travail ne va pas reprendre sans quelques cérémonies préparatoires. Un peu de pompe et quelques discours s'imposent et, avant de se mettre à l'ouvrage, il faudra procéder à quelques « formalités d'usage ». Elles se nomment, en l'espèce : la *messe rouge* et l'*audience solennelle*.

LA MESSE ROUGE

Saint-Esprit des lois !
Descendez en nous !

Le Palais sceptique d'aujourd'hui rappelle un peu ces paysans athées qui, pour rien au monde, ne couperaient leur pain sans avoir fait sur la miche, du bout du couteau, un signe de croix rapide. Conseillers, juges, procureurs, substituts et

avocats, tout ce qui porte, un nom connu dans la magistrature
ou le Barreau, au début de l'année assiste à la messe rouge.
On peut affirmer cependant que la plupart des « fidèles » ne
sont pas attirés par la foi sous les voûtes de l'église de saint
Louis. Si la religion n'est pas le cadet de leurs soucis, elle n'est
du moins pas l'aînée de leurs préoccupations. La majorité vient
là, comme on va dans maint
endroit à Paris, un peu pour
voir, et beaucoup parce
que c'est « une première »,
la première grande pre-
mière de la saison ju-
diciaire.

Aussi, la messe du
Saint-Esprit n'est-elle
pas près d'être suppri-
mée et — question phi-
losophique à part —
c'est tant mieux, car
elle est un spectacle intéressant et des plus pittoresques. Elle transporte la pensée

La messe rouge. (Le défilé.)

loin du monde qui bruit derrière la porte, la ramène vers les
époques disparues et ressuscite, pendant une heure, un peu du
cérémonial des Cours et du gourmé pittoresque d'autrefois.

Le décor est admirable : c'est cette merveilleuse Sainte-
Chapelle si froide, si morte d'ordinaire, et qui, ce seul jour-là,
pendant quelques instants, se ranime.

Il est midi : la légère dentelle de pierre brodée de ses vieux
vitraux laisse filtrer les rayons adoucis du soleil d'automne :
sur les colonnettes, sur les saillies des voûtes ogivales, sur les
murs étoilés d'or, ils plaquent de petits disques violets, rouges,
jaunes et bleus. On dirait des hosties de fantaisie, collées là par
quelque malicieux enfant de chœur.

La nef est comble et rougeoie jusqu'à la moitié. C'est un écla-
tement inouï d'écarlate que tempèrent çà et là les blancheurs

des hermines. Rouge la robe du cardinal-archevêque de Paris, debout devant son fauteuil d'or auprès du maître-

La Sainte-Chapelle.

autel flamboyant. Rouges à droite les loges des conseillers de la Cour suprême. Rouges à gauche les membres de la Cour d'appel; rouge derrière eux le procureur général;

rouges les avocats généraux, et rouges leurs substituts : tout est rouge.

L'effet est magnifique : pour le compléter et lui donner vraiment une note archaïque, on regrette presque de ne pas voir, derrière ces magistrats en tenue de parade, quelqu'un de ces grands diables de bourreaux d'autrefois, si beaux, si bien découplés dans leur pourpoint de pourpre, et tels que nous les ont montrés les images de nos histoires enfantines.

Comme pour faire ressortir la couleur de ce premier plan, au fond de la chapelle, tous vêtus de leurs robes noires, se placent et se tassent les magistrats du Tribunal civil et du Tribunal de commerce, le procureur de la République, les membres du Conseil de l'Ordre, avoués, huissiers et autres ; enfin, perchés dans une petite tribune, quelques curieux et curieuses privilégiés.

Le spectacle, on le voit, n'est pas banal. Mais les yeux ne sont pas seuls satisfaits. La maîtrise de Notre-Dame prête en effet son gracieux concours à la solennité, et parfois il faut se retenir pour n'applaudir point les voix superbes qui entonnent le *Veni Creator*, le *Domine Salvam*, etc., soutenues par l'orgue et la harpe.

La messe terminée, commence un défilé plus curieux encore. Dans l'ordre hiérarchique scrupuleusement

observé, les assistants traversent la terrasse dont les murs sont, pour la circonstance, tendus de tapis des Gobelins et s'engagent lentement dans la galerie Mercière.

Rien de piquant pour un observateur comme de considérer l'attitude et les physionomies des magistrats du cortège. On

croirait voir se dérouler le panorama de l'histoire judiciaire
d'un demi-siècle : en tête sont les vieux de la vieille, « des fan-
tômes de vieux grognards » judiciaires, qui s'efforcent de rester
majestueux quoique l'âge les ait cassés. Leurs joues sont glabres
et maigres, leur œil petit s'enfonce dans l'orbite. Quelques cheveux blancs légers sortent de la toque, sous laquelle on devine
l'ivoire du crâne. Leur caractère, leur culte de la tradition et de
la forme se lit dans le faux col qui leur soutient le cou, montant
haut par-dessus le rabat et raidissant la tête anguleuse et ridée.

Après eux la génération suivante arrive : la figure est
grasse, le favori blanc colle aux joues blanches, la lèvre est
mince, rasée, rusée et combien blasée ! le col est moins haut, la
démarche plus ferme.

Avec les juges civils le visage moderne apparaît : le buste
se redresse, l'œil s'éclaire, la bouche sceptique sourit un peu :
ils vont, non moins soucieux de la galerie que de la régularité
du cortège ; ils trouvent que ceux qui les précèdent sont bien
longs à parcourir le chemin et, peu à peu, s'agacent d'avancer
aussi lentement.

Cependant, retenus par des gardes municipaux qui présentent les armes, les badauds font la haie et se pressent pour
regarder ces hommes rouges qui passent.

L'AUDIENCE SOLENNELLE

Les « fidèles » de la messe rouge se rendent directement à
la première Chambre de la Cour d'appel où va s'ouvrir l'audience solennelle, qu'on pourrait appeler aussi l'audience
rouge. Les magistrats de la Cour et du Parquet y figurent en
effet dans le même costume qu'à la Sainte-Chapelle, et c'est
encore d'écarlate vêtus qu'ils sortent de la Chambre du Conseil
pour venir se placer sur les banquettes rangées en gradins des
deux côtés du prétoire. Les magistrats *assis* prennent place à
droite, les magistrats *debout* s'assoient à gauche. Le premier
président siège assisté de ses assesseurs ; les bancs des avocats
sont remplis par les membres du Conseil de l'Ordre et par

QUELQUES AVOCATS

Par un Témoin à charges

quelques curieuses qui, sous prétexte qu'elles aussi portent la robe, se sont glissées avant tout le monde à ces places réservées. Au fond, le public debout se compose de jeunes avocats, de stagiaires et de quelques flâneurs.

« L'audience solennelle est ouverte, proclame au bout d'un instant M. le premier président, M. le procureur général a la parole. »

M. le procureur général, qui se trouve assis le premier dans le banc du Parquet, se lève et murmure : « Avec l'assentiment de M. le premier président, je céderai la parole à M. l'avocat général X... ou Y... »

M. le premier président incline la tête en signe d'approbation et, quelques feuillets de papier à la main, M. l'avocat général X... ou Y..., qui est à la gauche de M. le procureur général, se lève, tandis que son chef de file se rassied. Alors, au milieu d'un silence un peu froid, presque hostile, il se met à lire une thèse de droit quelconque. Les jeunes, les hardis, empruntent d'ordinaire leur sujet à une question un peu discutée : la recherche de la paternité, le divorce, la puissance paternelle et le droit de correction. Parfois même ils abordent le sujet criminel : la relégation, le système cellulaire, la libération conditionnelle. Deux d'entre eux, au début de ces dernières années, osèrent aller jusqu'à la politique!

Les « vieux », ceux qui sont vraiment dans la tradition, choisissent au contraire une matière aussi aride que possible : l'assurance maritime, l'hypothèque légale, le contrat de transport, etc.

Quel rapport ont ces questions avec la rentrée des Tribunaux? Qu'y a-t-il de solennel dans cette transformation de la Cour d'appel en parlotte de stagiaires? C'est ce que sont autorisés à se demander les indiscrets, mais ce que nous ne pourrions exactement leur enseigner.

Faisons néanmoins à ce propos un peu d'érudition — oh! très peu! — qui mettra peut-être les chercheurs sur la voie de la vérité :

L'usage du discours de rentrée serait né d'une fantaisie qui

prit un jour, au seizième siècle, à Duménil, avocat du roi, de
rappeler en plein Parlement les commentaires du grammai-
rien Asconius Pedianus sur les harangues de Cicéron, pour
établir la différence qu'il y avait, à Rome, entre l'avocat et le procureur.

Cette dissertation se rattachait, juste autant que les discours
actuels, à la solennité du jour ; mais, les années suivantes, on vit
ce singulier spectacle de magistrats traitant, à propos de la
rentrée des Parlements, des sujets théologiques, métaphysiques
et scientifiques. Omer Talon parlait du temps et des cadrans,
des couleurs, des anges, du feu et de la naissance de Minerve,
ce qui plus tard amena son fils, Denis Talon, à s'excuser de ne
pouvoir examiner si les étoiles sont attachées au firmament ou si
elles composent des tourbillons peu dissemblables des nôtres,
si le soleil est placé au centre de l'univers, si l'on doit admirer le
partage des quatre éléments, les formes substantielles d'Aristote,
les idées sur la réminiscence de Platon, le combat des humeurs
et la circulation du sang. Tout cela à l'occasion de la rentrée
judiciaire !

A notre époque, le discours de rentrée finit toujours mal. Il
se termine, en effet, par une notice nécrologique de tous les
magistrats morts dans l'année, la plupart célèbres inconnus,
promus pour la circonstance au grade de grands hommes. Faut-
il le dire ? Ce petit enterrement en masse, venant après les considérations sur tel ou tel point de droit, cette oraison funèbre
après la harangue juridique, posséderait on ne sait quoi de
bizarre et de comique pour qui n'y serait point préparé.

Quelques mots aimables pour MM. les avocats et les avoués
à la Cour servent généralement de post-scriptum au discours,
après quoi M. le néral n'a pas d'au-
bâtonnier et les tres réquisitions à
plus anciens avo- prendre, l'au-
cats présents à la dience solennelle
barre renouvellent est levée.
leur serment. Et, L'année judi-
si le procureur gé- ciaire est ouverte.

Vestiaire Bosc.

AVANT L'AUDIENCE

LES VESTIAIRES

En temps ordinaire, le Palais se peuple seulement vers onze heures.

Cahin-caha, quelques conseillers à la Cour, qui siègent à des Chambres matinales, montent laborieusement l'un des grands escaliers du Palais. Des avocats, pour plaider à ces mêmes Chambres, grimpent à la hâte, craignant d'être en retard, et ne soufflent que quand ils aperçoivent un magistrat : ce n'est plus la peine de se presser. Long salut échangé ou bref serrement de main soulignant des formules de politesse banales.

Le magistrat gagne son local; l'avocat endosse la robe ou s'entortille les deux cordons du rabat autour du cou, se coiffe de la toque et disparaît à son tour.

Nouveau silence, rompu par des apparitions de moins en moins rares.

Tambourinement des portes battantes, fins des conversations de rue qui résonnent trop fort dans les galeries de pierre.

Les arrivants se succèdent de très près, de si près qu'ils entrent par groupes formés au hasard de la rencontre sur les itinéraires communs.

Aux passages des omnibus, surtout de l'omnibus « Gare Saint-Lazare-Place Saint-Michel », correspondent des fournées no-

tables, avocats, magistrats, greffiers, huissiers — de quoi tenir
une audience; — tous les avocats et les magistrats n'ayant pas le
luxe du coupé d'où l'on saute galamment, ni même du fiacre
qu'on paye sans retourner la tête, en homme pressé.

Vers midi et demi, une heure, le flux diminue, les maîtres,
qui ont envoyé leurs secrétaires en avant, arrivent sans se presser, des retardataires trottent, des indifférents viennent flâner.

Et les vestiaires, encombrés pendant trois quarts d'heure, se
dégagent.

Trois ves-
tiaires pour
les avocats.

Dans la
galerie en
façade sur
le boulevard
du Palais,
une cloison,
dont la moi-
tié supérieure
est vitrée de car-
reaux opaques, laisse
un petit couloir de
0^m,50 entre elle et la

L'aquarium.

muraille :
c'est le ves-
tiaire Bosc.
Trois alvéo-
les dans le
mur l'élar-
gissent et,
de l'autre
côté de la
galerie, s'é-
clairant par
la cour du Mai,
une maisonnette
de verre, dénommée
aquarium par des
malhonnêtes, lui fait

succursale. Deux guichets dans la cloison laissent voir deux
demoiselles qui président aux habillements; et, par les portes,
en peut admirer dans les alvéoles, sur un fond de robes pen-
dues, les gloires du barreau en bras de chemise et sans cravate,
puis les mêmes, devant le miroir, se fixant la bavette au col.
On est au courant de leurs habitudes : Me F... enlève toujours
sa jaquette, même l'hiver, et passe un gilet de tricot ou des
manches de lustrine, Me W... n'ôte jamais sa cravate, Me D...
l'ôte toujours et... parfois oublie de la remettre, Me Lachaud
apportait un gilet de flanelle dans sa serviette, Me V... a des
petits gâteaux de réserve, Me M... des sandwichs, Me Lenté
avait un flacon d'éther et un croûton de pain. On a le loisir

d'étudier les diverses manières de mettre le rabat en nouant les cordons par derrière, en les nouant par devant le bout du rabat relevé entre les dents, en engageant le rabat sous le bouton du col, en serrant l'extrémité supérieure entre la cravate et la chemise, en ne prenant aucune précaution pour empêcher le rabat de remonter jusqu'au menton, etc., etc. Au fur et à mesure que les clients retirent leurs chapeaux, les cartons s'alignent sur la crête de la cloison.

Dans l'escalier de la Cour d'appel, une porte dérobée conduit sous des voûtes de prison, vers deux petites chambres tapissées d'armoires, qui constituent le vestiaire du CONCIERGE DE LA COUR. Intérieur familial. Une dame et une jeune fille cousent à la fenêtre.

Le VESTIAIRE FONTAINE est à l'autre entrée du Palais, côté de la place Dauphine : un vestiaire ministériel, confortable, avec des tables qui reluisent et un cabinet de toilette. A signaler un ingénieux petit bâton qui permet d'enlever, comme en un carrousel, les cartons des tablettes supérieures.

Les habitués du vestiaire Fontaine ont aussi leurs petites manies : Mᵉ La... possède une robe particulièrement machinée, avec des boutons au col de la toge et des boutonnières au rabat pour en assurer la fixité ; Mᵉ Ma..., ancien bâtonnier, garde sous la robe un vieil habit dont on a coupé les pans comme un veston de garçon

Vestiaire Fontaine.

de café ; Mᵉ Bé..., autre ancien bâtonnier, rejette en arrière, par-dessous la robe, sa cravate maintenue par une épingle.

Et quelle variété dans l'habillement ! L'uniforme réglementaire est toujours le même, robe noire avec, sur l'épaule, deux boutons auxquels s'accroche l'épitoge ou chausse, sorte de macaron orné de deux pattes qui retombent, la plus longue en avant, la plus courte en arrière (pour les audiences solennelles,

les grandes cérémonies et la Cour d'assises, les pattes de l'épitoge sont bordées d'hermine à leur extrémité), rabat plus ou
moins plissé, toque à la manière des curés; mais il est des dis-
tinctions dans le luxe de la robe et les manières de la porter : le
plus souvent la queue de la robe est relevée, parfois elle traîne
et donne au porteur l'aspect d'un grand pain de sucre enveloppé
de noir; les toques ont aussi leur hiérarchie et se déforment
différemment sous le coup de pouce du propriétaire : la toque
major est celle de Mᵉ B.-D..., correctement cylindrique, dou-
blée de soie blanche avec initiales imprimées; Mᵉ M.-J... préfère la toque à ressort; Mᵉ W.-R... n'en porte pas du tout.

L'ORDRE DES AVOCATS

Les avocats, que nous venons de voir dans le brouhaha de
l'arrivée et le négligé de la préparation, que nous allons retrouver
traînant à travers les couloirs, bavardant aux Pas-Perdus et
plaidant aux audiences, forment une corporation très solide,
fière de son passé et jalouse de ses attributions.

Elle a naturellement, au Palais, ses logements réservés où
les affiliés travaillent et cancanent, où se font les élections des
représentants de l'Ordre, où siège le Conseil de discipline et
trône le bâtonnier, grand maître de l'Institution, où se pratique
la petite cuisine administrative et où les prévenus sans le sou
viennent quérir des défenseurs de bonne volonté.

A Paris, les avocats ont seuls le droit de plaider pour autrui,
sous réserve de la faculté, pour les avoués, de s'expliquer à
l'audience sur les difficultés de procédure et les demandes inci-
dentes qui sont de nature à être jugées sommairement. Au civil,
la partie intéressée ne peut même pas se présenter en personne,
avec l'assistance de son avoué, si elle n'obtient pas la permission
du Tribunal. L'accusé, devant la Cour d'assises, a bien le droit
de choisir son défenseur parmi ses parents ou amis, mais seulement sur autorisation du président.

L'Ordre des avocats, avec son monopole de la plaidoirie, se

glorifie de remonter à l'an 518 de notre ère et d'avoir pour parrain un oncle de cet empereur Justinien que M. Victorien Sardou a rendu célèbre au théâtre de la Porte-Saint-Martin.

Ils ont eu bien des fortunes diverses, les avocats ; un instant disparus, renaissant grâce à Charlemagne et se perpétuant sous les noms variés de *causidici*, d'*avantparliers*, de *plaidoux* et de *chevaliers de la loi*, se constituant en Ordre des avocats, pour se distinguer, au temps de saint Louis, des confréries d'artisans qu'on organisait.

Reconquérant et reperdant tour à tour quelques-uns de leurs privilèges, ils se maintiennent jusqu'à l'Assemblée constituante qui décrète, le 2 septembre 1790, que « les hommes de loi, ci-devant appelés avocats, ne devant former, ni ordre, ni corporation, n'auront aucun costume particulier dans leurs fonctions ».

La Révolution est pour eux seulement une éclipse.

Dufaure.
D'après le portrait
de Mlle Nelly Jacquemart.

Les anciens avocats avaient formé une liste officieuse et une petite confrérie de fait, au milieu de la libre cohue des gens de loi.

Cette liste devint officielle et le tableau de l'Ordre des avocats fut reconstitué, de par une loi du 22 ventôse an XII, réorganisatrice des Écoles de droit.

Depuis, l'Ordre des avocats n'a plus été atteint dans son monopole. Il est certains privilèges qu'il n'a pas recouvrés et ne recouvrera sans doute jamais : tel le droit, pour les avocats, d'écarter de leur voisinage tous les artisans qui pourraient les troubler dans leur travail, tel le droit de porter la robe rouge ou la simarre de soie et de se ganter pour la plaidoirie, tel le droit à la noblesse. Mais la loi le met toujours à l'abri de la concur-

rence; il offre, en échange, d'incontestables garanties de probité et, pour toutes les infortunes, des défenseurs désintéressés.

Des ordonnances successives et des décrets ont réglementé la profession d'avocat, la rédaction du tableau de l'Ordre, les élections du Conseil de discipline et du bâtonnier.

Le tableau de l'Ordre, dans chaque *barreau*, est la liste sur laquelle fi- gurent, au rang d'an- cienneté, les avocats ayant ac- compli le stage régle- mentaire et dont l'in- scription a été dûment admise soit par le Con- seil de disci- pline, soit par le Tri- bunal qui en fait l'office. L'ensemble des avocats installés dans une même ville constitue le Barreau.

Pour les Barreaux comprenant au moins vingt avo- cats (à Paris, par exem- ple, où neuf cent soixan- te-deux avo- cats sont in- scrits au ta- bleau), la discipline et

M. Dupin.
D'après un portrait de Court.

les intérêts de l'Ordre sont confiés à un Conseil, dit CONSEIL DE DISCIPLINE ou CONSEIL DE L'ORDRE, élu chaque année par les avocats inscrits et présidé par un BATONNIER qui est le chef ou mieux le représentant de l'Ordre.

Autrefois le chef de l'Ordre, c'était le DOYEN, le plus ancien du tableau, et sa besogne principale consistait à demander jour au Parlement pour le « Lendit » et pour la « Saint-Nicolas », fête des avocats. Comme on risquait d'avoir un doyen quelque peu affaibli par l'âge, l'habitude vint de choisir un autre représentant de l'Ordre, à l'élection, et ce fut le BATONNIER,

Une Conférence en 1776, à la Bibliothèque des Avocats.

Eau-forte de Saint-Aubin, reproduite d'après l'Annuaire des anciens secrétaires de la Conférence.

ainsi dénommé par allusion à l'un des devoirs de sa charge,
le port du bâton de la confrérie de Saint-Nicolas, dans les
défilés traditionnels. Sous l'ancien régime, le bâtonnier était
élu par l'assemblée de l'Ordre. Après la Révolution, le choix
des bâtonniers fut réservé aux procureurs généraux. De 1822 à
1830 et de 1852 à 1870, c'est le Conseil de l'Ordre qui nomme le
bâtonnier. De 1830 à 1852 et depuis la troisième République,
élection par le suffrage universel du Barreau tout entier.

C'est le bâtonnier qui prend la parole au nom de l'Ordre
dans les circonstances solennelles et dans les cérémonies funé-
raires; c'est lui qui s'occupe des détails administratifs, désigne
les avocats d'office, écoute les réclamations, donne des conseils
aux jeunes, tranche les différends, fait respecter les confrères
à la barre et au besoin admoneste ceux qui ont commis
quelque infraction légère aux règles professionnelles.

C'est le Conseil de discipline qui prend les décisions relatives aux intérêts pécuniaires de l'Ordre, car l'Ordre des
avocats a son *trésor*, alimenté par la cotisation de rigueur, à
30 francs l'an ; c'est le Conseil qui répartit les secours aux
confrères, ou familles d'anciens confrères, en détresse; c'est
le Conseil qui prononce les pénalités encourues, avertissement
paternel que le bâtonnier administrera au délinquant, avertissement notifié, réprimande, suspension ou radiation; c'est le
Conseil qui admet les candidats au stage et, chaque année,
arrête le tableau.

Pour être apte à plaider, il faut être licencié en droit, prêter
serment devant une Cour d'appel, ce qui vous donne le titre
d'avocat, mais le titre nu, et en outre être inscrit à un *tableau* ou
admis au stage par un *Conseil de discipline*, après enquête
portant sur la moralité et l'indépendance de situation du candidat. On fait alors partie de l'Ordre des avocats près tel Tribunal
ou telle Cour.

Quand on est admis à un Barreau, l'on peut plaider partout
ailleurs; les avocats de Paris rayonnent à travers les provinces
et les magistrats parisiens entendent plus d'un avocat provincial.

Le stagiaire a les mêmes droits à la plaidoirie que l'avocat inscrit; mais son nom ne figure, à Paris du moins, sur aucun tableau public.

L'ambitieux qui veut faire son stage à Paris (les formalités sont moins rigoureuses en province) doit se munir de son diplôme de licencié, être en mesure de justifier qu'il habite réellement Paris, qu'il est dans ses meubles et que ses mœurs sont pures, avoir un concierge qui ne fournisse sur lui que de bons renseignements, enfin n'avoir aucun intérêt dans aucune affaire commerciale et ne pas exercer d'autre profession que celle d'avocat, ne pas même donner des leçons de français en ville ou à domicile pour suppléer aux honoraires qui ne viendront peut-être jamais. Avant 1870 il devait en outre se faire raser la moustache.

Quand il a pris toutes ces précautions et toutes ces résolutions, il va porter son diplôme à un garçon très digne, au greffe de M. le procureur général; puis, après quelques visites, cartes cornées chez des concierges, il rapporte sa paperasserie au SECRÉTARIAT DU CONSEIL DE L'ORDRE.

C'est le début dans la carrière.

Avocats en herbe que vont faire éclore les brasseries du Quartier Latin, pères de famille qui rêvez la toge pour vos fils, regardez sur le plan, tout au bout du Palais, là-bas, près de la place Dauphine, à l'extrémité des locaux neufs de la Cour d'appel, un escalier et une galerie de bois jetée comme un pont vénitien au-dessus d'une cour profonde.

Voilà le chemin qui mène à l'Ordre des avocats.

Le néophyte favorisé des dieux, qui franchit le pont pour la première fois, entendra peut-être des voix d'enfants grêles et fausses qui montent, en cadence, d'un tout petit jardin.

Qu'il se hausse sur la pointe des pieds jusqu'à la vitre de la galerie et il verra tout en bas le jardin charmant, entre trois murailles sévères, empli d'une théorie de gamins prisonniers.

S'il n'entend pas les voix évocatrices de son devoir, ce futur défenseur des orphelins, qu'il se hausse quand même sur la pointe des pieds: il verra, dans une cour sablée, tendrement égayée d'une verdure rare, la silhouette bleue, blanche et noire d'une sœur, ou deux, et, par la porte ouverte, au fond, sur un

perron, le reflet luisant d'un plancher de religieuses. C'est le
jardinet des sœurs du Dépôt.

C'est du Palais le seul charme mystique et peu le connaissent.

Le jardin des sœurs, au Dépôt.

Sur l'autre flanc de la galerie, pas de fenêtres. S'il y en
avait, elles donneraient sur un préau du Dépôt où grouillent
les filles de trottoir prenant leur goûter, et qui n'est séparé de
la retraite des sœurs que par un corridor.

Et maintenant un carré sur lequel donnent la Bibliothèque,
une porte de vestiaire, un large couloir sombre, étoilé de gaz,
et, par une ouverture discrète, le SECRÉTARIAT DE L'ORDRE.

A l'issue d'un mince passage obscur, on est, poussant une
porte vitrée, en pleine lumière, sur un perron intérieur, à balustrade et à escalier droit descendant très noblement, quoiqu'un
peu raide, vers le réduit clair où se tient « l'appariteur de
l'Ordre ».

L'appariteur de l'Ordre, nous nous l'imaginons éternel. Tel il est aujourd'hui, tel il sera toujours, grave et doux, s'appelant Léon, avec des airs de majordome qui aurait fait fortune et serait resté complaisant. Ses favoris blonds ont bien grisonné, son dos s'est légèrement voûté ; mais nous ne nous en apercevons pas et il sera l'éternel appariteur de l'Ordre, comme Delaunay fut l'éternel jeune-premier, et celui qui lui succédera ne sera qu'une nouvelle incarnation de lui-même.

Avec quelle bonne grâce supérieure il guide parmi les premières démarches le candidat stagiaire, il l'initie aux procédures cérémoniales et lui enseigne les traditions du serment !

C'est le fournisseur des agendas, le distributeur des tableaux de l'Ordre, le factotum du bâtonnier.

Il a le culte de la maison et ne doit pas tirer de l'armoire le claque à plumes de coq et la chaîne d'argent à médaille, insignes de ses fonctions, sans un peu d'émotion au cœur.

Si vous le contempliez le mardi, jour où se réunit le Conseil ! Il est plus majestueux, quoique sans prétention, et salue avec une nuance de respect les anciens bâtonniers qui passent.

On voit, s'égrenant, un peu après deux heures, descendre vers lui MM. les membres du Conseil. Elle est curieuse, la descente. L'escalier droit et rapide est propice aux majestueux encore solides et pas myopes, qui franchissent les marches lentement, d'un rythme sûr. Mais les fatigués prennent des temps et font des descentes alourdies, de profil ; les agités dégringolent trop lestement, avec des mouvements effarés de la main gauche pour attraper une vaine rampe, tandis que quelques-uns descendent délicatement d'un pied qui effleure avant de se poser.

Tous disparaissent brusquement à gauche, au fond d'un couloir, dans un rapide bruit de porte ouverte et refermée.

Là est la salle du Conseil, une haute pièce lumineuse, pleine d'une table à tapis vert autour de laquelle les élus de l'Ordre délibéreront sous la présence protectrice de Berryer père, joli pastel, d'un Dufaure peint par M\ue Nelly Jacquemart, d'un Chaix d'Est-Ange d'après Hippolyte Flandrin, et de photographies et médaillons d'anciens maîtres éminents.

Un bienheureux hasard, pour le candidat stagiaire apportant son diplôme, ce serait d'arriver dans l'antichambre du Secrétariat un jour où le Conseil a cité, pour « comparoître », quelque confrère étourdi ou malhabile. Il aurait l'avant-goût des tristesses de la profession en même temps qu'il en savourerait les premières joies. Il verrait le va-et-vient inquiet et un peu hautain de celui qui va comparaître, les regards en dessous que se jettent réciproquement les confrères venus là pour d'autres raisons et se soupçonnant les uns les autres d'être le « cité devant le Conseil », et Léon qui tâche de mettre tout le monde à son aise, et *qui n'a l'air de rien.*

Le plus souvent ne passent auprès de la table de Léon ou ne s'assoient à la fenêtre, qui domine les arbres noirs de la place Dauphine, que des solliciteurs réclamant timidement un avocat, des clercs d'avoués apportant des dossiers d'assistance, des jeunes à la recherche d'un renseignement ou des confrères attendant l'heure où M. le bâtonnier reçoit ses visites dans le cabinet qui lui est réservé, cabinet sobre de juriste, ayant pour tout ornement un buste de Gerbier par Houdon, le portrait de Dupin par Court, un Chaix d'Est-Ange en plâtre d'après le portrait de Flandrin, l'unique buste qu'on ait de Tronchet, un tableau de médailles retrouvées sous les ruines de la salle du Conseil après l'incendie de 1871, et des gravures évoquant le souvenir de l'ancien Palais.

Ah! l'été, dans l'antichambre du Secrétariat, c'est beaucoup plus gai : la verdure des arbres, la blancheur des maisons d'en face et le grand soleil éblouissent. En haut, sur la galerie de pierre à perron, au long de la balustrade, comme en des noces de Cana monochromes, paradent infatigablement des avocats agitant leurs robes noires en des gestes tumultueux ou les drapant en des poses plastiques. Il en défile, de midi à quatre heures, sans répit, pour venir boire au tonnelet de coco frais que le Conseil de l'Ordre leur assure. Et Léon veille à ce que les avocats du Barreau de Paris viennent seuls se rafraîchir là, et, si quelque intrus s'intercale, il le détourne d'une voix sévère ou d'un geste noble; dans les cas graves, il avertit le Conseil.

Les appartements de l'Ordre se complètent par un bureau pour le secrétaire et un pour le caissier.

C'est là que le futur stagiaire va timidement acquitter ses droits d'admission ; c'est là qu'il viendra plus tard se faire inscrire pour être chargé d'affaires d'office, c'est-à-dire de causes sans honoraires ; c'est là que, s'il persévère, il payera mélancoliquement, durant toute sa vie d'avocat, la cotisation annuelle, et que, sans doute, il la payera le plus souvent en retard.

Il reste à l'impétrant, avant d'être admis au stage, à subir l'enquête et à recevoir la visite du rapporteur désigné par le Conseil de l'Ordre.

D'ordinaire, le rapporteur se contente de causer avec votre concierge, pour savoir si vous n'avez pas donné une fausse adresse, si votre appartement fait honneur à la corporation qui va vous recevoir dans son sein et si vous ne scandalisez pas vos voisins. Les rapporteurs consciencieux, ceux qui aiment la jeunesse et pensent aux suffrages des électeurs futurs, grimpent les cinq étages au besoin et font la causette familièrement avec le futur électeur ébaubi. N'ayez pas peur si

Le coco des avocats.

quelque jupe de femme traîne sur le divan du bureau ; le rapporteur sera discret et s'assiéra dessus pour ne pas la voir.

En réalité, pas bien profonde, l'enquête. On se plaint qu'il y ait là une incursion dans la vie privée. C'était pis autrefois. Étaient exclus de l'Ordre ceux qui avaient manqué de respect envers leurs parents, ceux qui avaient refusé d'accepter une fonction publique, ceux qui avaient été vus dans les lieux de débauche, ceux qui vivaient dans le luxe et avaient dissipé la fortune laissée

par leurs ancêtres. Exclus aussi les non-catholiques, les aveugles et les sourds.

Aujourd'hui, on a le choix, au Palais, entre toutes les religions; les sourds sont nombreux et les borgnes, sinon les aveugles, fréquents.

Après la visite du rapporteur, admission par le Conseil, lettre délicieuse du rapporteur, qui vous traite de cher confrère, le soir même de l'admission; quelques jours plus tard, prestation de serment devant M. le premier président de la Cour d'appel, sous la conduite de Léon et sur la présentation du bâtonnier. C'est fait. Ensuite le stagiaire entrera en fonctions, signera un certain nombre de lundis, pendant trois ou cinq ans, sur un petit papier, devant la salle des criées, assistera deux fois par an à des réunions de colonnes et sera mûr pour l'inscription au tableau.

Si, après la cinquième année, il ne se presse pas de la demander, par crainte de payer patente, le trésorier du Conseil le priera de passer chez lui et, après un speech bref, élogieux pour la profession, le mettra en demeure de choisir entre l'inscription et les adieux à la robe.

Nous reverrons le stagiaire au serment, nous le reverrons le lundi à la Conférence.

Le voici à une réunion de colonne.

LES RÉUNIONS DE COLONNES

Au petit matin, neuf heures et demie ou dix heures, il s'insinue dans la salle du Conseil ou dans une chambre de la Bibliothèque. D'autres stagiaires sont là groupés, en tenue de service, autour d'une table d'examen que préside un membre du Conseil avec, pour secrétaire, un des stagiaires classés dans les douze premiers au dernier concours de la Conférence.

Le membre du Conseil disserte abondamment sur les sujets qu'indique le programme et pose des questions indiscrètes aux assistants.

Ces jeunes gens, tout à l'heure flambant neuf dans les galeries

Entrée de la Bibliothèque.

17

du Palais, retrouvent des timidités de candidat et esquissent, au petit bonheur, des réponses faciles à retourner suivant le goût de l'interrogateur, et le secrétaire sourit avec des petites mines d'augure. De temps en temps, un orateur se révèle : c'est un stagiaire très convaincu qui a pioché la controverse et *colle* M. le président de colonne.

Les plus graves problèmes de la profession s'agitent dans ces colloques.

Questions d'incompatibilité :

Un avocat peut-il être professeur de sourds-muets ? Non.

Un avocat peut-il jouer la comédie ? Oui, mais sans rétribution.

Un avocat peut-il être médecin ? Non, car il ne saurait être tout à la fois au Palais et près de ses malades : un avocat se doit tout entier à ses clients.

Il est permis pourtant à l'avocat d'être député ou sénateur. Serait-ce parce que le représentant du peuple est censé n'aller jamais à la Chambre ?

Le chapitre des honoraires est l'objet d'un enseignement tout particulier : chapitre palpitant pour des jeunes avocats sans causes qui, n'ayant jamais plaidé que des affaires d'office, sont ravis d'entendre parler de cet oiseau rare, le client qui paye.

La théorie qu'on leur inculque est simple : « L'honoraire doit être offert spontanément par le plaideur ; l'avocat ne peut le réclamer. »

L'énoncé seul de la théorie calme tout de suite le stagiaire, qui se demande comment son président de colonne, le plus souvent un homme sérieux, cossu et d'esprit pas chimérique, a pu rester si longtemps dans une pareille profession.

Mais il est des présidents de colonne trop sceptiques ou trop sincères qui, après avoir énoncé la théorie, en avoir démontré la raison d'être, avoir expliqué qu'elle reposait sur l'idée de dévouement désintéressé, fondamentale du rôle de défenseur, et avait pour but de mettre un frein à certaines cupidités jugées excessives selon les circonstances, ne craignent pas de dire quels accommodements la pratique a su trouver avec les principes.

Ou l'avoué se charge de réclamer les honoraires de l'avocat, et il a toute liberté, lui, l'avoué.

Ou l'avocat soumet au client, dès la seconde visite — à la première, ce ne serait pas convenable — et en usant plus ou moins de circonlocutions, le chiffre des honoraires ; si le client fait la sourde oreille, on lui récrit qu'on a besoin de le voir absolument « pour des renseignements complémentaires » — c'est la formule — et, dans le huis clos du cabinet, on lui réclame tout ce qu'on veut : il faut bien gagner sa vie.

Ce qui est interdit, c'est de réclamer par lettre ; de vive voix tout est permis, au moins avant les plaidoiries.

Les plaidoiries achevées, l'avocat est sans défense contre le débiteur récalcitrant et, s'il insiste, le débiteur porte plainte au Conseil.

« Donc, jeunes confrères qui n'êtes pas dédaigneux des rémunérations pécuniaires, demandez vos honoraires tout de suite et de vive voix. »

Après la formule théorique, voilà la formule pratique.

Le stagiaire est un peu rassuré ; mais son front va se rembrunir : après le chapitre des honoraires, la leçon sur la recherche de la clientèle. Comment les clients viennent-ils dénicher le talent inconnu ? Quels moyens a-t-il pour attirer leur attention ? Aucun.

La recherche de la clientèle est prohibée. L'avocat attend chez lui, à des heures qu'il n'a même pas le droit d'indiquer sur son papier à lettres, le client futur.

A moins d'un patronage attentif qui mette le jeune avocat en vedette, à moins de relations de famille, à moins d'une sympathie d'homme d'affaires, le client ne viendra pas.

Il y a bien la légende de l'avocat qui s'est fait connaître en plaidant avec éclat une affaire d'office ; mais n'y croyez pas, jeunes gens, n'y croyez pas : ne croyez pas que, parce que votre nom aura été cinq ou six fois dans le journal, parce que vous aurez superbement plaidé une affaire célèbre, les vrais clients vous viendront ; huit jours après, si vous n'êtes pas un avocat d'assises, personne ne pensera plus à vous et, à l'heure de votre consultation, vous attendrez vainement les coups de sonnette.

Si vous n'avez pas des trésors de patience accumulés, si vous n'êtes pas prêts à toutes les désillusions et devez envier les imbéciles plus heureux que vous, si le plaisir de plaider une fois par hasard ne vous console pas de tout le reste, ou si vous ne vous sentez pas capables de faire discrètement les démarches utiles et de nouer les amitiés nécessaires, laissez votre robe au vestiaire, votre toque dans son carton et courez des carrières moins libérales.

Amen.

LA BIBLIOTHÈQUE

Le plus souvent, c'est dans la Bibliothèque que ces leçons se donnent. Êtes-vous curieux du passé?

A onze heures, elle s'ouvre aux avocats. Visitons-la, bien que les profanes n'y puissent pénétrer, si ce n'est sur le seuil pour faire appeler un avocat, ou plus profondément pour causer avec le très aimable bibliothécaire, M. Boucher.

C'est de 1708 que date la Bibliothèque des avocats. Elle fut fondée en exécution d'un legs d'Estienne Gabriau de Riparfonds, avocat au Parlement de Paris, qui, aimant sa profession au delà de

Portrait de M. de Riparfonds,
en robe rouge.
(Bibliothèque de l'Ordre des Avocats.)

toute autre chose et estimant que « l'avocat qui sait parler n'est rien s'il n'a pas fait des études solides qui mûrissent l'esprit et rendent la discussion judiciaire claire et pleine d'enseignements pour les auditeurs », laissait à l'Ordre des avocats de Paris, avec une rente de 800 francs, la bibliothèque qu'il avait composée en ajoutant aux ouvrages de droit venus de son beau-père des acquisitions faites « toutes et quantes fois que l'état de sa fortune et de sa famille le lui avait permis ».

La nouvelle salle de la Bibliothèque.

Après quatre années à la recherche d'un local, la Bibliothèque était inaugurée, en 1708, assez loin du Palais, dans une galerie prise à bail de Mgr l'archevêque de Paris et située au troisième étage du pavillon de l'avant-cour de l'archevêché, entre Notre-Dame et la Seine.

Au total, 10 000 volumes et peu de lecteurs ; en 1725, la bibliothécaire était une vieille femme assistée d'une jeune fille de dix-sept ans et que les curieux ne dérangeaient guère.

Mais dans ce local se tenaient les assemblées du Conseil de l'Ordre, les séances du bureau de consultations gratuites et les *Conférences*, réunions d'anciens venant écouter des lectures de jeunes.

Une eau-forte de Saint-Aubin, que nous reproduisons dans ce livre et qui a été minutieusement décrite et commentée par M. Herbet dans l'Annuaire de l'Association des anciens secrétaires de la Conférence des avocats (année 1889) auquel nous l'empruntons, représente la Bibliothèque en 1776, un jour de conférence.

Berryer (le père).
(D'après un pastel qui appartient à l'Ordre des Avocats.)

A la Révolution, l'Ordre des avocats supprimé, les livres furent confisqués au profit de la Nation et le Tribunal de cassation finit par en hériter : on trouve encore, à la Bibliothèque de la Cour suprême, des volumes portant l'estampille : « Bibliothèque des avocats, 1762 ».

Avant même le rétablissement de l'Ordre, la Bibliothèque se reconstituait : un ancien avocat, qui était resté parmi les défenseurs officieux, Nicolas Férey, léguait sa bibliothèque, dès 1806, à l'Ordre des avocats « sous quelque nom qu'il plût à Sa Majesté de le rétablir » ; et l'Ordre, sitôt sa reconstitution, en 1810, était autorisé à accepter le legs.

Depuis, la Bibliothèque des avocats, installée dans une étroite et sombre enclave des bâtiments de la Cour d'appel, à peu près où se trouve aujourd'hui la Chambre des mises en accusation, au bout de l'affreux couloir des huissiers de la

Cour, s'était enrichie progressivement par des dons d'anciens confrères, jusqu'à contenir, en 1870, 25 613 volumes.

Alors, nouveau désastre : une des salles de la Bibliothèque fut incendiée aux derniers jours de la Commune et beaucoup d'ouvrages précieux furent détruits, malgré le dévouement du bâtonnier, Mᵉ Rousse, et du bibliothécaire, M. Boucher, père du bibliothécaire actuel.

Maintenant, les pertes ont été réparées et c'est de 38 000 volumes que M. Boucher fils est le conservateur.

L'étroite et sombre Bibliothèque est devenue un établissement confortable. Mais il n'y a pas longtemps !

Ce fut d'abord un couloir donnant invisiblement sur cette cour adorable où veillent les sœurs du Dépôt ; le couloir aboutissait à deux chambres étroites et là on s'empilait, s'empilait. Cette installation devait se compléter, l'année suivante, par l'ouverture d'une grande salle qui communiquerait avec le couloir transformé en galerie ; il ne restait qu'à déménager les documents du casier judiciaire entassés en cet endroit. Le déménagement a duré onze ans et c'est seulement à la rentrée d'octobre 1890 que, grâce à l'insistance du bâtonnier, Mᵉ Cresson, et au concours dévoué des avocats faisant partie du Conseil municipal, l'aménagement actuel a pu être terminé.

Cela ressemble maintenant à une véritable Bibliothèque : vaste salle de lecture avec galerie annexe, deux étages d'armoires grillagées contenant les livres, légère passerelle de fer desservant le second ; longue table comme pour des délibérés, de plus petites comme pour des soupers et sur toutes ce qu'il faut pour écrire.

Ornementation réglementaire : deux tapisseries des Gobelins entre les fenêtres, c'est des Bonaparte recevant des diplomates et des militaires ; au-dessus de la fenêtre qu'encadrent les tapisseries, plaque commémorative :

CETTE BIBLIOTHÈQUE A ÉTÉ
OUVERTE LE 16 OCTOBRE 1890
SOUS LE BATONNAT DE M. CRESSON

Un peu partout, des bustes d'anciens bâtonniers, bustes utiles surtout pour les faiseurs de biographies : un énorme JULES FAVRE, de Barrias ; un PAILLET finement gravé, d'après Pradier ; une jolie tête de MARIE aux cheveux frisés, à la joue plissée, au sourire pincé ; un NICOLET, par sa femme, délicieux de charme et d'élégance ironique, etc., etc. Un mérite une mention particulière : il est placé au pied de l'escalier, qui de la grande salle, mène à la passerelle, c'est un buste de GERBIER, figure exquise, dont l'expression railleuse est adoucie par tant de bonne grâce. Au plus fort de l'incendie de 1871, on eût pu voir Mᵉ Rousse « le sauver dans ses bras à travers les escaliers, les poutres et les cordages, comme le pieux Énée emportant sur ses épaules, dans la nuit fatale d'Ilion, le vieil Anchise et ses dieux domestiques ».

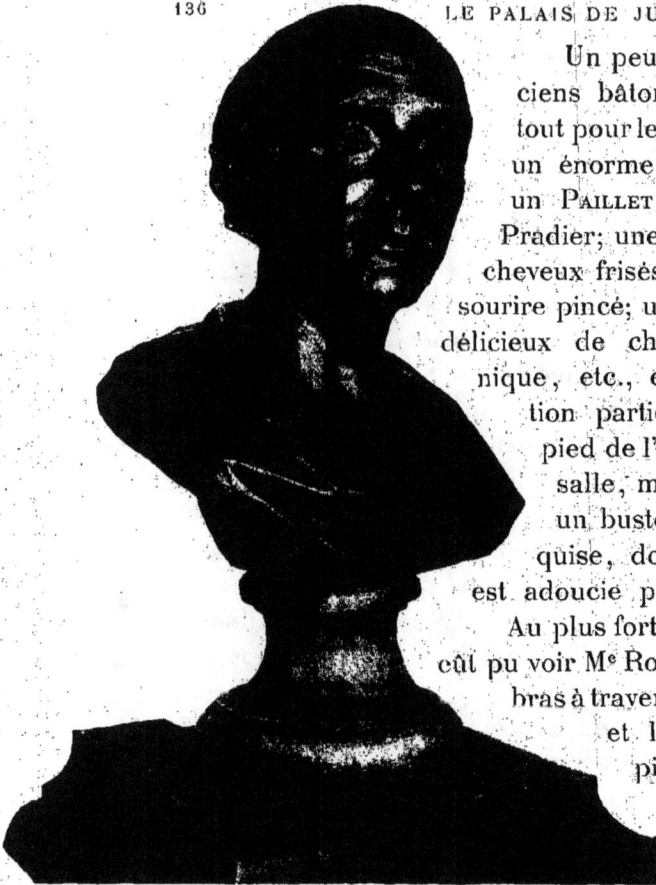

Buste de Gerbier, attribué à Houdon.

Une grande baie laisse voir le cabinet du bibliothécaire.

C'est, nous l'avons dit, M. Boucher, fils de bibliothécaire, père de bibliothécaire sans doute, car son fils est déjà de la maison. Sa complaisance est proverbiale et il a mis à notre disposition, avec une bonne grâce charmante, ses souvenirs et ses documents.

Des deux autres pièces qui autrefois étaient toute la Bibliothèque, l'une, dite la *salle des journaux*, avec, au-dessus de la glace, un vieux portrait de Riparfonds, en

robe rouge, le menton envahi d'une barbe blanche comme
d'une moisissure, est encore le lieu de travail préféré par les
frileux et par les fidèles du passé; l'autre, la *parlotte*, un coin
obscur qui ne répond pas au titre choisi par avance, car on
n'y vient guère et l'on n'y parle pas (1).

En revanche le bavardage est envahissant dans les salles
de travail.

De bonne heure, les avocats qui ont de longues recherches
à faire apparaissent et s'installent commodément.

Rien ne les trouble, si ce n'est le passage de quelque
confrère venu au Palais en avance, qui parcourt distraitement un dossier ou s'en va causer avec le bibliothécaire.

Mais les chercheurs se succèdent : des passants pressés
qui ont à copier un arrêt ou une réponse à dénicher dans quelque
ouvrage spécial.

C'est de longues promenades tâtonnantes de rayon en rayon,
le va-et-vient du bibliothécaire et de son adjoint, non moins
complaisant que lui-même.

Arrivent les flâneurs, encore en robe ou en civil déjà, qui ne
peuvent pas se décider à quitter le Palais, disent un bonjour
par-ci, tendent une main par-là, s'accoudent près d'un camarade
et potinent.

Le travailleur d'en face s'agite, va fiévreusement feuilleter un
volume, revient à la table, se pelotonne, la tête dans les mains,
les pouces sur les oreilles, puis, lassé, va bavarder à son tour,
plus loin. Livres et papiers restent pittoresquement étalés et les
nouveaux venus, n'osant troubler cette belle ordonnance, quêtent
difficilement une place.

Il y a des causeurs terribles à la Bibliothèque et ce ne sont
pas toujours les plus bavards à l'audience. Ils parlent à haute
voix, en maîtres, donnent des consultations sur les difficultés
que des voisins proposent et racontent interminablement les
légendes de la profession. Au retour des vacances surtout, ils

---

(1) Deux autres salles viennent d'être ouvertes, servant de fumoir et de
lavabo.

sont dangereux et, quand ils rencontrent des chasseurs, il n'y a plus qu'à déserter.

Les grands maîtres apparaissent rarement. Une fois de temps en temps, M⁰ Cresson, souriant, vient contempler son œuvre; le membre du Conseil chargé de la surveillance de la Bibliothèque passe raide et administratif.

Trois ou quatre anciens seulement ont coutume de venir travailler à la Bibliothèque avec leurs secrétaires; ils choisissent alors les petites tables à deux, dans la galerie.

Tel y donne son enseignement, sans réplique; tel autre fait faire des dictées au jeune homme déjà mûr; tel surveille de sa place des recherches de jurisprudence; tel, qui préfère la *salle des journaux*, distribue des besognes de copie et pioche de sa personne dans un amoncellement de livres.

Me Cresson.

Des moins réguliers entrent en courant, écrivent lettres sur lettres, consultent l'indicateur ou le Bottin et disparaissent.

Dès trois heures, l'hiver, au moment du maximum de travail, quand les têtes se congestionnent, les trois employés de la Bibliothèque commencent la rafle des livres. Tant pis pour le travailleur qui a quitté sa place un instant : quand il revient, les volumes qu'il avait soigneusement triés et ouverts à la bonne page ont réintégré les armoires, c'est un fléau, et, à quatre heures, il faut partir; vainement on fait la sourde oreille aux doléances de l'employé ou du bibliothécaire, il faut abandonner la copie interrompue.

Quand la Bibliothèque aura-t-elle l'électricité?

L'été, on ne ferme qu'à cinq heures. Mais il y a encore des gens pour geindre quand on les renvoie et qui sont là depuis vingt minutes à peine.

LES ÉLECTIONS DE L'ORDRE

Au mois de juillet, pendant deux ou trois jours, c'est branle-bas à la Bibliothèque, les travaux sont suspendus pour cause d'élections : élection du bâtonnier, élection des membres du Conseil.

Ces jours-là, des petits groupes partout et des éclaireurs allant de groupe en groupe ; à l'entrée, des jeunes dévoués qui rappellent silencieusement, ou d'un mot discret enveloppé d'un geste amical, la candidature du maître, ou de plus ardents qui s'attachent à l'intrus et le poursuivent, d'une conversation vive et animée, jusqu'à l'encrier.

Autrefois une longue table, divisée par de petites cloisons, comme dans certains bureaux de télégraphe, en stalles réservées où l'électeur pouvait écrire son bulletin à l'abri des regards indiscrets, était préparée dans le couloir, et le jeu des coups d'œil du monsieur resté debout derrière l'écrivain était des plus récréatifs.

A la Bibliothèque.

Il y a encore à s'amuser avec les différentes façons d'écrire, les promesses vagues, les serrements de main rassurants, la banale comédie du défilé devant l'urne et la séance de dépouillement.

En somme, des élections comme les autres, avec plus de discrétion.

Le jour du renouvellement du Conseil, la foule est particulièrement bruyante, car les ambitions sont nombreuses. Les scrutateurs ne se font pas prier, des bureaux s'organisent et, quand il faut totaliser les voix, c'est un petit jeu où d'anciens excellent : chaque président de bureau dit son chiffre, et c'est à qui des assistants fera l'addition le premier. Il y a des spécialistes en calcul qu'on ne voit à la Bibliothèque que ce jour-là.

Pour le bâtonnier, c'est plus simple, il n'y a qu'une place, l'addition se fait au fur et à mesure et les spectateurs passent par toutes les émotions du scrutin. Rarement le succès se dessine tout de suite : ce sont d'abord, pour les candidats, des alternances à peu près égales ou, quand l'un des deux a une avance déjà notable et que ses partisans triomphent, l'autre reprend l'avantage par une série imprévue. On vient là comme à une belle partie de billard dont les coups sont savamment préparés et qui a pour enjeu le suprême honneur qu'un parfait avocat ambitionne.

Lorsque la majorité absolue est atteinte, les intimes vont porter au vainqueur la bonne nouvelle. On en cite qui se sont trop hâtés et annoncèrent le succès à un candidat en ballottage ; dans ces cas-là l'anecdote, bien commentée dans les corridors, assure la réussite au second tour.

Cependant le futur bâtonnier patiente, soit dans la salle des Pas-Perdus, l'air indifférent, soit nerveux, dans la salle du Conseil où l'avis officiel lui est apporté par notre ami Léon, et tout ému, sans avoir le temps de se reprendre, le voici, dans la Bibliothèque, près de la table du scrutin, face à face avec le bâtonnier sortant qui, très calme, lui fait des grâces en un speech à compartiments mobiles qui aurait pu être adressé tout aussi bien, avec quelques retouches, à l'autre concurrent s'il avait triomphé.

Préparé aussi, le discours du récipiendaire — chaque candidat prépare le sien, si dur qu'il doive être de le ravaler en cas d'insuccès ; — mais l'émotion le désorganise toujours un peu, c'en est le charme, et fatalement l'heureux homme parle de sa modeste jeunesse, de ses premiers pas dans la carrière, de l'insensé qui lui aurait prédit un tel honneur, des efforts qu'il

fera pour en être digne, et il pleure pendant que les organi-
sateurs de la victoire applaudissent et que les sceptiques
sourient.

Au mois d'octobre on reverra le bâtonnier à cette même
place faisant les honneurs de la maison et lisant, avec l'indépendance que le succès donne, une longue paraphrase sur les
devoirs de la profession, suivie de notices nécrologiques nécessairement spirituelles.

L'élection du bâtonnier n'est amusante que tous les deux
ans, car il est d'usage de renommer le même bâtonnier deux
ans de suite.

LES COULOIRS DU PALAIS

L'avocat est partout chez lui, au Palais; c'est lui qui tient le
plus de place, c'est lui qui domine par le bruit et par le
nombre.

Des vestiaires et de la Bibliothèque, il déborde dans tous
les recoins.

Autrefois il régnait souverainement dans la BUVETTE, petit
restaurant à l'intérieur du Palais, situé d'abord dans la galerie
Marchande, ensuite dans l'hôtel du Préfet de Police et,
depuis 1879, dans les couloirs réservés aux services de la Préfecture, au-dessus de la Bibliothèque des avocats, près d'une
remise d'objets trouvés.

Là était la potinière préférée, et le Conseil de l'Ordre exerçait
sur elle sa vigilance. Un bâtonnier, Jules Favre, en fut le réor-
ganisateur en 1863.

Maintenant les jurés d'assises ou d'expropriation et les
employés de la Préfecture de Police y font un peu concurrence
aux avocats et, la maussaderie du local aidant (une mes-
quine salle s'éclairant sur une petite cour en sempiternelle
reconstruction), la buvette a perdu partie de son ancienne
splendeur.

Elle a encore des fidèles qui viennent prendre leur café au

premier instant de repos ou y passer leur suspension d'audience, des habitués ou des pressés qui, pour ne pas ôter la robe, entre deux appels, y déjeunent.

Ce pauvre Me Lejoindre, qui était un des conteurs les plus délicieux du Palais, y excellait, comme Me Oscar Falateuf aux avant-audiences de la première de la Cour. La toque en arrière, la lèvre en avant, tout rose, tout bonhomme et très fin, il dévidait joliment des histoires jusqu'à en faire oublier le déjeuner.

Pourquoi le Conseil de l'Ordre, reprenant la tradition de Jules Favre, ne réclamerait-il pas la buvette des avocats?

Par ce temps de syndicats, de sociétés coopératives et de clubs, que n'ont-ils un cercle, dont la Bibliothèque, restituée à sa fonction exclusive de salle de travail, serait la dépendance, et où l'on pourrait déjeuner agréablement à bon marché, causer tout à l'aise, lire des journaux non judiciaires, au besoin faire des armes et recevoir ses clients?

Cela nous paraîtrait assez « fin de siècle », donc convenable.

En attendant, rentrons dans le mouvement du Palais.

C'est le plein de la journée.

Partout une nuée de robes noires entre lesquelles se glissent des civils ahuris, d'onduleux agents d'affaires et quelques femmes en quête d'aventures.

Dans la galerie Marchande, devant le vestiaire Bosc, obstruction d'avocats qui causent avant le rhabillage ou s'attendent pour le départ; les groupes s'agitent quand une dame à mine attrayante, sous un chapeau tapageur, traverse, demandant son avocat ou en quête d'un ami qui lui a promis de la promener.

Dans l'*aquarium*, des avocats en représentation fument et disent du bien des camarades.

Sur un banc vert, à contre-jour, des clients et clientes patientent jusqu'à ce que leur défendeur passe, qu'ils l'agrippent et obtiennent une consultation sur le pouce.

De cinq en cinq minutes, « des files d'Anglaises, mues par un ressort d'horlogerie, sortent du balcon de la Sainte-Chapelle, glissent en grinçant le long de la galerie et s'enfoncent dans la salle des Pas-Perdus ».

La salle des Pas-Perdus.

Elle a vraiment grand air la salle des Pas-Perdus, avec sa large baie vitrée sur le boulevard du Palais, ses piliers massifs, ses belles et simples proportions; et, lorsque le monde judiciaire y afflue, elle est toute de mouvement et de lumière. Les bruits qu'on y perçoit ne sont ni le tumulte confus de la Bourse, ni le bourdonnement d'une ruche en travail; les robins ne se donnent pas les airs affairés des gens de finance, et ils n'ont de commun avec les abeilles que l'aiguillon. Non, ces bruits sont comme le murmure d'un bavardage doux et continu, si bien qu'un observateur superficiel et malicieux pourrait lui donner le nom de *Salle du temps perdu.*

Il y a des variantes dans l'aspect de la salle des Pas-Perdus. Elle est changeante comme le ciel, les femmes et la jurisprudence.

Aux jours d'élection ou d'événements graves, des attroupements se forment autour des notoriétés, les voix s'élèvent et le bavardage doux et continu se rehausse de clameurs de meetings.

Le lundi, la clientèle ordinaire a déserté pour laisser la place à la jeunesse, c'est le jour des stagiaires.

Les mercredis et samedis, jours de criées; le jeudi, jour des saisies immobilières, le monde des avocats et des avoués s'y mêle, dans des proportions plus notables, d'un public spécial de clients, les acheteurs de maisons : ce sont des messieurs très corrects se promenant là comme à la Bourse, des bons bourgeois, gros d'écus, qui viennent, à brûle-point, prier un avoué d'enchérir, des boutiquiers ou des demi-paysans que l'émotion congestionne et qui, jusqu'à la dernière minute, hésitent, demandent tour à tour conseil et font des recommandations à leur homme d'affaires; des époux qui ont voulu partager l'angoisse des enchères et qui, après, se chamaillent; de petits groupes en deuil qui suivent l'avoué comme un bon pasteur; rarement, une élégante se risque.

Le mercredi, des divorceuses circulent rapidement à travers la foule et s'engouffrent sous un escalier dans un hall où nous les retrouverons.

QUELQUES AVOCATS

Par un Témoin à chargés

Les mardis et samedis, des groupements, un peu plus sta-
gnants que d'habitude et composés presque exclusivement de
civils, se massent devant la porte des référés, sous l'horloge, et
des tas de gens pas très propres consultent, à côté, une grande
feuille qui est le « rôle des référés ».

Le vendredi, comme il n'y a rien de spécial et que les avoués
ne viennent guère, les avocats sont aussi plus rares ; le bavardage,
moins continu, fait un grondement moins fondu, et de bonne
heure l'édifice est ramené à sa solennité première, que troublent
seulement deux ou trois couples de bavards attardés qui déambulent.

Le fond du public habituel, qui donne à la salle des Pas-
Perdus son caractère, c'est les hommes de loi, avocats ou
avoués, qui y prennent rendez-vous pour causer de leurs
affaires communes.

Et ils causent, se repassant les uns aux autres, comme s'ils
jouaient à un jeu des quatre coins très compliqué, avec paroles :
ils causent en stationnant, à petit nombre ; ils causent en faisant
les cent pas, d'un bout à l'autre de la salle, par bandes de quatre
ou cinq.

Ils attendent que celui dont ils ont besoin ait terminé sa causette, ils se plantent à deux pas de lui, en sentinelles, après lui
avoir frappé sur l'épaule, ou, tout en causant distraitement avec
un autre, épient ses gestes et se conforment à ses évolutions.

Il n'est pas commode, dans ce pêle-mêle de gens identique-
ment costumés, de joindre l'interlocuteur voulu.

Souvent on ne le connaît pas et la première manœuvre
consiste à interviewer sur son compte les camarades qui
commencent leur promenade, encore isolés.

C'est le plus souvent un brun avec la barbe en pointe ou un
jeune, on ne sait pas de quelle couleur, avec une petite moustache, et ce renseignement ne renseigne pas le moins du monde.

Pour l'avocat, on a la ressource des manies, la façon de
porter son dossier ou le coin de la salle qu'il préfère.

Il a, par exemple, toujours une serviette, grande et sale,
gonflée, qui laisse passer des livres par les crevasses ; ou c'est

19

un de ceux qui viennent au Palais en veston élégant, comme des
amateurs, le dossier plié en deux, avec l'agenda dessus, et
serré par une sangle; il tient le dossier ou la serviette, à bout de
bras, par la sangle ou la courroie de cuir; si vous cherchez un
ancien bâtonnier, avocat des Rothschild, vous le reconnaîtrez à sa
carrure, au miracle de son lorgnon sur une absence de nez et à
ses dossiers volumineux qu'il tient gaillardement sur la hanche;
ou l'on vous dira que celui dont vous êtes en quête porte ses
dossiers sur le sein gauche, en nourrice, le titre bien apparent.

Ce grand avocat, à lorgnon, le corps en avant, enveloppant
de son bras gauche comme d'un manteau noir l'interlocuteur
séduit et anéanti, encore un ancien bâtonnier, vous retiendrez
sa silhouette entre mille.

Mᵉ Allou, vous l'auriez trouvé toujours au coin du banc
proche de la première du Tribunal, écoutant gravement, de son
grand air fatigué, les confrères qui lui faisaient la cour. Personne ne lui a pris sa place. Vous verrez bien encore des
avocats assis à ce même coin, mais vous ne les distinguerez
pas des autres.

Le banc d'en face a quelques réguliers de genres divers;
ils ne séjournent pas longtemps.

Sur les autres bancs, un peu de tout, au hasard des dossiers
à communiquer, de la lassitude de la journée et des clients
que l'on ne tient pas à promener.

La recherche de l'avoué est encore plus ardue que celle de
l'avocat : l'avoué en robe se distingue par l'absence de *chausse*:
au lieu du macaron et de la double patte, il n'a sur l'épaule
gauche que deux boutons ou rien. Mais les avoués ont peu
d'habitudes caractéristiques et fréquemment ils n'endossent pas
la robe. Pour être sûr de les atteindre, on gagne le petit local qui
leur est réservé, à l'extrémité de la salle des Pas-Perdus, à
droite, vers le boulevard du Palais. Une médiocre antichambre
en contre-bas contenant une cage grillée que des clercs
d'avoués entourent, apportant des dossiers. Au lieu d'y entrer,
on grimpe l'escalier, on cogne à un froid vestiaire, on demande
si l'avoué cherché est au Palais et l'on s'embusque à l'attendre.

Causer dans la salle des Pas-Perdus, même avec quelqu'un
que l'on connaît, est difficile, si ce quelqu'un est un avocat un
peu occupé. Vous croyez le tenir, vous le guettez de l'œil ; un
moment d'inattention, et plus personne, il a disparu derrière
un pilier ; vous parcourez la salle, envolé !

Et vous vous enrôlez à votre tour dans une bande de promeneurs où l'on devise de sujets juridiques ou autres, pendant
que retentit le glas des criées et des référés.

C'est, pour beaucoup, un devoir de fréquenter la salle des
Pas-Perdus, surtout quand on n'a rien à y faire. Seuls les grands
maîtres s'en dispensent, même pas tous, et les avoués recomman-
dent aux jeunes gens de venir se faire voir avec une serviette
un peu lourde, bondée de n'importe quoi, d'un melon au besoin.

Pour quelques-uns c'est un devoir très doux, moins le melon.

Là vous rencontrez les camarades et les amis qu'une longue
confraternité d'armes vous rend plus agréables ou plus chers
chaque jour ; là dans une conversation familière s'apprennent
les nouvelles de la maison et du dehors ; là les législateurs
dépouillent l'esprit de parti et aiguisent leur raison à l'humeur
frondeuse des confrères.

Eh ! sans doute, on y perd beaucoup de temps. A bien des
gens du monde il paraîtrait plus raisonnable de s'en aller au vestiaire une fois la besogne de l'audience finie. A ces sages il y a
plusieurs réponses à faire.

On pourrait leur dire d'abord qu'il y a peu d'états plus lourds
que celui d'un avocat occupé, que pour lui la fatigue physique
de la barre se double de l'instruction des affaires dans le cabinet et que le temps perdu à cette promenade quotidienne
entre une plaidoirie et la visite d'un client est pour son intelligence une détente nécessaire.

On pourrait dire encore qu'à ce frottement incessant aux
hommes de son état, non seulement dans le prétoire, mais dans
ses coulisses, un avocat ne peut que gagner, et que ce temps
perdu pour le travail matériel développe singulièrement le sens
critique.

On pourrait dire enfin que c'est une nécessité de la profession

que de perdre du temps. Mieux vaut le perdre dans la salle des
Pas-Perdus que dans l'atmosphère empuantie de l'audience, en
attendant son tour de parole. N'est-ce point là, du reste, qu'on
rencontre l'avoué, qu'on convient d'un rendez-vous, qu'on arrête les bases d'une transaction, qu'on échange des pièces?
Les gens de robe sont tous des péripatéticiens.

Pourtant, il faut bien le dire, la tradition s'affaiblit. Les gens
d'esprit ne s'attardent plus autant qu'autrefois dans la salle des
Pas-Perdus.

C'est qu'ils n'y trouvent plus le même charme. La famille judiciaire devient par trop nombreuse; la concurrence y prend
une physionomie plus âpre; et ceux dont la politique a brisé la
carrière et qui n'ont point trouvé, dans ce nouveau métier, les
honneurs et le succès qu'ils espéraient y ont jeté un ferment de
discorde qu'il faudrait beaucoup de philosophie, de désintéres-
sement et d'indulgence réciproques pour éteindre.

En dépit de ces ombres fâcheuses, la salle des Pas-Perdus
n'en est pas moins pour les gens du métier l'endroit le plus atta-
chant du Palais, pour les curieux le plus original et le plus
accessible.

Là, les visiteurs errent à loisir, un peu désorientés, mais
amusés; ils contemplent le BERRYER de marbre que Chapu a
sculpté en lui donnant pour compagnes deux gracieuses personnes, la Fidélité et l'Éloquence; ils s'extasient devant le pon-
cif MONUMENT DE MALESHERBES, dont la décoration se complète à
l'ordinaire par deux ou trois avocats vivants qui cambrent élégamment leur torse sur la barre d'appui; les Anglais lisent dans
leur Bædeker que le *Malesherbes* date de 1821, comme on
l'a vu dans notre description architecturale, qu'il est de Dumont,
le bas-relief de Cortot, que les statues sont de Bosio, et ils
peuvent s'apercevoir, s'ils lèvent les yeux, *aôh shocking!* que
l'une d'elles a la pose la plus incongrue.

Ces statues représentent, paraît-il, la France et la Fidélité,
ce qui a fait dire à de mauvaises langues que ce pauvre Malesherbes n'avait pas droit à l'Éloquence : il n'a eu que la France
en pendant à la Fidélité.

La statue de Berryer.

L'ANCIENNE PARLOTTE

Une annexe de la salle des Pas-Perdus est curieuse à signaler : c'est une petite salle dont l'entrée est dans le hall sous le double escalier intérieur et qui communique avec la sixième Chambre.

C'était autrefois la PARLOTTE. Mais ce nom étant réservé désormais à une salle de la Bibliothèque, l'ancienne Parlotte n'est plus qu'un refuge pour les avocats, avec tout ce qu'il faut pour écrire. Le dernier des parlottiers de la Parlotte fut Mᵉ Malapert, un vieux frondeur enragé qui n'était point parvenu à ne plus se passionner pour ses causes.

Bon feu l'hiver, agréable à voir. Quand il n'y a plus de papier à lettres, s'adresser au garçon de la sixième Chambre.

Avant la porte de la Parlotte, une petite porte brune qu'il suffit de pousser, et on dégringole un escalier à vis enchâssé dans une grille à travers les barreaux de laquelle on a vue sur une immense salle vide aux élégantes colonnes, comme une crypte du Mont-Saint-Michel oubliée sous la salle des Pas-Perdus; c'est une dépendance de la Conciergerie, la salle de Saint-Louis appelée aussi la salle des gardes de Philippe le Bel, qui est interdite au public et qu'on ne peut voir commodément, dans toute sa splendeur, que de ce petit escalier discret que peu connaissent.

Allez-y, mais ne le dites pas.

A l'audience (croquis de P. Renouard).

III

A L'AUDIENCE

Pendant que nous nous égarions à travers la salle des Pas-Perdus, dans les Chambres on plaidait.

Décor uniforme : au premier plan, des bancs de chêne à dossier, dont une rangée rembourrée pour MM. les avocats, avec, par devant, large tablette, *la barre,* pour étaler les écritures que l'avocat lira ; au milieu, une allée qui mène au prétoire proprement dit, petite enceinte qui sépare les avocats des magistrats, dénommée jadis, peu poliment, *le Parc,* et occupée maintenant par l'huissier de service ; au fond, le bureau du Tribunal, un comptoir de chêne, muni de fauteuils, pour trois ou quatre personnes ; de côté, entre les fenêtres, l'estrade réservée à l'honorable organe du ministère public et, en pendant, le pupitre de M. le greffier. Tout autour de la salle, boiseries de chêne, sombre papier bleu à ornements ; plafond blanc à dorures ; horloge dans une niche sculptée de feuilles de chêne ; buste de la République en plâtre, le modèle, bien connu, des

mairies; face au public, une peinture de Christ en croix, inévitablement moisi sur un fond gris bleuâtre.

Les portes s'ouvrent tard, midi, midi et quart, midi et demi.

Ah! le temps où les avocats devaient se trouver au Châtelet,
au soleil levant, sauf le temps nécessaire pour entendre une
messe basse!

Le fourmillement se produit d'abord dans les couloirs qui
conduisent, derrière les Chambres, aux cabinets des vice-prési-
dents. Il n'y a qu'un président au Tribunal et il est à la première
Chambre; les autres Chambres sont présidées par un vice-président ou le plus ancien juge de la Chambre. Dans des salles
d'attente minuscules, des avocats s'agitent; ils attendent le vice-
président pour lui demander une remise difficile et nécessitant
des explications qu'on aime mieux donner dans l'impromptu
d'un bavardage que dans le colloque solennel de l'appel des
causes. Celui-ci est témoin à un mariage, il n'a que le temps de
se sauver; celui-là sera retenu toute la journée par des « affaires
de famille », mot vague derrière lequel se dissimulent les excuses
les plus variées, depuis la maladie d'un être cher jusqu'aux rendez-vous d'amour; cet autre n'est pas prêt, l'affaire n'est point en
état, il n'a pas reçu de son client des documents indispensables,
vulgo ses honoraires; cet autre est venu pour un confrère malade
ou parti à la campagne; voici un juvénile secrétaire d'avocat,
son patron lui a dit simplement : « Allez voir le président, je ne
peux pas plaider »; et il cherche le cliché dont il se servira, un
peu fébrilement, en marmottant les phrases préparées. Des messieurs quelconques, qui seront tout à l'heure des magistrats
en costume, se glissent dans la salle du Conseil, local qui
sert de vestiaire et de lieu de réunion aux magistrats de chaque
Chambre.

Un remous parmi les avocats de la salle d'attente; le garçon, rogue ou obséquieux selon les Chambres, fait faire place
et ouvre une porte à un civil affairé : c'est le président. Vite,
le défilé des visites. Les avocats se succèdent, en se bouscu-
lant dans le passage de la porte. Le président, le nez dans
son armoire, écoute les demandes de remise qui, tour à tour,

lui sont lancées dans le dos; il écoute les dernières en se
retournant, le gilet; parfois le plastron de la chemise à découvert, un bras en l'air, enfilant une manche de robe flottante. Il
est prêt. On ne reçoit plus personne. Tout le monde à l'audience !

Et le flot, petit flot en somme, se porte à la barre et dans le
prétoire. C'est l'heure des bons potins et des anecdotes tradi-
tionnelles, du bavardage lâché d'avocats qui s'entraî-
nent. Des cercles restreints de gens debout se forment autour des *anciens* confortablement assis sur la
molesquine; et des réparties, mordantes par habitude, sifflent dans l'air. On essaye des épigrammes
comme les escrimeurs font le mur. A part quelques
hardis ou quelques enfants de la balle, fils d'avocat
ou d'avoué, les jeunes sont à l'écart, portant gravement en eux une plaidoirie de dix minutes ou
rêvant à la jolie promenade qu'on ferait, avec
l'amie, en prenant le bateau-mouche vers les
bois de Saint-Cloud.

Un avocat
(croquis de P. Renouard).

Une porte s'ouvre, au fond; une voix parle de
Tribunal qui entre, et des magistrats en robe noire, l'hermine
pendante, casqués de toque à galons d'argent, vont s'asseoir,
là-bas, pas très loin, là-haut, pas très haut, dans des fauteuils.
Il y en a de tous les âges, de toutes les mines, de tous les caractères. Le magistrat n'est plus, comme jadis, un type fixe à
variétés rares; il est multiple, inattendu, sans cesse renouvelé,
comme l'humanité même. Vous verrez déboucher de la porte
du fond, tantôt un juge hirsute, la toque sur l'oreille, la toge
débraillée, tantôt un gommeux poupard ou un élégant élé-
giaque, tantôt un vieux monsieur très fatigué qu'on pousse, un
doux paralytique de demain, un digne personnage à favoris
grisonnants et un agité qui se gratte, tantôt un endormi qui
dodeline en marchant, tantôt un demi-aveugle qui tâtonne,
tantôt un jeune sévère et pâle ou un très gros, très bon
enfant.

Les trois ou quatre juges sont assis, le substitut qui repré-

sente M. le procureur de la République, s'est imbibé d'ombre
entre les deux fenêtres et le greffier tient la plume levée.

L'APPEL DES CAUSES

« Monsieur l'huissier, faites l'appel! »

L'huissier audiencier, à qui ce discours de M. le président
s'adresse, n'est point un huissier à culotte courte et à chaîne
argentée; c'est un monsieur très comme il faut, peut-être docteur en droit, revêtu d'une toge sans chausse, comme l'avoué
dont il fut maître clerc et n'eut pas la patience d'attendre la
charge. Au lieu d'un docteur en droit, un valet de chambre à
robustes poumons, et qui saurait lire, ferait bien mieux l'affaire,
car la besogne consiste uniquement à lire à haute voix des noms
de parties sur des placets et à crier silence. Or on peut être
docteur en droit et aphone ou lire mal des noms sur un placet.
Les significations d'exploits, les huissiers les feraient tout aussi
bien sans passer tristement leurs journées à l'audience...

Mais abstenons-nous de polémique.

En fausset, en basse-taille ou à la muette, l'huissier audiencier fait l'appel des causes :

— Trichet contre Trichet!

— Poteau contre Duparquet!

Le président. — Personne ne répond? Je vais avertir les
avoués; si on ne se présente pas à huitaine, rayé.

— Caffin contre Lamouche!

Une voix d'enfant de chœur. —Retenir, s'il plaît au Tribunal.

Le président (d'une voix quelconque). — Retenu.

— Chamoin contre Pingouin!

Une voix d'avocat arrivé. — Retenir première, monsieur le
président.

Le président (aimable). — Première, après les autres.

— Durand contre Pichard!

Une voix sonore. — Je me présente pour M. Durand, mais
je ne vois pas mon adversaire, je ne peux pas plaider sans lui,

Le président (*magistral*). — Nous vous entendrons tout de même, votre adversaire plaidera à la huitaine prochaine.

La voix sonore. — Mais, monsieur le président, je serai obligé de recommencer mes explications à huitaine.

Le président (*mollissant*). — Nous allons voir si notre audience est garnie. Huissier, continuez l'appel des causes.

— Labat contre son mari!

La voix d'un avocat souriant et chauve. — Monsieur le président, mon confrère m'écrit qu'il se marie.

Le président (*furieux*). — Alors, si tout le monde se mariait, on ne pourrait pas plaider, le Tribunal serait obligé de lever son audience à une heure. Retenu. Voilà trois ans que cette affaire est à l'audience, votre confrère n'est pas en train de se marier depuis trois ans.

L'avocat fait une affreuse grimace et un geste désespéré; enchanté, au fond, de plaider sans son confrère.

— Boulanger contre Dupont!

Une voix doucereuse. — Monsieur le président, mon client est très malade, je n'ai pas pu le voir, on m'a dit qu'il allait mourir.

Le président (*s'énervant*). — Mourir! Il faut plaider tout de suite, pour éviter une reprise d'instance.

— Navet contre Canard!

Une voix de secrétaire. — Monsieur le président, mon patron est retenu à une autre Chambre.

Le président (*hors de lui*). — Eh bien, vous plaiderez.

Le secrétaire. — Monsieur le président, je n'ai pas le dossier, je ne connais pas l'affaire.

Le président (*affolé*). — Vous plaiderez quand même. Que votre patron vous donne des affaires s'il en a de trop!

— Barreau contre Lachaize!

Une bonne grosse voix. — L'affaire n'est pas en état.

Le président (*les yeux hors de la tête*). — Tant pis!

— Chicot contre Mouton!

Deux voix (*ensemble*). — En voie d'arrangement.

Le président (*navré*). — Ah!

—. Labbé contre Léglise!

DEUX AUTRES VOIX (*non moins ensemble*). — Aux ordres du Tribunal.

LE PRÉSIDENT. — Vous en avez pour longtemps, maîtres ?

LES DEUX VOIX. — Oh ! toute l'audience, monsieur le président.

LE PRÉSIDENT (*épanoui*). — Toutes les autres affaires à huitaine, à moins qu'on n'ait des fixations à demander.

Et quelques avocats demandent des mises en délibéré, c'est-à-dire un tour de faveur.

Nous avons donné un court échantillon de l'appel des causes.

Cela varie à l'infini selon le tempérament du président et les excuses des avocats.

Mais nous n'avons guère exagéré. Les coïncidences de noms ridicules sont plus fréquentes qu'on ne le pourrait croire et la rage de certains présidents voyant couler leur audience, de remise en remise, va jusqu'au paroxysme.

Il y en a qui jugeraient des passants de bonne volonté plutôt que de s'en aller avant l'heure.

Certains, en revanche, adressent des sourires de remerciement aux avocats quémandeurs de remises et lèvent l'audience, à la première éclaircie.

D'autres animent l'appel de remarques plaisantes, ne résistent pas à une demande de remise drôlement présentée et font la joie de l'auditoire.

L'appel terminé, le président lit les jugements. Encore une fonction pour laquelle il faudrait un excellent lecteur attitré.

Il arrive que le président n'a pas de voix ou qu'il est doué d'un défaut de prononciation ou qu'il ne peut pas lire l'écriture du juge qui a rédigé le jugement ou la sienne propre.

Les avocats de la cause, qui sont venus pour entendre le résultat, se penchent sur la barre, l'oreille en avant, la figure contractée, se jetant l'un l'autre des regards ahuris. Le président somnole sa lecture ou l'interrompt pour demander des explications à son voisin. Et quand c'est achevé, les paris sont ouverts sur le sort du procès.

QUELQUES AVOCATS

Par un Témoin à charges

Vers une heure moins le quart, une heure, on commence à plaider quand le substitut n'émerge pas pour dire élégamment et compendieusement des conclusions sur une affaire plaidée à l'audience précédente.

MESSIEURS DU TRIBUNAL

Le temps des plaidoiries, c'est le temps du repos, au moins pour les magistrats qui ont le sommeil facile. Mais que l'art de bien dormir à l'audience est d'une pratique malaisée! Dormir manifestement, la bouche entr'ouverte, le souffle bruyant, la tête ballante, c'est indigne d'un magistrat, même à notre époque de nivellement. Il faut trouver des attitudes savantes pour dormir sous des apparences de mélancolie, ou de réflexion, ou d'attention soutenue. Le front dans la main est une bonne pose, elle dénote une âme noble de penseur. La tête dans les deux mains et les yeux fixes, ce n'est pas mal non plus : l'orateur peut croire qu'il a hypnotisé son sujet; mais dormir les yeux ouverts exige un certain exercice. La nuque fortement appuyée au dossier du fauteuil et des lunettes sur les yeux, voilà une disposition qui offre bien des avantages; elle est simple, naturelle et ne permet pas de distinguer si vous êtes en état de sommeil ou de veille; il y a un danger : c'est que le corps ne glisse sur le bord du fauteuil, le juge disparaîtrait alors sous le bureau, ce qui ne serait pas convenable; mais les fauteuils en molesquine sont par bonheur très adhérents et jusqu'ici les accidents ont été rares. A recommander aussi quelques poses méditatives comme le menton dans la main, à condition d'être bien assis au fond du fauteuil, le dos appuyé, dans toute sa longueur, sur le dossier. On peut encore user des attitudes de sommeil effronté, comme les bras en rond et la tête dessus; cet excès de cynisme déconcerte le spectateur qui ne peut pas croire que vous dormiez aussi longtemps; dans ce cas, conservez la pose si vous vous réveillez, c'est l'essentiel.

En somme toutes les attitudes sont bonnes, pourvu qu'elles

soient stables et que le sommeil ne donne pas au corps une fâcheuse mobilité.

Il y a toujours au moins un magistrat qui écoute, le président.

Quelquefois les trois se relayent.

Et les manières d'écouter sont aussi variées que les manières de dormir.

Tel président prend imperturbablement des notes sans lever le nez, comme s'il était à la dictée; tel autre regarde, avec une attention soutenue, les lèvres de l'avocat et fait, pour comprendre, de tels efforts que son visage s'empourpre et ses veines se tuméfient; tel autre furette de l'œil, dans tous les coins de la salle et note par-ci, par-là, distraitement, quelque embryon d'argument; tel sourit avec bienveillance à l'orateur, sans écouter un mot de la plaidoirie; tel autre paraît suivre avec intérêt et fait des signes d'assentiment,

Croquis de P. Renouard.

qui n'entend rien, mais hoche la tête, par tic; tel s'impressionne au moindre mot, se jette sur son assesseur de droite pour lui faire part de ses observations, rebondit sur l'assesseur de gauche, discute à haute voix pendant les plaidoiries, griffonne dix jugements contradictoires sur la même affaire, demande des explications aux avocats, s'agite, hannetonne, se retourne sur son fauteuil comme sur un gril et quitte l'audience sans avoir une opinion; tel autre se recroqueville sur son siège, écoute, immobile, l'exposé de l'affaire, se fait son opinion tout seul avant même l'exposé fini et rédige son jugement avec sérénité pendant que le défendeur plaide; tel se débat nonchalamment contre le sommeil jusqu'à ce qu'une formule claire l'ait frappé, il sursaute alors comme un gibier qui reçoit une balle et, consciencieusement, il travaille; tel écrit sa correspondance ou signe des pièces en ayant l'air de rédiger le jugement; tel interrompt l'avocat dès le premier mot, pour mettre un peu de gaîté dans la discussion, et transforme les plaidoiries en dialogues de haulte graisse; tel interrompt aussi, mais fièvreu-

sement, voulant savoir tout, tout de suite, et ne laissant pas le malheureux avocat prendre ses aises pour donner des explications complètes! Oh! celui-là est terrible! quand il a compris la thèse du demandeur, il n'a pas de repos avant que le défendeur ait répondu par oui ou par non à la question qu'il pose.

Les avocats ont bien aussi leurs excès de tempérament et leurs manies qui ne doivent pas toujours amuser le juge. Tout compte fait, c'est le juge qui a le moins de défense.

Quand le juge veut causer avec son voisin, l'avocat susceptible s'arrête net et le juge rougit, à moins qu'il ne suive l'exemple d'un président qui, chaque fois que l'avocat lui faisait le coup de l'arrêt brusque pour le rappeler au silence, murmurait : « La cause est entendue », et s'esquivait au petit trot avec ses assesseurs ou improvisait un jugement *ex abrupto*.

Quand le juge interrompt trop souvent, l'avocat entasse la belle période de la liberté de la défense ou quitte la barre majestueusement, au grand ennui du juge qui n'aime pas à se créer des ennemis.

Pour les juges à sommeil léger, il y a des avocats terribles qui crient comme des sourds et frappent le plancher et tapent sur la barre, à casser les vitres.

En Grèce, les avocats qui frappaient du pied étaient punis d'une amende. A la bonne heure, en ce temps-là, on protégeait les magistrats!

Entendre des voix discordantes qui plaident, quatre et cinq heures de suite, voir des visages très vilains qui grimacent, des mains qui s'agitent et des corps qui se contorsionnent, ce n'est pas toujours drôle.

MANUEL DU PARFAIT AVOCAT

Les magistrats doivent regretter l'époque où la plaidoirie avait une durée maxima réglementaire et où l'avocat au Parlement était digne du prototype qu'en esquissait DUBREUIL :

1° Que l'avocat au Parlement soit d'une prestance imposante et d'une taille bien proportionnée, de manière à s'offrir, avec avantage, aux yeux des magistrats et de l'auditoire;

2° Que sa physionomie soit ouverte, franche, affable et débonnaire, et forme, d'avance, une espèce de recommandation;

3° Qu'il n'affecte pas, dans l'habitude de sa personne, une assurance présomptueuse; au contraire, qu'il provoque la faveur et l'intérêt de l'auditoire par une apparence de modestie et de réserve;

4° Qu'il n'ait rien de farouche ni d'irrégulier dans les yeux et le regard;

5° Que sa pose devant les magistrats soit décente et respectueuse, et que sa mise ne laisse voir ni recherche ni négligence;

6° Qu'en parlant il s'abstienne de décomposer les traits de son visage par les contorsions de sa bouche et de ses lèvres;

7° Qu'il évite les grands éclats d'une voix glapissante;

8° Qu'il sache régler ses intonations, de manière à les tenir à une égale distance du grave et de l'aigu; que sa voix soit pleine et sonore et offre la qualité d'un beau médium;

9° Qu'en déclamant il s'attache à une exacte prononciation;

10° Qu'il observe de ne pas trop hausser la voix ni de la déprimer;

11° Qu'il ait soin de tenir son style en harmonie avec le sujet qu'il traite, et qu'il évite le ridicule de mettre de l'emphase oratoire à des objets de modique importance;

12° Qu'il se garde de donner à sa tête et à ses pieds une agitation déplacée;

13° Enfin que ses mouvements soient combinés et appropriés au discours, en évitant avec soin une gesticulation désordonnée et triviale.

S'il fallait, pour plaider, réunir toutes ces qualités-là, il n'y aurait pas, à Paris et même ailleurs, beaucoup d'avocats.

Une femme charmante, visitant le Palais de Justice, disait n'avoir jamais tant vu de bancroches et de contrefaits et que la salle des Pas-Perdus rappelait assez, par la plastique de ses habitués en robe, la cour des Miracles.

Il était même, il y a quelques années, un avocat si petit, qu'un président, le voyant plaider, lui clamait, de très bonne foi : « Levez-vous, maître, on ne plaide pas assis. »

Les avocats plaidant les mains dans les poches; ceux se promenant dans l'espace vide devant la barre; ceux qui, peu à peu, au courant de la plaidoirie, viennent s'accouder sur le bureau du Tribunal et faire la conversation; ceux dont les bras, implorant sans cesse le plafond, jaillissent des manches retom-

bées ; ceux qui pleurent et se frappent une poitrine sonore ;
ceux qui éparpillent leurs notes de plaidoirie et font courir les
huissiers, à quatre pattes, après les feuilles volantes ; ceux qui
mugissent à grosses gouttes ; ceux qui péniblement ânonnent,
d'une voix trouble, d'interminables observations
qui ne devaient durer que cinq minutes ; ceux qui,
cinquante fois, répètent : « C'est mon dernier
mot » ; ceux qui s'assimilent à leurs clients en
s'écriant : « Non, messieurs, nous n'avons pas
trompé notre mari, nous sommes une honnête
femme » ; ceux qui bredouillent ; ceux qui zézayent ;
ceux qui glapissent ; ceux qui ont toujours à la bouche
cette brève formule : « Le raisonnement de mon
adversaire est absurde » ; ceux qui postillonnent en

Têtes d'avocats.
(Croquis de P. Renouard.)

parlant ; ceux qui sont poussifs ; ceux qui s'interrompent pour
cracher, soit discrètement dans le mouchoir, soit avec bruit,
aux grandes distances, soit par terre ou sur leurs souliers après
avoir reniflé et remonté leur col ; tous ceux-là n'auraient pas
trouvé grâce devant DUBREUIL.

Une petite scène aussi qui ne lui aurait pas plu et qui souvent revient, c'est la scène de la communication des pièces.

L'avocat doit communiquer aux confrères adverses toutes
les pièces dont il entend se servir.

Il n'est guère d'affaire où l'un des avocats ne pousse des
cris de paon, parce qu'on lit une pièce qui ne lui a pas été
communiquée, et il prend le Tribunal à témoin, et il parle des
devoirs de la profession.

Les juges écoutent, narquois, car la même scène va se renouveler dans cinq minutes, en contre-partie, quand l'interrup-
teur aura la parole à son tour.

Et les deux avocats se disent des choses très dures et très
personnelles ; au reste, les meilleurs amis du monde et se tutoyant
à la sortie ; mais généralement il n'y en a qu'un qui rit.

Pendant que les plaideurs se succèdent, d'une heure à
quatre heures, avec une demi-heure de suspension, les curieux
piétinent dans la salle et passent ; des clercs d'avoué viennent

21

remettre des pièces au greffier qui grogne ; des avocats consultent
les placets sur la barre près dudit greffier, qu'il est dangereux
de déranger ; d'autres risquent une causette très fatigante à
l'autre extrémité, avec M. le substitut, en exécutant des réta-
blissements sur la barre.

Escalier de la quatrième Chambre.

Il faut pourtant bien demander au substitut les dossiers
d'assistance et regarder sur les placets si l'affaire dont on est
chargé viendra bientôt.

Les placets sont des feuilles de papier, en forme de rectangle allongé, contenant les conclusions des parties, et sur
lesquelles les avocats de la cause inscrivent leurs noms. Il y a

plusieurs tas de placets, le tas du rôle ordinaire, le tas des observations, le tas des exceptions, le tas des délibérés. Quand on a une affaire dans le tas des délibérés, il faut se méfier : si on ne se présente pas, le président menace de juger sur pièces et avertit les avoués. Depuis quelques années, la mise en délibéré ne signifie plus grand'chose, tant les affaires en délibéré sont nombreuses. Celles qui sont mûres pour être plaidées ont, à la porte de certaines Chambres, les honneurs d'une indication spéciale sur de petits papiers fichés dans un tableau vert. Il y a un rôle spécial pour chaque jour de la semaine et les affaires sont renvoyées de huitaine en huitaine.

Ajoutons qu'avec tout ce luxe de précautions on ne sait jamais quand une affaire viendra, et que les avocats plaident les affaires auxquelles ils attachent le plus d'importance le jour où ils s'y attendent le moins.

Une affaire est fixée. Mais elle est primée par une autre commencée de la semaine précédente et qui doit durer encore une heure. Il faut patienter.

Quand un avocat dit en avoir pour une heure, cela signifie deux ou trois. Vers deux heures et demie, quand l'audience est suspendue, l'affaire commencée n'est point encore finie et la suspension dépasse souvent la demi-heure réglementaire.

C'est bien inutile et bien agaçant, cette pause trop longue au milieu d'une audience trop courte. Il est vrai que les magistrats l'emploient à délibérer, non, comme le prétendent les mauvais plaisants, à jouer aux cartes ou à prendre le café. Mais ils pourraient délibérer après l'audience ; ce serait autant de gagné pour la justice et pour les avocats.

En rageant et faisant les cent pas dans la salle demi-vide, on atteint trois heures et quart ; le Tribunal fait sa rentrée et le président annonce aux avocats de l'affaire fixée qu'ils ne plaideront qu'à huitaine.

Voilà une journée perdue.

LES CHAMBRES

Ce que nous avons vu dans une Chambre, au hasard, se reproduit dans toutes. Seuls varient le genre d'affaires et le public spécial de la Chambre.

Il y a des affaires qu'on distribue indistinctement à toutes les Chambres et un fonds de public qui se retrouve partout, qui va de Chambre en Chambre, à mesure de la fermeture des portes : ce sont les gens qui viennent pour entendre plaider n'importe quoi et qui veulent visiter tout, les loqueteux qui vont dormir aux audiences, l'hiver parce qu'il y fait plus chaud que dehors, l'été parce qu'il y fait plus frais.

Mais les passants s'attardent plus souvent et se tassent plus dans certaines Chambres que dans d'autres, selon les affaires qui se plaident et les avocats qu'on entend; les vagabonds ont aussi leurs préférences que détermine non seulement la commodité du local, mais aussi le genre des procès.

D'abord : la *première Chambre.*

PREMIÈRE CHAMBRE

C'est la plus vaste et la plus luxueuse. Son ameublement est bien conforme au modèle-type que nous avons tracé, mais avec des fioritures riches. De hautes fenêtres, où s'encadrent des croix de pierre et que surplombent intérieurement des arceaux bariolés d'or, donnent sur une cour carrée, la cour de la Conciergerie, en pendant à d'autres fenêtres hautes dans lesquelles s'agitent les têtes des attendeurs de référés, avec, au-dessous, des aperçus de grilles, de voûte et de geôle fleurie. Plafond doré à caissons bleus agrémentés d'or, que borde une frise aux mêmes couleurs, rehaussée de figures allégoriques. Des enfants à médaillons au-dessus des portes. Prétoire large, estrade relativement fastueuse avec banquettes pour magistrats amateurs.

Les curieux sont ici plus nombreux parce que c'est la *pre-*

mière Chambre, parce qu'elle a des manières architecturales ; et ils se prélassent volontiers, les coudes sur la tringle de fer fixée au dernier rang des banquettes. Les vieux mendiants préfèrent ce dormoir à tout autre, parce qu'on y est plus confortablement assis, parce qu'on y respire un peu plus à l'aise, parce que la majesté du lieu assourdit les pas et les éclats de voix. Quelques habitués en ont fait leur cabinet de lecture. Ils sont là, cinq ou six, très respectables, assez fripés dans leurs toilettes et de poil peu soigné, qui viennent de bonne heure, avec un livre relié d'un journal, et s'endorment puérilement le nez dessus.

Ce qui leur convient, c'est la bonne affaire administrative, la grosse question de compétence, qui n'attire pas un auditeur, qui ne passionne personne, même l'avocat, et qu'on plaide à mi-voix, longuement. Ils aiment encore certaines affaires, dites considérables, pour lesquelles il est d'usage de tirer de leur retraite certains anciens, peu bruyants désormais, que d'autres occupations avaient distraits de la barre. Ils assistent, l'œil clos et l'oreille sourde, heureux et bienveillants, aux derniers efforts des ardeurs qui s'éteignent. Ils ont un faible pour les procès par défaut, pour le défilé des causes d'assistance judiciaire, pour l'observation qu'un tendre stagiaire murmure. Ils goûtent les présidents muets et les substituts laconiques.

La distraction que leur procurent les affaires éminemment parisiennes ne les satisfait pas toujours ; et plus d'un peste contre l'habitude prise de faire venir devant la première Chambre du Tribunal, et à des tours de faveur, les procès qui intéressent des écrivains connus, des artistes dramatiques ou un personnage quelconque dont la presse s'occupe. Cela amène des femmes, parfois jolies, mais remueuses et bavardes, qui tiennent de la place, jettent leurs jupes sur les genoux des habitués, ou, par dégoût, les écartent de petits coups secs et troublent les sommeils ; les stagiaires turbulents viennent en foule, les coutumiers des autres Chambres se déplacent, les passants font tas ; on n'est plus chez soi. Il est vrai que ces jours-là, on a l'occasion d'entendre les avocats à la mode, professeurs d'éloquence, réciteurs de phrases harmonieuses, ciseleurs de plaisanteries, conteurs de gaudrioles ou crieurs de vérités brutales ; mais l'habitué de la première Chambre n'aime l'éloquence, l'ironie et l'éreintement qu'à petite dose : ces choses-là empêchent de lire en dormant.

Quand viennent les grandes affaires financières, ils sont tout à fait débordés par la cohue des intéressés. Pour les procès quelconques, rarement le client est à l'audience, écoutant son avocat, l'encourageant du geste, lui soufflant, d'un mouvement brusque, pendant la plaidoirie de l'adversaire, des réponses décisives. Au contraire, s'il s'agit d'une action intentée contre les actionnaires d'une Société (les procès en responsabilité sont de la compétence du Tribunal civil, quand la Société n'est pas commerciale), les actionnaires accourent en foule, accaparent toutes les bonnes places, racontent leur histoire aux voisins indifférents, manifestent leur indignation ou ricanent quand l'avocat d'un des misérables exploiteurs réclame un peu de pitié pour son client, pauvre victime qui n'a agi que par amour du bien public et par patriotisme.

Ces jours-là, encore, il n'y a pas moyen de faire un somme tranquille.

Que d'avocats fameux ont plaidé, dans cette première Chambre, des procès retentissants! Le fidèle dormeur ne se les rappelle point. Parfois, quand le sommeil se fait attendre, quand l'avocat a de la verve, il demande à quelqu'un en robe : « Qui est-ce qui plaide là ? » Et huit jours après, il ne s'en souvient plus.

C'est parmi les avocats qu'on rencontre le vieux monsieur, aux anecdotes inépuisables, qui a tout vu, tout entendu et ne manque pas un procès à grand orchestre — on se demande quand il plaide. — Il a connu Berryer, Marie, Paillet, le grand Liouville, Chaix d'Est-Ange, Dufaure; il a connu Grévy bâtonnier et vu débuter au Palais les hommes politiques de l'heure présente; il sait par cœur le répertoire des traits d'esprit de Léon Duval, il récite du Nicolet; il a déjà enrôlé dans sa galerie des morts célèbres l'image puissante d'Allou et la si finement discrète silhouette de Durier; il évoque la parole formidable de

Lenté, plaidant sur le testament de Ben-Aïad ; il trace les portraits des plaideurs célèbres qu'on a vus à la première Chambre ;

il s'amuse surtout à celui de Sardou tapi à côté
de son avocat Cléry pendant le procès de la
Fiammina; il s'attendrit sur la duchesse de
Chaulnes, si délicieuse à l'entr'acte, lorsque,
debout, le dos à la barre, dominant les avocats
assis sur les banquettes, elle causait avec son
défenseur et dévisageait rêveusement le
public, en pendant à Mᵉ Bétolaud.

Du reste, pour chaque affaire de quelque importance, plaidée à la première
Chambre par un maître en vue, tout le clan
des avocats dilettantes, et non seulement
la bande des stagiaires studieux, se dérange,
emplit les bas côtés du prétoire, grimpe sur
l'estrade des magistrats : ce sont les jeunes de

Mᵉ Cléry.

trente à quarante ans, que les avoués ne gâtent pas et qui, par
amour du métier, se donnent l'illusion des affaires en écoutant
plaider les autres ; ceux d'entre eux qui resteront en route
dans la chasse aux dossiers joueront, dans dix ans, le rôle
du vieux confrère raseur.

DEUXIÈME CHAMBRE

A la *deuxième Chambre*, ce n'est jamais fête : ni
clients, ni curieux, ni élégantes, ni raseurs, ni dilettantes ne viennent, et elle n'a jamais pu se
constituer un public d'habitués ; les plus
pauvres ne s'y plaisent pas.

Aspect sinistre.

Le mobilier n'a pourtant rien de particulier,
le Christ n'y est pas plus laid qu'ailleurs, le
substitut est aussi invisible entre les fenêtres, et la

Mᵉ Pouillet.

vue qu'on a de chaque côté de lui est celle des fenêtres de la

première Chambre, dans la cour de la Conciergerie; les magistrats ne sont pas choisis, à dessein, parmi les plus horrifiques.

D'où vient tant de tristesse? Une tristesse telle qu'un flâneur qui se hasarde dans cette solitude est effrayé du bruit de ses pas et laisse lourdement retomber la porte.

D'où vient tant de tristesse?

C'est là qu'on plaide les procès de l'Enregistrement, les séparations de biens, les ordres et contributions.

TROISIÈME CHAMBRE

La *troisième Chambre* a mission de juger toutes les affaires concernant les brevets d'invention, les usurpations de marques de fabrique ou de commerce et les querelles littéraires qui ne sont pas dignes de la première Chambre.

Public varié : souvent les clients sont à leur poste, avec leur famille, leurs amis et des représentants de toute l'industrie intéressée à la nullité du brevet en cause ou à la vulgarisation de la marque revendiquée.

L'inattendu de la discussion, qui, au lieu de rouler sur des lieux communs de sentiment et des textes du Code civil, porte sur des difficultés techniques, sur des machines, sur des procédés, retient à certaines heures les auditeurs de hasard venus pour une minute, mais s'attardant, et qui n'osent s'asseoir, et qui se massent sous le buste de la République.

L'inévitable étalage des petits modèles de machines, quelquefois des machines tout entières, — on a vu de pesantes machines à fabriquer les cigarettes, d'énormes souffleries de forges, des métiers à tisser, des installations de réseaux téléphoniques, — l'alignement, sur le bureau du Tribunal, d'échantillons de marchandises, boîtes de cirage, flacons de compotes, bouteilles de liqueurs variées, etc., encadrant les physionomies des magistrats, amusent le public.

Parfois, c'est des statues en foule qui encombrent le bureau et au milieu desquelles se perdent, toutes petites, les têtes des juges.

Un jour on verra des joujoux, poissons mécaniques qui

QUELQUES AVOCATS

Par un Témoin à charges

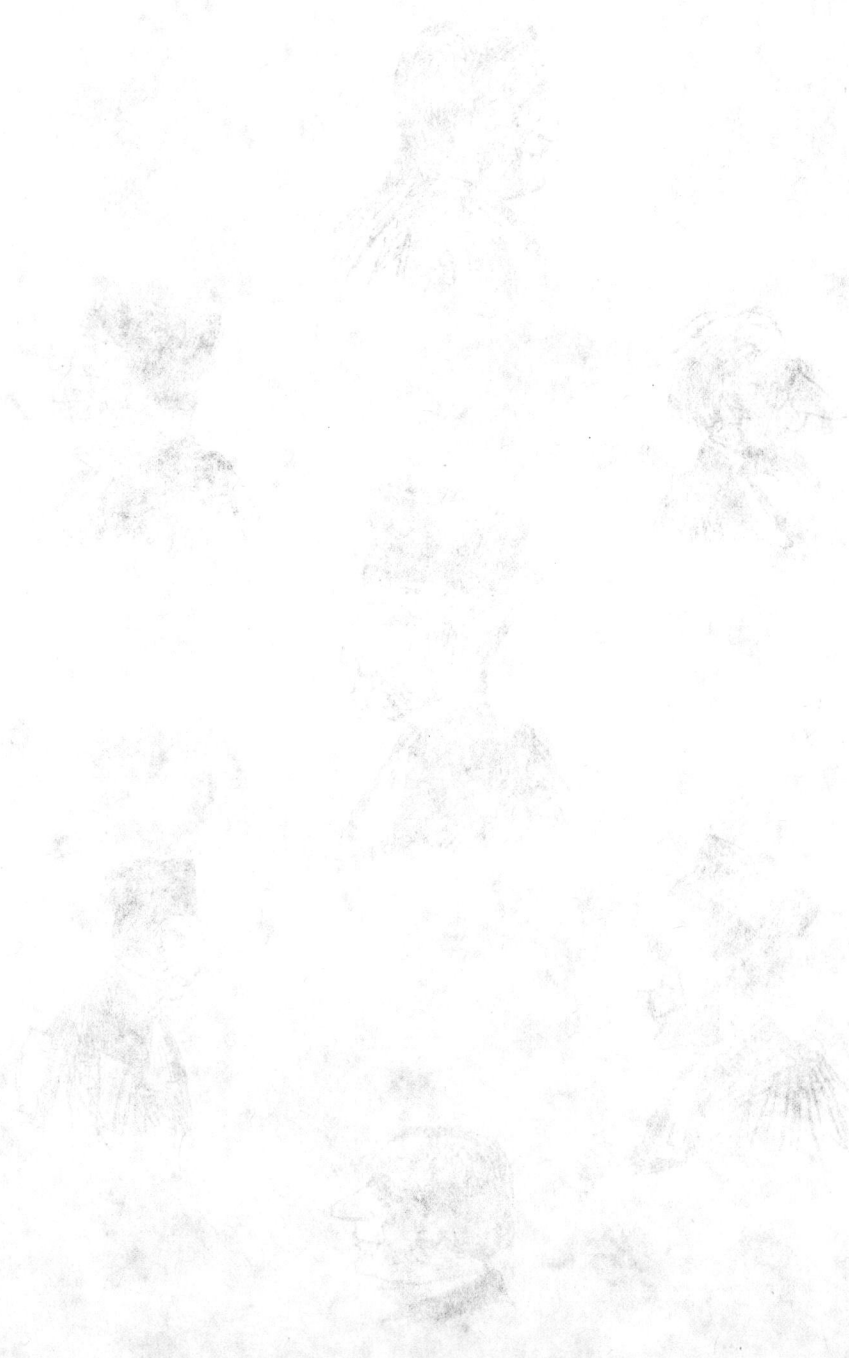

remuent la queue, grenouilles qui sautent, gymnastes minuscules qui font du trapèze, et, pendant que le président sourit à
l'avocat qui plaide, les assesseurs remontent les ressorts, et les
animaux dansent et les petits bonshommes se contorsionnent.

D'autres fois, des musiques d'automates accompagnent les
plaidoiries; l'on essaye d'autres fois des trombones.

Ou le Tribunal est transformé en atelier de corsetière : des
baleines, des corsages et des crinolines traînent sur tous les
meubles.

Ou encore c'est une débauche d'éventails ou de parfums,
qui met dans le prétoire une atmosphère de salon féminin.

L'avocat aussi contribue à charmer l'auditeur et à le retenir.

Voici à la barre les deux grands maîtres de la contrefaçon,
les spécialistes des affaires industrielles et commerciales : l'un,
majestueux et immuable, plaidant de tout le poids de sa per-
sonnalité, tantôt répandant l'eau lustrale de sa parole sur la tête
des contrefacteurs rassérénés, tantôt les anéantissant de son
mépris et noyant leurs arguments défensifs sous son éloquence
tranquille de beau fleuve du Nord; l'autre, vif, nerveux, entraî-
nant, qui commence en sourdine, explique, avec une grâce
contenue, clairement, le mécanisme le plus compliqué, puis se
laisse aller à sa verve naturelle, anime, du geste, les personnages et les objets, discute avec une liberté d'allure toujours
fidèle au plan conçu et une fécondité de fantaisie qui voile la
rigueur du canevas, tout en dégageant la formule décisive, s'agite,
bataille, énerve l'adversaire, marche à la conquête du juge et,
leste comme un gamin de Paris, le lorgnon sur le nez pointu,
les cheveux en coup de vent, la lèvre rase, moqueuse mais bon
enfant, un peu de barbe grise agressive s'effilant par-dessous
le menton, sonne l'assaut, de sa voix mordante, et se résume
en une fanfare de triomphe avec une volubilité éblouissante,
d'où jaillissent en gouttelettes les expressions pittoresques et les
idées lumineuses.

Quand l'un des deux plaide, l'autre n'est pas moins amusant
à regarder.

Le plus calme se surexcite sous la pluie de mots qui le

22

douche; il sursaute, à chaque période, d'une indignation toujours neuve, il jette des cris de protestation ou lève les yeux
et les épaules vers le ciel blanc et or, et soupire.

Le plus nerveux se calme en écoutant l'adversaire, réprime
des mouvements secs, assujettit son lorgnon, crayonne d'une
écriture microscopique sur des petits papiers, et, amincissant
ses lèvres l'une contre l'autre, il sourit.

Outre ces deux adversaires habituels, encore quelques
spécialistes attitrés : un, très simple, net et chauve, intéressant
par la sobriété du langage et la limpidité des explications ; un,
plus grand, les épaules hautes, la bouche souriante mais un
peu amère, le parler d'une solennité élégante, l'aspect d'un
Romain de la décadence ou d'un diplomate du Vatican.

Vous en entendrez bien d'autres, mais moins spécialisés et
que les spécialistes envient, car on s'efforce de les cantonner
dans leur spécialité, et leur plus grande joie est d'en sortir
pour montrer que le talent personnel se prête à tous les
genres.

QUATRIÈME CHAMBRE

Les spécialistes de la *quatrième Chambre* sont les avocats des
Omnibus, de la Compagnie des Petites Voitures et des Sociétés
d'assurances contre les accidents.

On y plaide aussi beaucoup de divorces, mais l'avocat des
divorces n'est pas une spécialité proprement dite. Il se recrute,
pour le demandeur parmi les anciens magistrats et les anciens
bâtonniers, pour le défendeur parmi les avocats d'assises ou
les spirituels de profession.

Si un cocher de fiacre a écrasé quelque maladroit, vous avez
des chances pour entendre un avocat, jeune encore — on est
jeune très tard au Palais, — grassouillet déjà, caressant de jolis
favoris gris, aimable extrêmement et doué d'une sueur facile, ou
un vieux monsieur, à favoris aussi, mais blancs, avec une chevelure plate et beurre frais faisant valoir un teint rose, et le vieux
monsieur, les yeux très durs sous ses lunettes, s'exprimera en

termes sévères sur le compte des gens qui ont la lâcheté de se faire écraser par des voitures.

Si l'écraseur est un cocher d'omnibus, vous entendrez sans doute un homme charmant, à moustaches brunes, qui causera gentiment dix minutes sans se fâcher, en roulant les *r* avec un fort accent tourangeau, à moins que ce ne soit par extraordinaire un spirituel de profession, grand plaideur de divorces, artiste en vogue, maintenant un peu tassé, mais reconnaissable encore à ses sourcils épais, à sa voix de bronze doux et à ses yeux bleus séducteurs.

Le « pont » de la quatrième Chambre.

Si l'accident a eu lieu dans une maison en construction, ce sera le tour d'un confrère à qui sa spécialité a valu le surnom de « Machin du Bâtiment », et, tandis qu'il plaidera, on pourra voir ses yeux gros de larmes, on entendra les sanglots étranglés dans sa gorge.

Pour d'autres accidents apparaîtra un solide gaillard, à

l'étroit dans sa robe, toujours affairé, courant toujours, feuilletant des dossiers multiples et plaidant à pleine voix.

La quatrième Chambre a un gros d'abonnés plus mal mis
que ceux de la première, mais plus écouteurs; ils semblent avoir
choisi le local, non pour sa commodité — la salle est petite, le dor-
moir est un banc de bois fixé au mur et une odeur très forte monte des va-nu-pieds qui l'occupent, — mais pour le genre de plai-doiries qu'on y entend, pour sa réputation de Chambre des divorces.

Les causes grasses sont pourtant de plus en plus rares, les di-vorces les plus crous-tillants se jugent sur des explications don-nées par avance au président, et il ne reste pour l'audience que de brèves et discrètes al-lusions; mais la répu-tation est demeurée et la foule vient nom-breuse.

Salle des Pas-Perdus. Le Monument de Malesherbes.

Les visiteurs qui se font promener par un parent ou un ami
demandent d'abord la Chambre des divorces, et ils sont tout
désillusionnés d'y entendre parler d'un ouvrier qui a eu la main
prise dans un engrenage, d'un monsieur qui est tombé de
cheval, tout cela sans la moindre pornographie.

La seule grâce du lieu est le paysage gris bleuté, tantôt plus
gris, tantôt plus bleu, qui se laisse voir depuis le quai aux Fleurs
jusqu'au toit de l'Hôtel de Ville crêtelé d'hommes d'armes.

Les trois dernières Chambres que nous avons inspectées
sont sur un même palier ponté où l'on accède par l'escalier à
double rampe de la salle des Pas-Perdus. Palier animé, avec
deux bancs d'attente, dont l'un, près de la quatrième Chambre,
a souvent les honneurs d'une divorceuse se collant à son défenseur, l'autre est propice aux causeries nonchalantes des avocats
attendant leur tour à la deuxième Chambre. Sur les parapets
du pont menant à la troisième, quelques-uns s'accoudent, leurs
dossiers de plaidoirie étalés; entre leurs dos passent des clercs
rapides et au-dessous d'eux ils aperçoivent, dans l'atrium qui
mène à la sixième Chambre et au cabinet du président, d'autres
causeurs se prélassant et, le mercredi, dans l'accumulation des
candidates ou candidats qui viennent préluder à un divorce,
des maris difficiles qui giflent encore leurs épouses, des femmes
pâmées que le docteur Floquet délicatement dégrafe et dont la
poitrine se découvre aux yeux d'en haut.

Du palier on descend sur le perron qui domine la salle
des Pas-Perdus; les jours de pluie, voguent d'impalpables
buées; l'été, montent de fines poussières; et toujours les petits
groupes noirs fourmillent sur la dalle blanche, se désagrègent
en lignes parallèles qui évoluent, un temps, militairement, puis
se remêlent et se réparpillent dans un brouhaha de bruits
neutres sous les entrelacs des rais de lumière tombant des
œils-de-bœuf.

CINQUIÈME, SIXIÈME ET SEPTIÈME CHAMBRES

Si l'on prend l'escalier de gauche, on arrive, dans la salle des
Pas-Perdus, au seuil de la *cinquième Chambre*, très exactement
sous la quatrième. Avocats en tous genres, public panaché, pas
de cachet original. Ah! par exemple, nulle part le Christ n'est
aussi vilain.

Sous la voûte, au fond de l'atrium, se cache l'accès de la
sixième Chambre. Encore une, sans caractère, où se déversent
pêle-mêle les affaires qui n'ont pas d'affectation spéciale.

Bonne vue sur la Seine et sur un débouché d'égout; au delà et au-dessus, la place du Châtelet, aimable les étés, dans sa verdure d'où surgit une Victoire d'or. L'hiver, décor à tirer vers le fleuve les plaideurs malheureux.

Pour finir, dans un angle de la salle des Pas-Perdus, à côté de la première Chambre, la *septième*. C'est le domaine des jeunes, leur champ d'exercices, recoin étroit, mal éclairé, où l'on expédie le plus vite possible les broutilles. Aspect de justice de paix, avec trois juges et sans public. Rien que des avocats, qui déroulent vite leur petite histoire, écoutent distraitement l'adversaire, passent leur dossier, puis s'en vont. Quand le président a l'esprit prompt et n'est pas formaliste, on y bavarde familièrement plutôt qu'on n'y plaide. Mais il est certains avocats d'une ardeur et d'une conscience irrésistibles, sur lesquels ni l'âge ni les présidents n'ont de prise.

Cour de la Sainte-Chapelle.

IV

LES SERVICES DU TRIBUNAL

Greffe de la première Chambre.

LE GREFFE

Lorsqu'un procès retentissant va se plaider, que vous avez pu pénétrer dans la salle d'audience et vous y asseoir en bonne place, attendant que la parole du Maître vous tienne sous le charme, vous êtes-vous jamais demandé quelle filière avaient suivie ces innombrables pièces de procédure qui gonflent le dossier?

Non, probablement.

De minimis non curat prætor.

Et, comme le préteur antique, vous ne vous occupez pas de si petites choses.

Elles ont pourtant leur intérêt, ces petites choses; car, dans le dossier, il n'existe pas une feuille de papier timbré qui n'ait

donné lieu à des courses sans nombre dans ce que l'on pourrait
appeler les antichambres du Palais.

Pour connaître cette filière, suivons ce petit bonhomme de
quatorze ou quinze ans qui, la mine éveillée, la serviette sous
le bras, vient d'arriver au Palais vers onze heures du matin,
en même temps qu'une foule de petits bonshommes comme lui.

C'est le petit clerc, surnommé, depuis un temps immé-
morial, *saute-ruisseau*.

Il a déjeuné à l'étude, avant les autres clercs, sur le *corbil-
lard*, d'un ragoût de mouton aux pommes et de deux sous de
fromage achetés chez le gargotier d'en face, le vin et le pain
étant généreusement fournis par le patron. Puis il est parti, la
chanson aux lèvres, l'insouciance au cœur.

Tous les petits clercs pourtant ne sont pas jeunes. Il y a des
clercs qui, depuis vingt-cinq ans, n'ont jamais fait que le Palais
et que l'on rencontre, la barbe et les cheveux blanchis. Pour
ceux-là, les « arcanes du temple de Thémis » n'ont point de
mystères ; ils en connaissent les moindres détours et les plus
petits recoins ; au besoin même, ils pourraient dire de quel
bureau du greffe sort le grain de poussière qui vient de tomber
sur leur chapeau.

Quelquefois enfin on a vu, remplissant l'office de petit clerc,
malgré son bras amputé, un glorieux invalide, la poitrine
constellée de décorations.

De temps en temps, le petit clerc est remplacé par quelque
clerc amateur tiré à quatre épingles, et cela fait, dans les parties
du Palais où trottent en maîtres les clercs d'avoué, un coudoie-
ment de types variés.

Suivons notre petit clerc : le voici dans la salle des Pas-
Perdus ; immédiatement il s'en va déposer entre les mains du
garçon de bureau de la première Chambre la *requête à bref délai*
demandant au juge la dispense du préliminaire de conciliation
et la permission d'assigner à trois jours francs.

A quatre heures, cette requête, répondue ou non par le
juge, lui reviendra, en même temps que les dossiers de l'étude,
par la Chambre des avoués.

Il monte ensuite le petit escalier double qui, partant de la salle des Pas-Perdus, conduit à la deuxième et à la quatrième Chambre, traverse le pont, tourne à gauche, prend un autre escalier et, au premier étage, dépose tous ses actes, *sommation*, *conclusions*, *avenir à l'audience*, *signification de jugement à avoué*, etc., au bureau des huissiers. Ces actes lui reviendront deux jours après, enregistrés et signifiés, par le bureau n° 17 ou caisse des huissiers, situé au deuxième étage où grimpe encore le petit clerc.

Au bureau n° 1, il retire le bulletin de distribution et les expéditions de jugements ; arrivé au n° 2, il aperçoit, assises dans un coin, vêtues d'habits de deuil, deux femmes qui l'attendent pour signer soit une *acceptation*, soit une *renonciation à succession* ou *à communauté*. Au n° 3 il dépose un *exécutoire ;* au n° 4 il va s'assurer du dépôt d'un testament. De là, il reçoit de l'employé n° 5, abrité, comme tous ses collègues, derrière un grillage, un *certificat de non-opposition ;* il passe devant les n°ˢ 8 et 9 qui s'occupent des enquêtes devant les Chambres civiles, devant le 9 *bis* où se consultent les actes de l'état civil, puis il entre et s'assoit un instant au n° 10 qui renferme les archives. Là sont classés par Chambre les jugements rendus par les sept Chambres civiles depuis les dix dernières années. Ceux des années antérieures sont classés à la réserve dans une immense salle qui fait suite aux Archives et se propage jusqu'au-dessus de la salle des Pas-Perdus.

Après avoir consulté le jugement qui l'intéresse, notre clerc dépose au n° 11 la minute des *qualités* sur lesquelles se fera l'expédition du jugement rendu. Les *productions à ordre et à contribution* sont déposées au bureau n° 13 ; enfin au n° 16 sont remis les placets de toutes les affaires qui se jugent au Palais, pour être mises au rôle et envoyées à la distribution.

Telles sont les principales courses que fait chaque jour le petit clerc de chaque étude ; telle est la filière par laquelle passent les actes de procédure avant d'être insérés au dossier d'une façon définitive.

LES RÉFÉRÉS

Midi et demi vient de sonner à l'horloge qui se trouve dans la grande salle des Pas-Perdus, au-dessus de l'ex-première Chambre du Tribunal, aujourd'hui affectée au service des référés.

Le petit clerc qui est redescendu, en attendant l'heure de l'ouverture de certains bureaux, croise un de ses collègues de la même étude, plus ferré que lui sur le droit et la procédure, un étudiant ou un futur avoué, avec déjà, dans la physionomie, l'esquisse d'un visage d'officier ministériel.

Ce clerc, maître clerc ou second, a deux référés à soutenir, un *référé sur procès-verbal* et un *référé sur placet.*

Tout aussitôt la porte de la salle d'audience s'ouvre ; un flot de petits commerçants, marchands de vin, épicières, fruitières, couturières, etc., se précipite en même temps que les agents d'affaires et les clercs chargés de

Aux Référés.
(Croquis de M. Renouard.)

soutenir le référé. Dans les coins, des groupes causent, les uns avec mélancolie, les autres furieusement ; des patients contemplent, par la fenêtre, dans la cour grise, la porte intérieure de la Conciergerie ; de pauvres locataires, dont on réclame l'expulsion, s'enquièrent auprès d'agents d'affaires de la gravité de leur cas, tout en leur glissant timidement 3 francs dans la main.

Le juge paraît, assisté de son greffier ; le calme se rétablit et le défilé commence.

Première audience. *Référés sur procès-verbaux, demandes d'expulsion de locataires insolvables, demandes de délai de la part de ces derniers, discontinuation de poursuites, levée de scellés,* etc., se croisent et s'entre-croisent. En trois quarts

d'heure, dans un susurrement de chambre de malade, — car ici l'on ne plaide pas, les parties ou leurs représentants s'expliquent à mi-voix, — plus de quarante référés sont jugés.

Entr'acte assez long. Le personnel des parties intéressées se renouvelle; les défenseurs vaquent à d'autres occupations. Le clerc, auquel nous a conduits le petit clerc d'abord suivi, a perdu son premier référé. Le juge a accordé un délai au locataire qu'on voulait expulser tout de suite. Comme il est consciencieux — exemple assez fréquent, — il pioche son second dossier solitairement, sur un banc de la salle des Pas-Perdus, alors vide.

Deux heures sonnent; les portes s'ouvrent à nouveau. Un autre juge paraît : c'est quelquefois le président du Tribunal, toujours assisté de son greffier.

Deuxième audience. *Référés sur placets, nomination d'experts, mainlevée de saisie-arrêt, réduction du montant de la saisie, nomination de séquestres,* etc.

Beaucoup d'avoués en robe viennent soutenir les intérêts de leurs clients.

Voici le tour de notre clerc; il discute, explique, réfute et, si c'est un début, attend, le cœur battant, la décision du président. Disons qu'il a gagné. Un de perdu, un de gagné. Cela fait bien dans un récit et cela satisfait l'esprit pondéré du lecteur.

Le bredouillement du référé a servi de début à presque tous les orateurs modernes.

Certains présidents, frappés parfois par l'air intelligent du clerc qui, timide, allait laisser de côté l'argument décisif, l'ont encouragé et ramené peu à peu dans le bon chemin.

Un ancien bâtonnier se souvient peut-être que, dans ses premières années de cléricature, allant en référé devant M. le président de Belleyme, il laissait percer sur son visage la crainte de perdre son affaire, qui pourtant était bonne. Mais il faisait fausse route dans ses explications.

« Ah ! lui dit M. de Belleyme, vous voudriez bien gagner votre référé ? Alors pourquoi ne me faites-vous pas valoir les arguments qui militent en votre faveur ?

« C'est que, monsieur le président...

— Allons, une autre fois, quand vous aurez un référé semblable, voici ce qu'il faudra dire. »

Et, devant le futur maître ébahi, M. de Belleyme fit défiler tous les arguments ressortant de l'affaire elle-même.

« Voici, je le répète, ce que vous direz une autre fois, et alors le président, à son tour, dira à son greffier ce que je lui dis aujourd'hui : « Monsieur le greffier, ordonnance conforme à la demande. »

Me X... partit content; grâce à la plaidoirie du président, il avait gagné son référé.

INSTANCES EN DIVORCE

Mercredi, deux heures. — Le hall vitré — notre architecte dit : l'atrium — qui relie la salle des Pas-Perdus à la sixième Chambre civile et aux dépendances de la première, se remplit de femmes en chapeau, en bonnet, voire même en cheveux; les unes sourient, les autres s'assoient sans mot dire; d'aucunes pleurent, mais elles sont rares.

Divorçons!
(Croquis de P. Renouar

Puis des hommes arrivent, qui graves, qui joyeux. Hommes et femmes sont des époux en instance de divorce ou de séparation de corps qui vont comparaître en conciliation devant le président. De temps à autre, au milieu de ce menu peuple, apparaît, suivie de son avoué, une femme jeune, élégante, vêtue de soie noire et gantée de suède foncé; aucun bijou pour la circonstance, si ce n'est pourtant des boutons de vingt mille aux oreilles; elle ne peut pas s'en passer une minute, parce qu'ils lui éclairent le visage. En attendant son tour, cette plaideuse ultra-chic va s'asseoir sans honte sur le coin d'un banc à côté d'une femme en cheveux, sa porteuse de pain peut-être, qui la regarde curieusement, songeant sans doute que la fortune, semblable en ceci à la garde qui veillait jadis aux barrières du Louvre, ne défend pas les riches plus que les pauvres des infortunes conjugales.

Puis chaque couple passe à son tour dans le cabinet du juge chargé de la tentative de réconciliation.

Là, faisant l'office de médecin des âmes, le magistrat réussit quelquefois à réconcilier deux époux. Mais le plus souvent il échoue.

« Voyons, monsieur, disait un jour un président au mari, souvenez-vous que Jésus-Christ lui-même a pardonné à la femme adultère ! »

— Ah ! Monsieur le Président, répondit le mari, cela ne prouve qu'une chose, c'est que Jésus-Christ lui-même n'avait jamais été marié !

Et le hall se vide ; plusieurs mois, quelquefois plusieurs années après cette comparution, les deux époux ou leurs avoués se retrouvent avec leurs témoins, étouffant dans les antichambres basses des juges enquêteurs, et venant respirer, chacun son tour, à l'une de ces fenêtres quasi carrées où l'on aperçoit, du hall des divorces, des silhouettes en pied dans un cadre trop juste.

Le plus souvent, les témoins et les avoués sont seuls pour cette petite cérémonie, qui s'achève en un sobre cabinet de magistrat selon la formule.

Toujours assisté de l'éternel greffier, le juge enquêteur, assis devant un petit bureau d'acajou, enregistre les dépositions des témoins que chacun des époux a fait entendre pour justifier son articulation de faits.

Et, pendant que les témoins ou les parties s'échauffent et s'animent, le juge enquêteur, blasé sur les défaillances humaines, garde, impassible, son masque de monsieur sérieux.

Le greffier, non moins sérieux que lui, griffonne.

Mais, quand l'enquête est terminée et que tous les deux demeurent seuls, on pourrait les voir déboutonner leur gilet... pour mieux rire.

LE PRÉSIDENT DU TRIBUNAL

Par le hall où nous avons vu les futurs divorcés, on va dans le cabinet de M. le président du Tribunal. La bonne heure, c'est quatre heures et demie : les avoués font la queue, dans un petit couloir, au milieu d'un personnel nombreux de garçons; des dames, il n'y a presque jamais que des dames, se fixent iné-branlablement sur des sièges de crin, dans la cellule d'attente, avec la vague espérance de voir s'ouvrir, tout au bout, la porte en ve-lours vert qui ferme le cabinet du pré-sident et pour toute consolation quelques mots d'un monsieur blond fort affable, qui est le secrétaire de la pré-sidence.

Le président Aubépin.

Celles qui ont le bonheur d'entrer voient dans une jolie pièce claire, derrière une large table de travail, la figure sé-rieuse et fine, un peu ratatinée par la fatigue, de M. le président Aubépin, qui fut un substitut remar-quable et, depuis 1872, préside le Tribunal de la Seine avec une autorité et un tact que nul ne méconnaît. Autour de lui, sur les murs, les portraits de ses prédécesseurs.

Par le couloir qui longe le cabinet de M. le président, on peut descendre, tout de suite à droite, vers le guichet de la Conciergerie.

A gauche, la Chambre du Conseil, éclairée comme un atelier pas clair, par cette fenêtre ogivale tripartite qu'on voit de la place du Châtelet, entre les deux tours de la Conciergerie.

Au bout, une petite cour close, coiffée d'un vélum avec dais en forme de fond de cercueil et, dans cette cour, la moitié d'une tourelle qui contient les bureaux du greffe de la pre-mière Chambre.

L'ASSISTANCE JUDICIAIRE

Les frais de justice sont lourds pour tout le monde, mais ils sont écrasants pour quelques-uns.

Les grosses sommes à débourser, l'argent qu'il faut donner à l'huissier, à l'avoué, à l'avocat, sont pour les pauvres gens un insurmontable obstacle. En attendant la justice gratuite, idéal relégué par les nécessités budgétaires dans le royaume des chimères, on peut, si l'on est sans ressources et qu'on ait des droits à soutenir, les faire valoir devant les Tribunaux grâce à l'institution de l'assistance judiciaire.

L'assistance judiciaire, organisée pour permettre aux indigents d'intenter un procès ou de se défendre contre un procès qu'on leur intente, aboutit indirectement à ce résultat bizarre que les gens très riches ou très pauvres peuvent également ne se point soucier des dépenses d'une procédure. Seules, les personnes peu aisées, qui vivent dans la gêne, mais non dans l'indigence, et qui à grand'peine équilibrent un modeste budget, seules celles-là sont arrêtées par la perspective de gros déboursés et réduites trop souvent, par crainte d'un coûteux procès, à délaisser leur droit ou à signer la transaction ruineuse que leur impose un riche adversaire.

Comment s'y prendre pour obtenir l'assistance judiciaire, et de quelle façon la solliciter ? Il est peu d'avocats ou d'habitués du Palais qui n'aient eu à répondre à cette question, posée d'une voix humble par un pauvre diable égaré dans la salle des Pas-Perdus ou dans les détours des couloirs.

La première chose à faire est de se procurer deux pièces indispensables. D'abord un extrait du rôle de ses contributions ou un certificat du percepteur de son domicile constatant qu'on n'est pas imposé. Ensuite une déclaration d'indigence, attestant qu'on est dénué de ressources et hors d'état d'exercer ses droits en justice. Cette déclaration doit énumérer les moyens d'existence de l'intéressé ; elle doit être portée au maire qui, au bas de la pièce, donne acte de la déclaration et appose sa signature.

Quand on est muni de ces deux pièces, on rédige une lettre adressée au procureur de la République, pour formuler la demande d'assistance judiciaire. Cette lettre peut être écrite sur du papier libre, elle doit contenir des renseignements précis sur le procès en vue duquel on sollicite l'assistance. On joint à cette lettre les deux pièces. On met le tout sous enveloppe, et on l'adresse ou mieux on le remet soi-même au Parquet du procureur de la République.

Cela fait, il n'y a plus qu'à attendre. C'est ce qu'on persuade difficilement au solliciteur qui s'inquiète et se demande ce que devient sa lettre. Voici ce qu'elle devient. Le procureur de la République la fait parvenir aux bureaux d'assistance judiciaire qui vont avoir à l'examiner, à apprécier la demande et à décider l'octroi ou le rejet de l'assistance. Les bureaux de l'assistance judiciaire près du Tribunal de la Seine sont divisés en trois sections, chaque section se compose de cinq membres : un délégué du directeur de l'Enregistrement, un avocat, un avoué désigné par la Chambre des avoués, et un ancien magistrat, avocat ou avoué désigné par le Tribunal. Ses séances ne sont pas publiques.

Quand une demande a été transmise au bureau par le Parquet, elle est distribuée à l'une des trois sections. Un rapporteur est désigné. Les parties sont alors convoquées par lettre, et entendues, tant au sujet des moyens d'existence et de l'impossibilité où se trouve celui qui demande l'assistance de subvenir aux frais du procès, qu'au sujet de l'affaire elle-même et des droits en litige. La partie adverse peut contester aussi bien l'indigence de celui qui demande l'assistance que le bien fondé de ses prétentions.

Le rapporteur propose au bureau l'admission ou le rejet de la demande, et le bureau statue par décision non motivée, mentionnant seulement les faits et contenant un exposé sommaire de la cause. Ces décisions ne sont susceptibles d'aucun recours et sont définitives. Aussi ne doit-on pas manquer de se présenter à la date fixée par la lettre du rapporteur, car, si le bureau avait statué sans connaître un moyen ou un argument invoqué à l'appui de la demande, il ne pourrait pas, sous ce prétexte, revenir ultérieurement sur sa décision. A Paris, en cas d'absence, il est d'usage d'envoyer un nouvel avis ; mais, si le demandeur ne se présente pas la seconde fois, l'affaire est définitivement rayée.

Si l'admission à l'assistance judiciaire est accordée, un extrait de la décision est envoyé, par les soins du procureur de la République, au président du Tribunal civil.

A cet extrait sont jointes les pièces de l'affaire.

Une lettre est adressée par le président du Tribunal au bâtonnier de l'Ordre des avocats, à la Chambre des avoués et à la Chambre des huissiers, qui auront à commettre un huissier pour instrumenter, un avoué pour procéder et un avocat pour plaider gratuitement.

Le bénéfice de l'assistance judiciaire peut être retiré au cours de l'instance, si l'assisté acquiert des ressources nouvelles ou si l'on reconnaît qu'il avait trompé le bureau par une déclaration frauduleuse. Dans ce dernier cas, des poursuites correctionnelles peuvent être intentées à celui qui a eu recours à une tromperie.

V.

LA SALLE DES CRIÉES

Par la petite cour de la première Chambre, nous sommes revenus dans la salle des Pas-Perdus, à son extrémité occidentale.

Là, sur l'emplacement où fut la *Table de marbre*, s'ouvrent deux grandes portes donnant accès dans une vaste chambre rectangulaire, dont le milieu, dans le sens de la largeur, est occupé par une sorte de longue tribune et les deux extrémités garnies de gradins en quart de cercle.

Là se font les ventes d'immeubles à la criée.

Les mercredis, jeudis et samedis, à deux heures, un timbre assourdissant annonce avec fracas l'ouverture de l'audience.

La foule accourt, la salle s'emplit de la cohue que nous avons vue à la porte : avoués *occupant*, hommes, femmes, agents d'affaires, les chapeaux mêlés aux casquettes, les robes de laine des avoués aux robes de soie des femmes. Toutes les affaires, toutes les ambitions, toutes les classes viennent se confondre en une même émotion de gain, chacun éprouvant, selon ses ressources, la même intensité d'intérêt, la même passion, qu'il s'agisse d'un terrain de 1000 francs ou d'un immeuble de deux millions.

Les bancs étagés sur les gradins sont vite remplis et, partout, au milieu de la salle, au fond, dans les moindre coins, on est entassé, serré, à ne pouvoir remuer. Les portes battent, on entre, on sort; c'est un va-et-vient et une animation de foire; il ne manque que les bestiaux à marchander et les petits cochons roses qui grognent.

Le juge, unique, arrive, prend place au milieu du bureau, sur l'estrade élevée. A l'extrême droite, de profil, le greffier; à l'extrême gauche, un employé spécial chargé des « feux », les feux des enchères.

C'est la vieille coutume. Sur un énorme fût de flambeau en métal blanc, pareil à un chandelier d'église, on met une sorte de boîte en fer surmontée d'une pointe. A cette pointe on accroche une mèche minuscule, larve de cire, qui brûle quelques secondes et on la remplace, aussitôt éteinte, par une autre qu'on allume à une bougie voisine.

Ce qu'on met à prix, ce sont des immeubles indivis, sur la valeur desquels les propriétaires n'ont pu s'entendre, ou dépendant d'une succession, dans laquelle des mineurs ou des interdits sont intéressés et qu'en ce cas la loi ordonne de vendre judiciairement; ce sont aussi des biens expropriés par des créanciers hypothécaires; en un mot, tout ce qui est mis en vente par nécessité de justice et adjugé au plus offrant et dernier enchérisseur.

Les assistants consultent fréquemment une feuille de papier : c'est la liste des lots proposés aux enchères.

A chaque appel d'un nouveau numéro, des fluctuations sur les gradins. L'avoué va s'asseoir à côté de son client ou celui-ci descend jusqu'à son avoué debout dans le prétoire et qui seul peut enchérir. Chaque intéressé, plus ou moins ostensiblement, harcèle le sien qu'il a déjà longuement entretenu dans la salle des Pas-Perdus. « Laissez-moi faire, répond-il. Ne m'arrêtez pas! Je ne laisserai pas de répit à nos concurrents. Dites-moi votre prix maximum et je les essoufflerai si fort qu'ils ne pourront me suivre. » — Un autre préconise la tactique contraire : « Soyez calmes! Feignons tout d'abord de ne rien désirer. Laissons aller, puis, au bon moment, nous interviendrons. »

A l'appel de l'huissier de service, l'avoué poursuivant la vente se découvre et demande acte de ses poursuites ; puis les enchères commencent, une fois la mise à prix proclamée. Deux mèches sont allumées. Avant la troisième, le préposé crie distinctement : « Dernier feu » ; mais les surenchères montent toujours et comme, sur chacune, trois feux doivent s'éteindre, aussitôt qu'un nouveau prix est lancé, le feu suivant, qui était annoncé dernier, devient le premier des trois réglementaires. De cette façon, au sujet d'un même immeuble, il arrive que, tout ébahis, les profanes entendent menacer vingt fois du dernier feu, sans savoir pourquoi il y en a tant de derniers.

Rien n'est amusant comme de se mêler au public, de s'identifier à quelque acheteur et de suivre ses ruses et ses stratégies. Tous s'appliquent à l'impassibilité, recherchent les intonations indifférentes et les attitudes dédaigneuses.

« Dix mille francs ! crie l'huissier.

— Onze mille ! reprend une voix lointaine.

« Dernier feu ! »

— Douze mille ! lance-t-on à l'autre bout de la salle.

— Treize mille ! insiste le premier concurrent.

— Quatorze ?... » interroge l'huissier, en regardant l'avoué de l'adversaire ; mais celui-ci fait signe que non. — Il n'en veut plus. C'est trop cher. — Le rival l'emporte.

Dans le silence éclatent alors les mots sacramentels : « Dernier feu !... »

La situation presse. L'avoué récalcitrant se réveille, poussé d'ailleurs, harcelé, quand il n'est pas devancé dans sa surenchère, par son client, qui tremble : « Prenez garde, maître, cela va m'échapper ! Poussez donc ! — Mais non ! Soyez donc sans crainte, je m'y connais ! »

Et tranquillement, l'officier ministériel laisse tomber son chiffre : « Cinquante !

— Treize mille cinquante ! par Mᵉ X... » répète le crieur.

Le concurrent riposte, et les « derniers feux » se succèdent. Finalement, après des alternatives combinées avec plus ou moins d'adresse, la victoire se décide en faveur de l'un des enchérisseurs, qui est toujours enchanté de son triomphe, bien que souvent il ait fait une mauvaise affaire, entraîné plus loin qu'il ne l'avait résolu par la griserie de la lutte, par cet affolement que produit la progression des enchères et qui donne l'illusion du jeu.

Il y a aussi les acheteurs par dévouement, ceux qui combattaient « pour le bon motif » et qui en sont victimes. Ceux-là poussaient uniquement les enchères pour que l'immeuble, auquel ils ont part, fût vendu plus cher. Ils excitaient les concurrents, exploitant des désirs dont ils ont mal calculé l'intensité et qui se sont lassés trop tôt ; l'immeuble leur est resté sur les bras. Souvent ils n'ont pas de quoi payer. Il faudra remettre l'immeuble en vente et solder les frais, des frais énormes, qui absorberont tout.

Que de déceptions encore ! Combien avaient dans leurs rêves embelli la maison, tracé des plans nouveaux, meublé les appartements d'exquise façon, pendu la crémaillère, et les rêves se sont envolés dans l'exagération des prix.

Autre source de déceptions : la réunion des lots.

Il y a trois lots dans une succession, par exemple. Chacun de ces lots est vendu séparément, mais avec faculté de réunion et d'adjudication en un seul, après les enchères distinctes, moyennant le prix total. Dans cet ensemble se trouve un charmant petit hôtel.

Une jolie femme — elle est toujours jolie dans ce cas-là — vient, le cœur palpitant. — Elle a visité la maisonnette, elle la désire, elle la veut. Son avoué pousse les enchères. Le petit hôtel lui reste. De joie, pour un peu, sa cliente l'embrasserait. Mais voici qu'on réunit le tout. Le prix total des trois lots est proclamé, on fait un bloc pour ce prix et un méchant avoué,

abominablement laid — il est toujours abominablement laid
dans ce cas-là — met une surenchère sur cette grosse somme
et prend le tout. Adieu le petit nid !

Ah ! Perrette vient souvent à l'audience des criées pour y
casser son pot au lait.

Le juge, tranquille, qui adjuge à Mᵉ Z..., ne paraît même pas
se douter de ces émotions et de ces tristesses qui frémissent
autour de lui.

De temps en temps, à un jour déterminé de la semaine, des
avocats se mêlent à cette cohue et plaident des incidents de
SAISIE IMMOBILIÈRE.

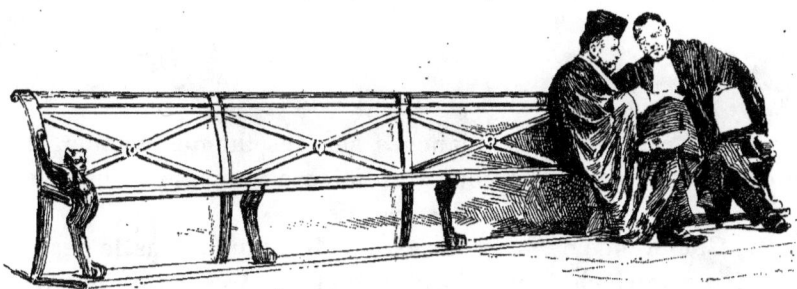

VI

LA CONFÉRENCE DES AVOCATS

Chaque lundi, depuis le commencement de novembre jusqu'à la fin de juin, la salle des criées change de caractère.

Le juge est remplacé par M. le bâtonnier de l'Ordre des avocats, très magistral en cette posture.

A la place de l'allumeur de bouts de bougie, un jeune stagiaire, conscient de sa gloire, lit un rapport sur une question de droit qu'il propose, avec l'assentiment de M. le bâtonnier, comme sujet de discussion pour la prochaine quinzaine et « que les orateurs ne manqueront pas de développer avec leur talent habituel, montrant une fois de plus que la science sait, quand il faut, s'unir à l'agrément du style ».

A la place du greffier, un autre jeune stagiaire éminent se prépare à résumer la discussion du jour.

A droite et à gauche de M. le bâtonnier, dans la pénombre où les laisse la lumière qui vient d'au-dessus de leurs têtes, un lot d'autres stagiaires qui forment, avec les deux précédents, le secrétariat de la Conférence des avocats.

L'enceinte est déblayée. A la barre, quatre candidats qui font chacun leur petit discours dans l'espoir d'être admis aux honneurs du *secrétariat*.

Sur les gradins, foule variée de stagiaires. Le public n'entre pas ici.

S'il y entrait, il ne comprendrait guère à quoi tendent ces

exercices, ces variations blanches sur des thèmes connus, et quelle magie peut avoir pour l'ambitieuse jeunesse le titre de secrétaire de la Conférence des avocats.

La Conférence des avocats est une institution dans le genre de l'École polytechnique. Elle a pour elle le prestige du passé ; il semble qu'elle mène à tout et que le titre seul équivaille à un brevet d'heureux avenir. Vers elle tendent les rêves de tout jeune stagiaire qui passe, dans sa famille, pour avoir une certaine facilité de parole et, s'il est fils d'un homme de robe, magistrat, avoué ou avocat, son père lui persuade qu'il n'arrivera à rien s'il n'est pas secrétaire de la Conférence.

Et la légende fait son œuvre.

Tous les grands orateurs ont été secrétaires de la Conférence des avocats :

Allou fut troisième secrétaire en 1842 et prononça l'éloge de Ferey, à la rentrée de 1843 ; Nicolet eut la même place en 1844 ; M. Buffet avait été second en 1843 ; Ernest Picard fut cinquième en 1848, l'année où Me Cresson était second ; Me Bétolaud était troisième en 1852, tandis que M. Kæmpfen, le directeur des Musées nationaux, était premier et Durier quatrième ; en 1860, Me Barboux eut le n° 1 et le prix Bethmont ; le n° 3 de 1863 est Léon Gambetta, tandis que le n° 1 était M. Decrais, notre ambassadeur à Vienne, et le n° 2 Me Albert Martin.

C'est à la Conférence des avocats qu'ont débuté tous les politiciens à la mode :

M. Jules Grévy était le treizième secrétaire de 1838 et le sixième de 1839 (en ce temps-là on pouvait être nommé plusieurs années de suite); M. Floquet était le sixième de 1853, M. Jules Ferry le septième de 1854, M. Léon Renault le deuxième de 1861 (le premier était Me Pouillet, le troisième M. le juge d'instruction Guillot, l'avant-dernier M. Camescasse), M. Méline le deuxième de 1864, M. Ribot le premier en 1865 ; encore, parmi les premiers, M. Jamais en 1879, M. Poincarré en 1882 ; M. Develle, également premier en 1868, devant M. Laferrière, vice-président du Conseil d'État ; M. Laguerre est le neuvième de 1881, M. Millerand le septième de 1882,

M. Barthou le sixième de 1886, M. Joseph Reinach fut nommé, en 1879, en remplacement d'un démissionnaire.

C'est dans la Conférence des avocats que se recrutait, surtout il y a dix ans, la magistrature parisienne et que le ministre de la Justice choisissait l'élite de ses substituts.

L'Association des anciens secrétaires de la Conférence des avocats, fondée en 1878 pour rehausser l'éclat du titre et renouer les liens de camaraderie entre les lauréats d'antan qui se sont dispersés dans toutes les professions, compte dans son sein deux membres de l'Académie française, Me Rousse et M. le comte Othenin d'Haussonville, huit professeurs de droit, un ambassadeur, des préfets, beaucoup de ministres, quelques littérateurs; elle comptait même un *maître de forges*.

Chaque année, au mois de juillet, le Conseil de l'Ordre désigne, parmi les jeunes gens qui ont pris la parole dans le cours de l'année judiciaire, les douze plus méritants : ce sera le secrétariat de l'année suivante. On n'est secrétaire qu'une fois.

En réalité, la désignation est faite par le bâtonnier qui, seul, assiste aux réunions, et le Conseil se contente d'approuver son choix ; mais le bâtonnier consulte messieurs les douze secrétaires en exercice et se fait remettre par eux une liste dont il tient plus ou moins compte, selon qu'il est moins ou plus entêté.

Ces fonctions de jurés consultants qui sont attribuées aux secrétaires de la Conférence, leur poste sur l'estrade à côté de M. le bâtonnier et la conscience d'un talent officiellement estampillé leur donnent les apparences d'une discrète morgue et d'une bienveillance protectrice comme il siérait à un jeune professeur doublé d'un magistrat.

Chaque promotion forme un petit clan, où le tutoiement et le festin mensuel sont de rigueur, dont les affiliés ont à peu près tous la même manière, une lointaine ressemblance de famille : c'est le genre qui était à la mode l'année où ils ont concouru ; ce n'est pas toujours celui du bâtonnier alors en exercice, car il est des gens qui ne peuvent pas souffrir en autrui les quelques défauts qu'ils ont eux-mêmes et dont, peut-être, ils ne se doutent pas.

Pour être secrétaire de la Conférence des avocats, il faut plaire au bâtonnier, ne pas s'aliéner les secrétaires sortants et, si l'on aspire aux premières places, faire un *petit chef-d'œuvre*.

Voici la recette : vous prenez dans le sujet soumis à la discussion deux ou trois arguments bien simples, vous les développez sur le papier en phrases élégantes qui se fleurissent de concetti, vous ajoutez quelques anecdotes piquantes et surtout imprévues, vous apprenez le tout par cœur et vous récitez, avec une conviction larmoyante, une dignité magistrale ou une volubilité tempétueuse, selon votre tempérament ; le tour est joué.

Et voilà, chaque lundi, à quoi s'exercent les jeunes virtuoses.

Quand ils auront atteint le but rêvé, ils ne garderont pas longtemps, sous les apparences hautaines du secrétaire, les illusions d'avant le concours : ce qui leur apparaissait comme l'idéal leur semblera bien peu de chose ; après n'avoir vu dans l'Annuaire que les triomphateurs, ils n'y verront plus que les échoués, et le nom de Barrême, préfet de l'Eure, brillera dans ce martyrologe ; ils apprendront par expérience que les dossiers ne viennent pas nécessairement aux lauréats de la Conférence.

Et pourtant, nous ont dit les initiés, c'est une bonne institution qu'il faut précieusement conserver ; on la raille, on la dédaigne, mais elle a donné la joie des premiers succès, peut-être sans lendemain, et, maintenant que la plaidoirie se fait de plus en plus pratique et roturière, c'est là le dernier refuge de cet art charmant qui consiste à dire avec grâce des choses vaines.

Mais la Conférence, à son tour, changera. Elle a déjà subi bien des avatars. En 1710, suivant le désir de M. de Riparfonds, le fondateur de la Bibliothèque, c'était la réunion de tous les avocats au Parlement ayant plus de dix ans de Barreau. Le président proposait une question posée par M. le bâtonnier quelques jours auparavant, il indiquait les principales difficultés et chacun opinait à son rang, à commencer par le plus jeune. Puis, chaque année, à partir de 1775, on choisit un jeune avocat, ayant déjà fait ses preuves, pour prononcer l'éloge de quelque gloire de la

magistrature et du Barreau ; le 13 janvier 1775, Henrion de Pansey prononça l'éloge de Mathieu Molé ; le 14 décembre 1776,
Mathieu prononçait l'éloge de Guy Coquille. D'autre part, des
conférences de charité avaient lieu pour renseigner les indigents
sur leurs droits, c'était une sorte de bureau de consultations
gratuites. A partir de 1818, la Conférence des avocats prenait
son caractère moderne d'une école de stagiaires : dix secrétaires
de la Conférence étaient nommés chaque année et deux d'entre
eux étaient choisis pour prononcer des discours à la séance de
rentrée ; on pouvait être nommé plusieurs années de suite. En
1835, le nombre était porté à douze.

Les Conférences avaient lieu primitivement dans la Bibliothèque ; le nombre des stagiaires augmentant et le local de la
Bibliothèque se rétrécissant de plus en plus, il fallait une salle
plus confortable, ce fut la salle des criées ; depuis lors, dans cette
salle, avaient lieu aussi les séances de rentrée ; là, le bâtonnier
lisait son discours d'apparat et les deux premiers de la promotion sortante un éloge d'ancien bâtonnier ou une étude litté-
raire, le plus souvent juridico-historique ; mais cette traditionnelle cérémonie s'effectue maintenant dans la nouvelle salle de
la Bibliothèque.

Les lundis de Conférence, ce n'est pas seulement la salle
des criées qui change de caractère, c'est le Palais tout entier,
salle des Pas-Perdus, vestiaire et couloirs ; car, ce jour-là, les stagiaires viennent obligatoirement faire acte de présence et le
Palais leur appartient. Jusqu'en 1884, le lundi était jour de
vacances pour les Tribunaux ; de cette tradition est restée l'habitude, pour les gens du métier, de ne venir au Palais ce jour-là
que quand ils ont à plaider et de n'y point flâner. On peut donc
voir les stagiaires dans toute leur splendeur. Il y en avait, cette
année-ci, 942, presque autant que d'avocats inscrits.

Au coup de midi, un garde du Palais installe devant chaque
porte de la salle des criées deux appareils en bois ressemblant
de loin à des roues de moulin posées horizontalement sur un
pivot.

Le curieux qui, intrigué par ces préparatifs inusités, s'appro-

chera des roues en question découvrira qu'elles sont à pans
coupés et que la roue droite porte un petit drapeau avec l'inscription A. H., la roue gauche un petit drapeau avec la mention I. Z.

Bientôt on apportera une table couverte d'un tapis vert ; sur
cette table on déposera un immense buvard ; devant le buvard
viendra se placer une boîte à deux compartiments ; enfin l'installation se complète par l'apparition de deux ou trois encriers,
d'une dizaine de porte-plume et de sébiles pleines de sciure
de bois.

A ce moment apparaîtra, solennellement paternel, Léon,
déjà nommé, appariteur de l'Ordre.

De la caisse déchargée et ouverte, il tirera des séries de
petites boîtes pleines de cartons rectangulaires ; chacune de ces
boîtes viendra se ranger devant chacun des pans coupés et si,
violant la consigne, nous parvenons à jeter un coup d'œil sur
l'un de ces cartons, nous le trouverons disposé ainsi :

ANNÉE 1891-92   ....° COLONNE

Admis au stage le...

2 Nov. 1891		4 Janv. 1892	
9 Nov. 1891		11 Janv. 1892	
16 Nov. 1891		18 Janv. 1892	
23 Nov. 1891		25 Janv. 1892	
30 Nov. 1891		1er Fév. 1892	
7 Déc. 1891		8 Fév. 1892	
14 Déc. 1891		15 Fév. 1892	
21 Déc. 1891		22 Fév. 1892	
28 Déc. 1891		29 Fév. 1892	

C'est le carton des stagiaires ; chaque case est destinée à recevoir une signature attestant que le jeune avocat est venu régulièrement... jusqu'à la porte de la salle des conférences.

Et Léon fixe par quatre épingles, sur la porte en velours de la salle des criées, une feuille de papier portant la question à l'ordre du jour et les noms des orateurs.

Une heure, une heure et demie. Voici les stagiaires.

Tout glorieux de leur défroque de louage, ils font deux ou trois tours dans la salle : les uns, raides comme des magistrats de vieux style ; les autres, la toque inclinée sur la tête, le monocle sur l'œil, l'air conquérant de la jeunesse. Puis ils tournent le dos à la salle des criées et s'en vont.

Les stagiaires signant leur carte.

C'est le petit nombre qui reste ; mais ceux qui restent, en dépit des travers d'esprit que font naître ou que développent les jeux académiques de la Conférence, sont toujours des travailleurs et parfois des avocats d'avenir.

Aux vestiaires, cohue bruyante : dans les coins, sur les tables, des piles de robes — et chaque robe fera dans la journée sa dizaine de dos ; à côté, des montagnes de toques aux formes pittoresques et, pêle-mêle dans tout cela, l'habilleur ou les habilleuses distribuant avec impartialité des robes inévitablement trop courtes ou trop longues, des toques qui ne tiennent pas sur la tête ou qui entrent jusqu'aux yeux.

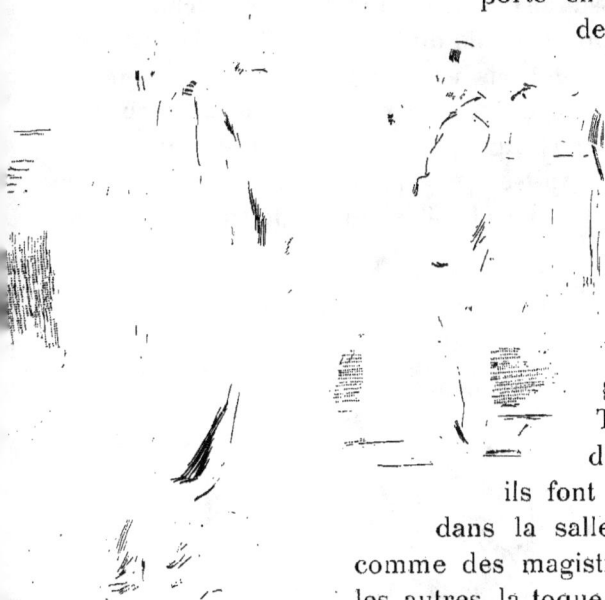

Au bord des vestiaires et vers la salle des Pas-Perdus, des petites femmes.

Elles viennent le lundi avec le stagiaire qui ne s'est pas encore défait des habitudes du boulevard Saint-Michel et dont le cabinet de travail peut aisément se transformer en chambre à coucher, tous les appartements du Quartier ayant des alcôves. Mais l'étudiant ne se sent pas à l'aise, il a peur du bâtonnier, du membre du Conseil qui lui a servi de rapporteur au moment de l'admission au stage, plus encore peut-être de Léon. Aussi Mlle Pâquerette va-t-elle sagement s'asseoir sur un banc de bois, tandis qu'il signe et fait son tour de Palais avec les camarades.

VII

LES EXPROPRIATIONS

Tout là-bas, là-bas, au bout du couloir étoilé de gaz, au delà du Secrétariat de l'Ordre des avocats, au milieu des services de la Sûreté, la salle des expropriations, basse et sombre, avec un énorme poêle qui la barre par le milieu.

Au fond, la table à tapis, vert, naturellement! Cette fois elle est en fer à cheval, et, disposition insolite, le magistrat, directeur du jury, voisine avec le greffier, à la pointe droite du fer à cheval, à la suite des dix jurés qui forment le demi-cercle. Les jurés sont tirés au sort et doivent fixer le chiffre des indemnités à accorder aux expropriés; le juge n'est là que pour la police de l'audience, pour les guider et les promener : c'est le maître d'étude.

Les représentants de l'État, de la Ville ou d'un service public, selon que l'expropriation est provoquée par une administration ou par une autre, ont apporté des monceaux de documents, de plans, de dossiers. Ils sont tous là en phalange autour de l'avoué et de l'avocat qui les commandent. C'est une armée rangée en bataille, par groupes compacts, à gauche.

A droite, ce sont les bataillons d'expropriés de tous âges et de toutes conditions, dirigés par les agents d'affaires spéciaux

qui se sont chargés de leurs intérêts. Tous, avec entrain, montent
à l'assaut du coffre-fort, et des joutes acharnées se poursuivent
entre le défenseur de l'expropriant, pareil à l'ange qui de son
épée flamboyante barrait l'entrée du Paradis terrestre, et les
avocats des propriétaires et locataires, se faisant insinuants et
tenaces, usant des ressources multiples de l'exorde persuasif et
de la péroraison bonasse. Ces braves, ces bons, ces honnêtes
jurés! On les flatte de part et d'autre, on les amuse, on cherche
leur sourire, on les attendrit, on les enveloppe d'une éloquence
ingénieuse et caressante. Rien n'est ménagé pour leur plaire...
et pour les tromper.

Ce sont des évaluations erronées qu'on leur présente, des
baux fictifs qu'on leur produit, des revenus triples qu'on leur
affirme.

« Oui, messieurs les jurés, dit l'avocat de l'expropriant,
cette bonne vieille femme, qui est en ce moment à la barre
avec cet enfant, regardez-la! Certes, elle est vénérable, elle est
honnête. Sa vie fut toute de travail et de bravoure! Jamais elle
n'eût voulu faire tort d'un centime à son prochain!... Mais, un
jour, on lui parle d'expropriation. On lui persuade que, pour
la déloger de son taudis, où elle vit au jour le jour, sans bail
même, on devra lui payer une grosse somme. C'est le rêve,
c'est la fortune, c'est la pluie d'or sur tout le quartier. Et alors,
voici des prétentions sans bornes, des exagérations sans limites.
On ne vole personne, n'est-ce pas? Ce sont les contribuables
qui payent, c'est tout le monde. La pauvre vieille a deux chambres
sous les toits, elle paye 150 francs de loyer par an, on lui offre
à l'amiable 50 francs d'indemnité pour son déménagement.
Mais c'est loin d'être assez! allons donc! c'est 2000 francs qu'il
faut! Le jury, ce généreux jury, providence de l'exproprié, ne
lui allouera pas moins, certes! Et l'on vient devant vous, messieurs, et l'on vous conte je ne sais quoi, ce que vous allez
entendre... Vous devez paver d'écus les deux mansardes,
délabrées et malsaines, d'où il est heureux, pour sa santé et
pour sa vie, que cette pauvre femme soit obligée de sortir.
Vous apprécierez.

— Mais non, vous ne savez pas, messieurs les jurés, riposte l'avocat adverse, vous ne savez pas ce que va perdre cette malheureuse, en déménageant. Voilà quarante ans qu'elle habite ce logis, pauvre, soit! misérable, je le veux bien! mais où ses habitudes les plus chères, où sa vie même ont pris racine. Tous ses souvenirs y demeurent. Son mari y est mort. Où voulez-vous qu'elle aille, sans être dépaysée, sans être en exil ? C'est bien haut, ces mansardes, mais on a de là une vue merveilleuse, un panorama splendide...

L'ADVERSAIRE (*ricanant*). — La vue se paye à part!

L'AVOCAT DE L'EXPROPRIÉ. — Ne raillez pas, mon cher confrère. Tout, même la plus petite chose, a son intérêt dans une existence qui s'achève. Les habitudes y sont devenues toutes de détails, de manies, si vous voulez; mais elles contiennent dans leur petit cercle les derniers plaisirs du vieil âge. Respectez-les donc et ne croyez pas qu'en les payant, même bien cher, vous en aurez rendu la valeur. C'est un préjudice que vous causez en les supprimant et c'est ce dommage que le jury, toujours mesuré, toujours bon juge, est chargé d'apprécier et de réparer. Puis vous détruisez les vieux quartiers pour la beauté de la ville, pour la santé du plus grand nombre ; que le plus grand nombre paye donc ces avantages à ceux qui en pâtissent! Les petits logements d'autrefois disparaissent dans le centre ; il les faut aller chercher loin, ils coûtent davantage. Enfin le déménagement, qu'on n'eût jamais fait sans doute, est onéreux aussi. Est-ce trop de 2000 francs pour tout cela ?... »

Les jurés décident de se rendre le lendemain matin sur les lieux et de visiter toutes les maisons, tous les logements, qu'ils ont mal vus à travers les descriptions contradictoires et fantastiques et qu'ils ont peu discernés sur les plans, où ils ne connaissent rien d'ordinaire. Ils font leur petite promenade, ils délibèrent et, à l'audience qui suit, ils accordent 100 francs à la vieille femme.

Ainsi, pendant des sessions de quinze jours, des mois entiers même, les chiffres dansent, les millions coulent et Paris se transforme. Des propriétaires sont, du coup, enrichis par un

26

cadeau inespéré du jury ; d'autres n'obtiennent même point l'estimation raisonnable de leur immeuble. Des locataires exultent, d'autres se lamentent. Les indemnités se répartissent au petit bonheur, selon le temps qu'il fait, l'humeur des jurés ou les caprices du sort.

Rien ne vaut encore le sort des dés, à la façon de notre bon juge Bridoye.

Les couloirs du Palais.

VIII

LA COUR D'APPEL

La Cour d'appel aura bientôt ses locaux d'apparat dont nous avons indiqué le plan dans la description du monument.

Quand paraîtra ce volume, M. le premier président siégera dans la salle, éblouissante d'ors neufs, dont il a surveillé l'arrangement pour qu'elle fût digne d'être la première Chambre de la Cour (1).

Donnons un dernier adieu à ce qui sera demain le passé.

En haut de l'escalier qui s'ouvre au milieu de la galerie Marchande et qu'agrémente une dame de pierre laissant voir en un livre ouvert les mots : *In legibus salus*, un large vestibule ayant autrefois servi de chapelle du Palais et décoré de portiques et de statues, en trompe-l'œil.

Sur ce vestibule donnent, par d'affreux tambours, la deuxième et la troisième Chambre.

Si, au lieu de pénétrer dans le vestibule, on longe la rampe du

(1) La nouvelle première Chambre de la Cour, dont nous donnons la photographie à la fin du volume, a été inaugurée à la séance de rentrée du 16 octobre 1891.

palier, on tombe, en dégringolant quelques marches, dans la
première de la Cour. C'est là que s'accomplit, au 16 octobre,
la cérémonie du discours de rentrée.

Tous les magistrats de la Cour d'appel se réunissent encore là, suivant le cérémonial décrit, pour l'installation d'un membre de la Cour ou du Parquet.

Deux magistrats en exercice introduisent le récipiendaire ; sur l'invitation de M. le procureur général, le greffier en chef donne lecture du décret de nomination ; puis, sur l'invitation de M. le premier président, il lit la formule du serment et le magistrat jure.

Sous Louis-Philippe, la formule était ainsi conçue :

« Je jure fidélité au roi des Français, obéissance à la Charte constitutionnelle et aux lois du royaume. »

En 1849, un décret du 22 octobre prescrivit cette autre formule :

« En présence de Dieu et devant les hommes, je jure et promets, en mon âme et conscience, de bien et fidèlement remplir mes fonctions, de garder religieusement

Escalier de la Cour d'appel.

le secret des délibérations et de me conduire en tout comme un digne et loyal magistrat. »

Napoléon III supprima Dieu et les hommes, l'âme et la conscience ; il les remplaça par la Constitution et par sa propre personne :

« Je jure obéissance à la Constitution et fidélité au Président ;

je jure aussi et promets de bien et fidèlement remplir mes fonctions, etc. »

Le *Président* a fait place à l'*Empereur ;* puis l'obéissance à la
Constitution et la fidélité à l'Empereur ont disparu en 1870.

C'est aussi en
audience solen-
nelle, toutes
Chambres réu-
nies, qu'est instal-
lé M. le greffier
en chef.

Les magistrats
de première in-
stance de tout le
ressort de la Cour
prêtent le même
serment que les
magistrats de la
Cour, mais devant
la première
Chambre seule,
en robes noires,
sans le moindre
cérémonial.

Les juges élus
au Tribunal de
commerce et les
futurs avocats
prêtent serment,

Statue de l'escalier de la Cour d'appel.

eux aussi, devant la première Chambre. Les futurs avocats,
en grande tenue, la cravate blanche par-dessus le rabat, la
chausse fourrée d'hermine, passent devant la barre, à l'appel
de leur nom, en murmurant : « Je le jure »; sous la protection de M. le bâtonnier et saluent.

Ils ont juré ce que leur a dit M. le greffier :

« Je jure de ne rien dire ou publier, comme défenseur ou

conseil, de contraire aux lois, aux règlements, aux bonnes mœurs, à la sûreté de l'État et à la paix publique et de ne jamais m'écarter du respect dû aux Tribunaux et aux autorités publiques. »

C'est par la Cour, toutes Chambres réunies et à huis clos, mais en robes noires, que sont jugés les recours des avocats contre les sentences de leur Conseil de discipline.

Ont droit à la juridiction de la Cour, lorsqu'ils ont commis un délit de droit commun, les magistrats, les généraux, les archevêques, les préfets, les évêques, les grands-officiers de la Légion d'honneur.

Les gardes particuliers échappent aussi, mais seulement pour les faits commis dans l'exercice de leurs fonctions, à la juridiction du Tribunal et comparaissent devant la première de la Cour.

C'est elle qui est chargée d'entériner les lettres de grâce par lesquelles le Président de la République commue la peine des condamnés à mort jugés dans le ressort, et c'est un joli spectacle que de voir le condamné, bien déchu, sous le costume des prisonniers, de sa splendeur de Cour d'assises, écouter, avec l'air d'un qui ne comprend pas, ce confus bredouillement de formules.

On n'a pas dérangé pour lui les robes rouges.

Elles se manifestent, mais seulement celles de la première de la Cour et celles d'une autre Chambre désignée à tour de rôle pour compléter la première, aux audiences dites solennelles, qu'il ne faut pas confondre avec les audiences de rentrée ci-dessus décrites : ce sont des audiences de travail où les conseillers doivent être au moins quatorze et où l'on juge les contestations sur l'état civil des citoyens, les prises à partie et les renvois après cassation d'un arrêt.

Les jours ordinaires, on juge, à la première de la Cour, un peu de tout, les mardis, mercredis et jeudis sous la présidence de M. le Premier — c'est le nom réglementaire, quoiqu'un peu familier, qu'on donne à M. le premier président, — le vendredi sous les auspices du président de Chambre.

C'est M. le Premier qui a le soin de la répartition des affaires entre les sept Chambres civiles de la Cour ; il garde naturellement pour sa Chambre toutes les affaires importantes qui exigent un gros travail ou peuvent avoir du retentissement à l'extérieur. Lui sont distribuées, de droit, les affaires qui intéressent le gouvernement, les communes et les établissements publics, les contestations relatives aux avis de parents, à l'envoi en possession de biens d'absents, aux autorisations que demandent les femmes mariées pour suppléer au consentement du mari, les rectifications des actes de l'état civil. La première Chambre statue sur les adoptions, reçoit le serment des experts, interprètes, etc.

Les audiences de la Cour ne se distinguent de celles du Tribunal que par le nombre des magistrats, au moins

M. Périvier, premier président de la Cour d'appel.

cinq, au plus neuf, et le costume ne diffère que par le galonnage d'or au lieu du galonnage d'argent.

La première de la Cour a les honneurs de ce fameux *Christ*

du Parlement que nous avons dé-crit presque au début de notre livre, tableau merveilleux qu'à l'audience on admire mal et où vaguement l'on aperçoit

Triptyque de la première Chambre de la Cour d'appel.

autour du calvaire, sur un fond de ravissants paysages dispa-rates, quelque saint Jean, très grêle et peu vêtu, qui apporte un petit agneau, un délicat monarque fleurdelysé, un saint Denis dans l'exercice de son martyre, un Charlemagne somp-tueux et, parmi d'autres personnages notables, un bon barbet au poil sale.

Au-dessous du *Christ du Parlement*, M. le premier prési-dent.

La première de la Cour se distingue encore par un greffier qui est une puissance et une puissance aimable, M. Piogey. Volontiers les présidents le consultent et il conseille les avocats.

Les attentes avant l'audience ont ici un charme particulier :

les maîtres causeurs y sont plus fréquents, le greffier leur donne la réplique et l'on a tout le temps voulu pour défiler le chapelet des anecdotes; car messieurs de la Cour, dans l'ardeur des délibérés, se font souvent attendre et même jusqu'à trois heures de l'après-midi. L'appel des causes y est aussi plus animé que partout ailleurs; mais le mérite doit en revenir, pour l'époque actuelle, à M. le premier président Périvier.

C'est un président bien moderne. Le verbe haut et bref, le geste familier, le visage mobile, toujours en éveil, avec des laisser aller de bon garçon que coupent brusquement des sursauts de dignité, il n'a point la morgue des temps anciens; il met, quand il le faut, l'interlocuteur à l'aise et ne s'interdit pas les réparties spirituelles — la *Gazette des Tribunaux* pourrait publier chaque jour ses traits d'esprit de la dernière audience comme elle publiait ceux de M. le premier président Séguier; — mais il sait maintenir chacun au niveau qui lui est assigné; il garde bien, malgré sa bonhomie habituelle, son rang de chef de la Cour, il a d'heureuses tactiques d'audience et, comme personne, il connaît l'art d'activer un avocat ou de lui faire sortir une plaidoirie. Esprit prompt, travailleur infatigable, il ne boude pas à la besogne et ses arrêts, rédigés en une nuit s'il le faut, sont singulièrement vivants et clairs. Il est curieux de le comparer à son prédécesseur, M. Larombière, qui était, lui aussi, un magistrat de premier ordre, mais dans un genre si différent!

Autant M. Périvier est vif et primesautier, autant M. Larombière était calme et réservé, pourtant sans raideur, n'ayant que le maximum de passion dont dispose un savant jurisconsulte.

Autant M. Périvier tient aux détails de l'étiquette, sauf à en adoucir la rigueur par son amabilité, autant M. Larombière les dédaignait, tout en faisant sentir le froid.

M. Larombière, les jours ouvriers, s'asseyait à une petite table au bas de l'estrade de cérémonie, et il était très imposant, ce gros petit homme à lunettes.

M. Périvier a fait enlever la table et ne quitte pas les hauteurs.

Deux types bien caractéristiques qui ne seront pas oubliés de sitôt par les anecdotiers du prétoire.

27

QUELQUES AVOCATS

A la première Chambre plus que partout ailleurs, on a fréquemment l'occasion d'entendre les maîtres du Barreau. Lenté y plaida l'affaire Premsel; là se sont dénoués tous les gros procès financiers dont notre époque n'a pas été avare : les aventures des Guanos du Pérou, le Crédit viager, le Zodiaque, l'affaire des Métaux, l'action en responsabilité contre la Chambre syndicale des agents de change, etc., etc.

Les années dernières ont été cruelles pour les orateurs attitrés de la première de la Cour; la mort a sévi sur les anciens bâtonniers.

Morts : Le Berquier, Allou, Durier.

Le Berquier est mort il y aura bientôt six ans, mais il n'est pas pour nous un oublié et, si nous

Mᵉ Le Berquier.

ne donnons à son éloge que quelques lignes brèves, c'est parce que son fils est des nôtres; c'était un doux ironique, une âme bonne et honnête, un écrivain délicat dont le livre sur « le Barreau moderne » est célèbre, et les juges aimaient sa parole fine et sa discussion franche.

Allou, c'était l'entraînement de la parole, la musique des mots; dans l'emportement de l'éloquence la phrase conservait sa pureté, dans le tumulte de l'action la voix ne perdait rien de sa justesse et la magie des images et des sonorités couvrait la sécheresse de l'argumentation. La plupart des collaborateurs de ce livre n'ont connu Allou qu'un peu las, mais encore

Mᵉ Allou
(d'après Jules Jacquemard)

grandiose, d'une majesté ralentie; c'est seulement en lisant à haute voix ses plaidoiries, surtout celle pour Trochu, et dans les souvenirs des anciens qu'ils ont retrouvé l'orateur tel qu'il fut.

Durier nous est à tous plus présent, on ne s'étonnerait pas de le revoir et ce serait un régal de réentendre comme au bon temps, en la première Chambre de la Cour, cette conversation sémillante où s'insinuaient les raisons de décider.

Lenté ne fut pas bâtonnier; mais il n'en a pas moins sa place parmi les grands morts d'hier, dès à présent parmi les glorieux ancêtres de l'ORDRE.

Il était tout ensemble un admirable orateur et un prodigieux homme d'affaires; il excellait à l'exposé des combinaisons financières, à la jonglerie des ·chiffres, à l'escamotage des difficultés; il analysait des bilans fantastiques, des comptes inextricables, avec une telle aisance que cela semblait à tous, sur le moment, la chose la plus simple du monde et qu'on se demandait comment il·était permis d'attaquer des financiers aussi scrupuleux. Et, quand il s'indignait, son

Mᵉ Lenté.

indignation gagnait les plus sceptiques. Comment ne pas croire aux affirmations de cet homme robuste et franc qui prend votre expérience à témoin, qui vous donne des explications si lucides et qui vous parle avec tant de bonhomie, lui qui pourrait vous assommer d'un coup de poing? Sa taille d'athlète, sa voix puissante, sa façon de regarder le magistrat bien en face, en imposaient dès le début; sa clarté achevait de convaincre. Il ne recherchait pas les élégances d'expression, il parlait le langage qu'il fallait pour faire comprendre ce qu'il avait à dire et, quoiqu'il fût licencié ès lettres et qu'il eût passé par l'École normale à la suite des About, des Prévost-Paradol et des Weiss, il parlait aussi incorrectement que Berryer lui-même. Mais c'était, dans sa voix, des bruits d'or remué; sa main feuilletant son dossier faisait des froissements de billets de banque, et il semblait en secouer dans ses manches agitées; quand l'affaire en valait la peine, quand l'heure était venue de

réhabiliter quelque calomniée comme la haute Banque ou de s'a-
pitoyer sur quelque infortune, son talent s'exaltait, le style devenait plus suivi, l'action plus pathétique, l'émotion envahissante,
et, gagné lui-même par cette surexcitation nerveuse qu'il suscitait
autour de lui, il retombait, les larmes aux yeux, à demi évanoui
sur son banc, dans l'atmosphère d'éther qui l'enveloppait.

Tel il fut devant la première de la Cour quand il termina sa
plaidoirie pour les héritiers Premsel et que M. le premier président fut obligé de dire, afin de réprimer les applaudissements :
« Messieurs, que chacun admire au fond de son cœur ; mais
n'oubliez pas qu'on doit garder le silence devant la Justice. »

Tel il fut au Tribunal correctionnel dans l'affaire Wilson,
lorsque, évoquant l'image de l'ex-président de la République, il
s'écria :

« C'est un spectacle douloureux et qui fera réfléchir l'Histoire que celui de ce grand vieillard ; il était, il y a deux mois
encore, l'égal des souverains de l'Europe qui appréciaient son
patriotisme et sa droiture ; il était la France, il était la Patrie ! Et
voici que je suis obligé, dans cette salle familière aux repris de
justice, de lutter pour sauver du déshonneur le nom de sa fille
et de ses petits-enfants. »

Pour renouveler ces grandes journées, il nous reste Me Rousse,
Me Bétolaud, Me Barboux, Me Oscar Falateuf, Me Martini,
Me Cresson, les anciens bâtonniers vivants.

Me Rousse, c'est une des gloires les plus pures du Barreau.
Il n'est pas l'improvisateur impeccable ni l'orateur chaleureux,
il a la voix âcre, le geste coupant ; mais il est un styliste, amoureux de la Grèce et de Rome et qui se complaît à mettre dans la
phrase moderne un peu de la beauté classique. Sa vie professionnelle a été au-dessus de toutes les critiques ; il a relativement
peu plaidé et son talent n'a pas eu, pour se faire valoir, l'engoue-
ment des grands financiers. Il a pu demeurer, sans être rococo,
l'avocat d'un autre siècle, l'Académie française l'a choisi comme
le représentant du Barreau, des amitiés illustres l'ont honoré ;
mais son plus beau titre à l'admiration et au respect que nul ne
lui marchande, c'est sa belle conduite de bâtonnier pendant les

événements de la Commune, et le discours qu'il écrivit pour la réouverture des Conférences en 1871 est un chef-d'œuvre.

Me Bétolaud, lui, n'est qu'un avocat; il est, pour beaucoup, L'AVOCAT, rigide comme les procureurs généraux de la légende, soucieux de ne pas compromettre son beau caractère, scrupuleux dans le choix de ses dossiers et de ses arguments; il n'a, lorsqu'il plaide, d'autre préoccupation que d'instruire le juge. Pas d'emportements, à moins que le sentiment d'une injustice à réparer ne le domine; pas de fioritures, si ce n'est deci delà quelque grave plaisanterie; la justesse des expressions et la logique des idées font

Me Bétolaud.

sa force, son respect de lui-même fait son autorité.

Me Barboux n'est pas indifférent aux grâces du style, à la joie du bien dire; ses plaidoiries sont d'une ordonnance élégante, tout émaillées de formules heureuses, d'aphorismes subtils; il a la manie de la définition, mais il définit comme pas un. C'est lui qui a baptisé la chinoiserie juridique « une absurdité ingénieuse dont on n'a pas une suffisante habitude ». Son goût pour la citation latine est peut-être excessif, mais il la rajeunit par l'encadrement qu'il lui donne et par sa voix incisive. On a dit de lui qu'il était un orateur *à la pointe*

Me Barboux.

sèche, c'est juste; il faudrait ajouter que ses meilleures périodes sont comme rehaussées d'*aqua-tinta*.

Me Oscar Falateuf est un enchanteur, il a la grâce, il a la fougue, il a l'éternelle sincérité, il a l'émotion vraie à laquelle nul ne résiste, à laquelle il ne résiste pas lui-même; son cœur est tout de bonté, sa voix est toute de tendresse, il est le ténor, il est le poète, ténor à l'italienne, poète à la Musset, toujours exquis, toujours vibrant, épris de la chanson plus que des

paroles. Il chante les griseries de l'amour, les tristesses de la femme abandonnée, les douceurs de la religion, les sublimes folies du patriotisme ; nul comme lui n'empapillote en une notice nécrologique un défunt de second ordre et même, le jour où, dans une circonstance délicate, il vint sur l'estrade publique, *coram populo*, parler au nom du Barreau de Paris, il fut à la hauteur de sa tâche et fit briller d'un éclat inattendu l'éloquence judiciaire.

La réputation d'homme d'esprit est acquise à Mᵉ Martini et il la mérite bien, mais ce serait un étonnement pour qui l'entendrait seulement à la barre : il suit son argumentation, un peu rudement, avec la ténacité du molosse qui ne lâche pas prise ; il s'ingénie à contraindre sa verve naturelle, jusqu'à paraître sec, pour ne pas laisser passer un mot de fantaisie qui distraie l'attention. Est-ce dédain de juge ? est-ce parcimonie d'esprit ? est-ce discrétion ou timidité ? Non, c'est méthode froidement calculée. Il réserve ses feux d'artifices pour les conversations intimes, les bavardages de la salle des Pas-Perdus et les dîners de confrères, les inévitables dîners où des douzaines d'avocats en habit noir vont, par fournées, goûter la cuisine d'un membre du conseil ou d'un candidat et faire une lugubre guirlande de deuil autour de la maîtresse de la maison, unique dame. Il est la joie de ces petites fêtes et conte comme pas un les anecdotes de la vie judiciaire et les potins du jour ; là il se montre causeur merveilleux, incomparablement spirituel, un bâtonnier parfait.

De Mᵉ Cresson, Maurice Jolly disait, en 1862, qu'il apportait aux travaux de sa profession une application et une ardeur qui lui avaient fait obtenir des succès précoces. A ces mêmes qualités il aura dû les honneurs de son arrière-saison. Il n'a plus la verve juvénile un peu désordonnée qu'on se plaisait à lui reconnaître, mais il est demeuré un administrateur ; il a été le plus pratique des bâtonniers, il a laissé son nom à la Bibliothèque de l'Ordre.

Le bâtonnier en exercice est Mᵉ Du Buit, un grand sec, très raide, figure osseuse et pâle de doctrinaire ; il plaide avec une rigueur impitoyable et un mépris souverain de quiconque ne partagerait pas son opinion. Il a le verbe dominateur et violente moralement le magistrat qui lui résiste ; modeste jusqu'à en paraître hautain, il a su se faire estimer de ses confrères sans les flatter ; c'est le plus beau compliment qu'on puisse lui faire. A côté des bâtonniers nous aurions à citer bien d'autres noms : Mes Waldeck-Rousseau, Martin-Feuillée et Thévenet, les anciens ministres ; Mes Léon Renault et Bérenger, sénateurs ; Me Clausel de Cousser-

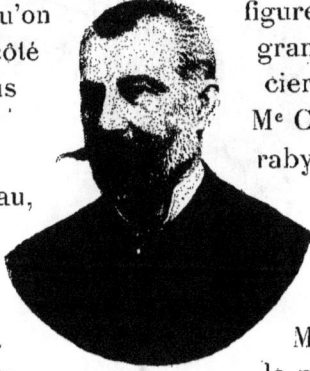

Me Léon Renault.

gues, le député. Me Devin figure dans la plupart des grands procès financiers ; la présence de Me Cléry ou de Me Carraby est indispensable pour qu'une cause soit éminemment parisienne.

Me Pouillet et Me Huard ont plaidé à la première de la Cour l'affaire des Aciers-

Martin, l'affaire des Téléphones. Me Ployer... Mais, arrêtons-nous ; si nous poursuivions cette liste, notre livre tournerait à l'énumération ou à la réclame et ne conserverait pas le caractère d'impartialité qui sied à un ouvrage collectif.

Des Chambres de la Cour autres que la première, rien à dire. Même nombre de magistrats, locaux plus exigus.

Successivement, de dix en dix minutes, à partir de onze heures en commençant par la septième, elles s'ouvrent. Elles ont un rôle pour chaque jour de la semaine, mais suivant la coutume introduite par M. le premier président Périvier, les affaires sont souvent remises du jour au lendemain, et, quelque promesse qu'on ait faite au Tribunal, il faut être là, car la Cour n'attend pas.

Me Carraby.

Me Huard

IX

LES SERVICES DE LA COUR D'APPEL

LE PROCUREUR GÉNÉRAL

Pour aller chez M. le procureur général, on demande le chemin à un garde du Palais et, après une assez jolie promenade, on arrive dans un bâtiment qui prend des allures de ministère. On franchit des portes vitrées qui se referment sans bruit, et voici l'antichambre désirée. A gauche, un tambour percé d'un œil-de-bœuf mystérieux, comme à l'entrée des coulisses ; à droite, un huissier correct sommeille sur sa gourmette d'acier.

On a, dans un temps, accusé le chef du Parquet de la Cour de se distraire trop facilement des soucis de sa fonction en sacrifiant à une littérature peu austère. Ce n'est certes pas l'aspect du cabinet du procureur général qui a pu créer cette légende. C'est bien chez un magistrat que nous sommes. Quelle simplicité et quelle austérité savante ! Le moindre dentiste possède plus de dorures. La pièce est grande, plus longue que large ; le jour y pénètre par trois fenêtres énormes, à peine adouci par des rideaux gros bleu. Il n'y a dans le cabinet du magistrat que deux couleurs : le noir, le bleu. Bleus les rideaux, le tapis, les murs, les tentures et noirs les meubles.

Près de la cheminée, d'un beau style, que domine un trou
béant qui attend le buste d'un homme célèbre, peut-être de M. le

procureur général ac-
tuel, sont rangés quatre
fauteuils bien droits,
bien noirs, dans un ali-
gnement d'une symétrie
parfaite. Entre les deux
fenêtres, un grand ca-
napé sévère, si imposant
qu'on a peur de s'y as-
seoir; instinctivement on
redoute de commettre
une inconvenance. Le
milieu de la chambre
est occupé par une
table, si grande qu'on y
pourrait inscrire le Code
pénal tout entier, mais
qui pour l'instant ne
supporte qu'une coupe
de Sèvres, rappelant le
ton des tentures — at-
tention gracieuse du chef
de l'État. Ajoutez deux
armoires en forme de
cercueil, un cartel, dis-
trait du musée de Cluny,
qui retarde toujours, et
vous connaîtrez toute
l'opulence judiciaire.

Tout au fond de la
pièce, le procureur gé-

M. Quesnay de Beaurepaire, procureur général.

néral siège, derrière une petite table, au-dessous d'un vieillard
habillé de rouge (c'est la seule note gaie), qui du haut de son
cadre regarde tristement son successeur aligner des signatures.

Tout cet ensemble est lugubre. On a la sensation qu'il va arriver un malheur.

Lui est habitué. Tout ce deuil ne l'émeut pas. Du même air calme, il écoute gravement les doléances et les plaintes, les supplications et les prières ; à peine sa figure toute rasée s'éclaire-t-elle d'un vague sourire lorsqu'un intrigant quémandeur se trompe de porte et vient solliciter une apostille pour obtenir un bureau de tabac. Mais ce n'est pas ici, au milieu de ses fonctions administratives, que nous voulons faire le portrait de M. le procureur général ; nous le verrons mieux tel qu'il est, dans la lumière de la Cour d'assises.

Nous arrivons au greffe de la Cour et, avant de monter un étage, regardons à gauche. Toutes ces portes qui donnent dans ce long corridor, d'une architecture si étrange et qui a de faux airs de couloir de paquebot, ce sont celles des cabinets des trois avocats généraux et des nombreux secrétaires du service du Parquet. Rien de bien intéressant, et nous pouvons passer. Dans toutes ces chambres on remue doucement, pendant la journée entière, les papiers que le chef doit signer le soir.

LE GREFFE DE LA COUR

C'est tout en haut d'un escalier à peine terminé, tout du long égayé d'indications de ce genre : « Greffe civil à droite, greffe criminel à gauche ».

Suivons ce guide et entrons d'abord au greffe civil :

C'est une très longue pièce où, devant de petits bureaux, travaillent des scribes, papérassant sous l'œil sévère d'un commis greffier dont la chaise domine la salle entière. L'aspect est celui d'une salle d'étude où tous les écoliers feraient des pensums. Et de fait ces travailleurs ne s'amusent pas : ils copient des *grosses*. La grosse, c'est la décision judiciaire authentique, jugement ou arrêt, confectionnée en langage de greffier. Le mot, d'ailleurs, dit ce qu'est la chose : un gros paquet de papier où, dans chaque espèce, est minutieusement relatée l'opinion des

magistrats qui ont jugé. La grosse est reconnaissable à plusieurs
qualités qui lui sont toutes personnelles. D'abord le papier qui
la contient et en recèle les beautés juridiques est jaune, très
dur, très laid, légèrement poilu. Il est généralement connu dans
le public sous le nom de papier timbré, mais la langue des
officiers ministériels l'a baptisé de ce nom : papier à vignettes
spéciales. Le style est généralement incompréhensible et la
rédaction d'une grosse bien faite doit comporter au moins quatre
mots inutiles sur cinq. Toutes se terminent par ces mots : « Dont
le coût est de... » La grosse, en effet, coûte fort cher, c'est une
des qualités dont nous parlions. Une fois fabriquées, elles sont
soigneusement rangées dans des cases particulières où elles
restent indéfiniment jusqu'à ce qu'un justiciable indiscret vienne
un jour poser au commis greffier cette question : « Pourrai-je
prendre connaissance du jugement ou de l'arrêt qui m'a
condamné à payer telle somme à M. un tel ? » Alors, on cherche
le monument judiciaire et l'infortuné peut le consulter à son
aise, toutefois moyennant un franc. Pourquoi un franc ? me
direz-vous. Mais je n'en sais rien du tout. On paye un franc pour
voir les grosses, voilà tout.

Ce greffe-là n'est pas gai.

A droite, c'est le greffe criminel ou le réservoir des dossiers
d'assises. Il se compose de deux pièces : l'une où travaillent les
inévitables employés ; l'autre, réservée aux avocats, pour l'étude
des dossiers. Tout dossier concernant un individu accusé de
crime fait deux stations au greffe : l'une avant l'audience, l'autre
définitive après les débats ; né au greffe, il y meurt.

Ici, on est aimable, les employés sont polis et l'habituelle
fréquentation des procédures criminelles leur a donné une
aménité indéniable. C'est à eux que l'avocat s'adresse pour avoir
toutes sortes de renseignements sur *son* affaire et il faut avouer
qu'on les lui donne de la meilleure grâce du monde. Lorsqu'on
a bien cherché dans de gros registres et fracassé beaucoup de
liasses de papier, on remet au défenseur le dossier demandé et
il va l'étudier dans la seconde pièce.

C'est une petite salle, très nue, très sinistre, donnant sur de grands murs blancs ; pour tout ameublement, une table et des chaises. Que de dossiers ont passé là, fiévreusement éventrés par l'avocat à la recherche de sa défense, que de hontes apparues, de turpitudes mises au jour et de tristesses lamentables dans ces feuillets déplacés un à un !

X

LA COUR DE CASSATION

Lorsque, au milieu de l'après-midi, on sort de la salle des Pas-Perdus, les oreilles toutes pleines de l'incessant bourdonnement qui l'emplit durant trois heures chaque jour, assourdies par les tintements criards de la cloche qui appelle les avoués à l'audience des référés ou à la salle des ventes immobilières et que, après avoir suivi la longue galerie *des Prisonniers*, on pénètre dans les couloirs de la Cour de cassation, on demeure saisi par l'extraordinaire contraste de ces deux parties du Palais, pourtant si voisines.

Là-bas, le bruit et le tumulte de la foule des avocats, des plaideurs et des curieux; ici, le morne silence des bâtiments déserts.

On dirait que la jurisprudence, magicienne au pouvoir somnifère, a plongé dans le sommeil léthargique ses fervents serviteurs, et les vieux conseillers qui dodelinent, à l'audience, dans leurs fauteuils majestueux, la tête couverte de la toque de velours noir, dont la forme toute particulière leur a valu l'irrespectueux et bizarre surnom de *lanciers*, les rares garçons de bureau qui passent silencieux dans les longs corridors, l'unique garde municipal assis sur un banc de la galerie *Saint-Louis*, presque effrayé de la solennité du lieu, semblent de tristes ombres gardant le sanctuaire de la Cour suprême.

Les audiences complètent l'impression d'ennui profond qui se dégage des bâtiments eux-mêmes : on n'y entend pas les plai-

doiries ardentes ou lestes, les discussions passionnées ou
joyeuses qui retiennent l'attention des conseillers et des juges à
la Cour d'appel et au Tribunal. Le fait, avec ses complications
et son intérêt propre, avec sa variété infinie, est banni du plai-
doyer. Le droit y prend une éclatante revanche : on ne parle
ici que des lois toutes nues, des profonds arrêts de la Cour
suprême ou des interminables argumentations des auteurs qui
ont savamment disserté sur la plus infime querelle juridique.
— C'est le triomphe de l'ancienne controverse classique, car l'on
discute encore à la Cour suprême *pro et contra*, pour conclure
en *baralipton*, de même
qu'en l'ancienne Sor-
bonne ; le latin seul
manque à la fête.

Aussi bien, la plai-
doirie n'a-t-elle que
peu d'importance à la
Cour de cassation :
c'est le mémoire mûre-
ment et longuement
composé par l'avocat,
qui est la pièce de ré-
sistance de tout procès,

Escalier de la Cour de cassation.

parce qu'il renferme l'exposé complet de l'affaire et la discussion minutieuse de chacun des problèmes juridiques qu'elle
soulève, avec des divisions et des subdivisions infinies.

La monotone lecture du conseiller-rapporteur étant achevée,
l'avocat développe son mémoire et l'avocat général donne ses
conclusions ; puis, si la question ne présente qu'un médiocre
intérêt juridique, les conseillers se réunissent en cercle au
centre même de la salle d'audience, pour discuter, adopter ou
rejeter l'arrêt préparé à l'avance par le rapporteur : c'est ce
que l'on nomme *faire le rondeau*.

Et l'on voit, dans la lumière crue de la salle, sous le plafond
de chêne doré de la Chambre civile, les têtes grises ou blanches
s'agiter, et la passion (une passion inspirée par le droit pur !)

Cour de cassation. Salle d'audience.

reparaître. L'apathie, la somnolence de tout à l'heure ont disparu, et ces vieillards chenus retrouvent, pour un instant, une ardeur qui semblait à jamais endormie.

La principale salle d'audience est assez belle : c'est celle de la Chambre criminelle, puisque la salle d'audience civile est encore, après vingt ans, en construction. Elle plairait plus encore, sans les éternelles allégories de la Justice que les peintres et les architectes répandent à profusion dans tous les Tribunaux de France. A côté, la galerie *Saint-Louis*, avec son architecture romane, ses piliers et ses arceaux peints en rouge, donne une note originale, malheureusement unique, dans ce classique et froid édifice.

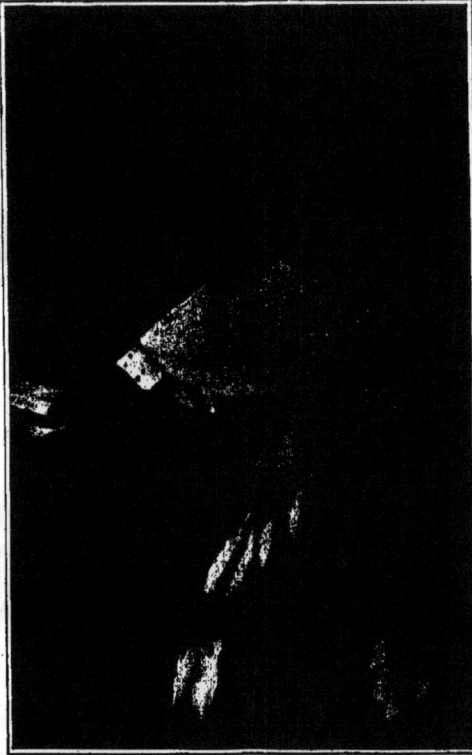

De Sèze (tableau de la Cour de cassation).

La galerie réservée de la Cour, avec ses bustes de marbre, celle du procureur général, avec ses portraits de magistrats en robe rouge, sont d'une sévérité tout administrative. L'Hospital et d'Aguesseau, Cujas et Patru, le chancelier Séguier et le président Henrion de Pansey, semblent, de leur cadre doré, contempler avec satisfaction la raideur et la solennité du lieu où ils sont placés, la silhouette mélancolique de M. le procureur général Ronjat, qui passe.

Le silence, un silence que trouble à peine le bruit des pas discrets des rares promeneurs, une froideur glaciale, sont

Cabinet du premier président de la Cour de cassation.

l'immuable caractère de l'enceinte où siège la première Cour de justice française. Respectons-le, faisons comme ceux qui la parcourent pour leur plaisir ou pour les nécessités de la besogne quotidienne, et sortons de ces galeries désertes, en parlant bas et un doigt sur les lèvres, afin de ne point troubler le repos de ses habitants.

Le premier président de la Cour suprême est pourtant un homme spirituel et gai, M. Mazeau, ancien avocat à ladite Cour, ancien ministre et ancien sénateur. Il doit bien s'ennuyer.

M. Mazeau.

La sortie du Palais.

XI

LE PALAIS LA NUIT

Quatre heures, quatre heures et demie.

Tout le Palais va redevenir aussi lugubre que la Cour de cassation elle-même.

Encore quelques causeries dans les vestiaires, quelques potins de la dernière heure, au cours du rhabillage, le froufroutement des parapluies qu'on reprend au petit bonheur, dans le tas.

Puis avocats et magistrats s'égrènent dans les corridors, sous l'œil quêteur des petites femmes spécialistes qui viennent chercher fortune, à la sortie du Palais.

Si, jusqu'à des heures tardives, vous voyez la lampe du vestiaire luire dans les ténèbres, c'est qu'une affaire d'assises, là-haut, s'attarde.

D'ordinaire, à six heures, tout est fini.

Cependant, l'hiver, lorsque sonne la neuvième heure, un peu d'animation renaît.

Dans les couloirs noirs, dans la salle des Pas-Perdus qu'agrandit l'obscurité et où se répercutait seul le pas sonore du municipal nocturne, des claquements de porte longuement retentissent et des ombres rapides se meuvent vers la salle des criées où vers l'une quelconque des autres Chambres civiles.

Malesherbes et Berryer sont-ils descendus de leurs socles

de marbre et leur vibrante éloquence groupe-t-elle chaque nuit autour d'eux les bustes des magistrats illustres ou des avocats fameux que l'on voit, pendant le jour, dans les couloirs de la Cour suprême ou la bibliothèque des avocats?

Nullement. Plus modestes sont ces ombres; moins fantastique est l'objet de leur empressement. Ce sont de jeunes licenciés ou de simples étudiants en droit qui viennent, en de vespérales conférences, s'exercer aux luttes de la barre.

Chacune de ces conférences — miniatures de celle des avocats — a son jour, son heure, son local; chacune a son règlement; chacune élit son bureau directeur. Dans toutes, on discute des questions de droit, et, vêtus de la robe, les orateurs occupent les sièges réservés aux juges, au substitut et aux avocats. C'est un jeu assez distrayant et utile. Il est clos vers les onze heures. Cette fois, les nombreux fonctionnaires qui logent au Palais peuvent dormir tranquilles et les factionnaires aussi. On ne les dérangera plus.

La Justice poursuivant le Crime.
(Peinture exécutée par H. Lehmann pour la salle des assises brûlée en 1871.)

LA JUSTICE CRIMINELLE

〜〜〜〜〜

I

LES JUSTICIABLES

Outre l'avocat, le magistrat et les autres qui sont chez eux au Palais, outre les plaideurs que leur intérêt y attire, il y a la triste foule de ceux que la Justice y traîne. Ce sont ceux-là qui maintenant vont défiler devant nous et qui forment l'interminable troupeau des justiciables. Nous verrons parmi eux le voleur de profession à qui la maison de correction tint lieu d'école et qui n'y apprit à manier d'autre outil que la pince monseigneur ou le surin; nous y apercevrons aussi le brave bourgeois, arrêté dans le remous d'une foule houleuse et qui, tout ahuri, comparaît avec un anarchiste pour coprévenu. Peut-être y trouverons-nous le poète en vogue ou le polémiste en renom; à coup sûr, nous distinguerons des héroïnes d'idylles et des vierges nihilistes, des amants jaloux et des maris justiciers, des filles perdues et des femmes coupables, des charlatans et des proxénètes, des escrocs vêtus de drap et des souteneurs en cotte bleue, des

Gobsecks malhabiles et des spéculateurs trop adroits. Les classes les plus diverses vont passer dans notre kaléidoscope.

Car il n'est pas vrai que tout finisse par des chansons. Brid'oison, qui l'a dit, savait bien que c'est devant le Tribunal que tout se termine. Misère, vice, amour, politique, finance, littérature parfois, au Palais tout vient aboutir, et les extrêmes se toucheront dans ce musée des horreurs morales. Avec ses monstres et ses victimes, dévoilant ses tares et ses ulcères, la société va nous apparaître, nue dans sa laideur et sa difformité, odieuse souvent, mais plus souvent comique. Le crime est grotesque aussi bien que tragique et tout bon drame a son Titi.

II

LE TRIBUNAL

DE

SIMPLE POLICE

Le Tribunal de simple police.

C'est par le menu peuple qu'il faut commencer notre revue :
les petites gens, les contrevenants sans importance, nous allons
les trouver au Tribunal de simple police. Il n'est pas besoin
pour cela de nous rendre bien loin.

Lorsqu'on entre, par le boulevard, dans la grande cour du
Palais de Justice, on trouve en face, le grand escalier; à droite
de cet escalier, l'ancienne entrée de la Conciergerie et, à
gauche, le Tribunal de simple police.

Franchissons une grille, descendons quelques marches et
traversons une petite cour en contre-bas. Entrons dans une
grande antichambre très sombre. C'est là. En face est la salle
d'audience.

Cette salle est éclairée par deux grandes fenêtres; mais le
jour qu'elle reçoit ne parvient pas dans la partie basse, qui
reste presque toujours dans l'ombre. L'aspect général est triste
et froid et la température toujours humide, sous ces voûtes de
pierre qui datent de saint Louis.

On sait que les juges de paix, outre leurs attributions civiles,
sont encore chargés de juger les contraventions, ces peccadilles
du Code pénal, qui coûtent au délinquant, d'ordinaire, la modique
somme de 20 sols, parfois plus (avec un maximum de 15 francs),
mais qui peuvent aussi se payer de cinq jours de prison, non
portés d'ailleurs au casier judiciaire.

A Paris, il n'existe qu'un seul Tribunal de police pour les
vingt arrondissements. Chaque juge de paix y siège à tour de

rôle pendant une semaine. Il y a audience tous les jours, sauf le lundi et, bien entendu, le dimanche.

Outre le juge de paix, le Tribunal se compose de trois commissaires de police, délégués par le procureur général, qui remplissent les fonctions de ministère public, l'un comme chef de service, les deux autres comme substituts, enfin d'un greffier en chef et de quatre commis greffiers.

Le Tribunal de simple police de Paris est de beaucoup le Tribunal le plus occupé de France.

En 1890, il a appelé à sa barre 43 528 inculpés, hôteliers, boutiquiers, voituriers, concierges, propriétaires, etc. Le trottoir mal balayé, le tapis secoué par la fenêtre, la plante trop copieusement arrosée par quelque Buvat inhabile, les volets trop tard posés à la boutique, un chien errant sans collier et sans muselière, telles sont les fautes qui conduisent devant cette juridiction bénigne de braves gens ayant, à leur insu d'ordinaire, violé quelque ordonnance de police.

Il y a donc, en 1890, comparu 43 528 contrevenants, ce qui n'est pas trop, après tout, pour une ville de 2 500 000 habitants.

Mais le Tribunal de simple police, déduction faite des dimanches, des lundis, des jours fériés, des vacances, pendant lesquelles il ne siège que trois jours par semaine, ne tient environ que 240 audiences par an; si vous divisez les 43 528 inculpés par 240, vous aurez près de 200 affaires par audience. Chaque audience dure, selon que le magistrat qui préside est plus ou moins expéditif, entre une heure et demie et trois heures. Cela ne fait pas en moyenne une minute par affaire !

Comment peut-on arriver à cette rapidité fantastique ?

Écoutons, et nous allons pouvoir, *de visu*, nous en rendre compte.

Le ministère public a la parole. Il a classé chaque contravention selon sa nature.

Le ministère public : « Sont poursuivis pour infraction aux règlements de police sur le roulage : Pierre, Paul, Jacques, etc. »

De temps en temps, à l'appel de chaque nom, part des profondeurs de la salle le mot : « Présent ! »

Cet appel terminé, le juge de paix, qui a marqué sur sa liste le nom des absents, relit ces noms, donne défaut et condamne chaque inculpé au maximum de la peine encourue.

Puis on fait un second appel des inculpés qui sont présents : « Quels sont ceux qui ont quelque chose à dire? » interroge le ministère public.

Deux ou trois pauvres diables s'avancent, murmurent quelques excuses qui sont peu écoutées, et toute cette seconde catégorie d'inculpés est condamnée à une même peine, inférieure cependant à celle que viennent d'encourir les absents.

Pour certaines contraventions, c'est un prix fait comme pour les petits pâtés; mais la contravention coûte plus et profite moins que la marchandise du pâtissier. Ainsi, chaque contrevenant à la police de roulage est puni de 5 francs d'amende, s'il est absent; s'il est venu à l'audience, cela ne lui coûte que 3 francs. Mais, la plupart du temps, les inculpés se laissent condamner par défaut. Le temps qu'ils perdraient à se rendre devant le juge leur occasionnerait un préjudice supérieur à celui qu'ils éprouvent en se laissant condamner par défaut, fût-ce au maximum de la peine.

Parfois cependant le juge de paix motive sa sentence par des « attendu » dignes de la Cour de cassation; témoin cette décision rendue dans une affaire, où il fut une fois de plus prouvé que nécessité n'a pas de loi.

La sentence dit suffisamment de quelle contravention il s'agissait :

« Attendu que, dans les rues de Paris, les hommes trouvent toute facilité pour satisfaire les besoins que la nature leur impose, mais qu'il n'en est pas de même pour les femmes : que celles-ci n'ont aucun emplacement qui leur soit réservé, et que, d'un autre côté, la pudeur naturelle à leur sexe leur interdit l'accès des endroits réservés aux hommes ;

« Que, si un certain nombre de femmes peuvent se donner le luxe d'entrer dans les chalets de nécessité, celles qui ne le peuvent pas n'en sont pas moins soumises aux mêmes exigences ;

« Que, si ces dernières, prises d'un besoin pressant, que la

30

nature les met dans l'absolue nécessité de satisfaire, n'observent pas strictement les prescriptions de l'ordonnance du 23 février 1850, elles ne commettent pas nécessairement pour cela une contravention...

« Par ces motifs,

« Renvoie des fins de la plainte la dame X... »

A certaines dates enfin, le Tribunal de simple police joue un rôle quasi politique : c'est au lendemain des manifestations, lorsque y comparaissent, pour tapage, les promeneurs, les curieux, arrêtés dans les bagarres et qui ont la chance de ne pas être traduits en police correctionnelle pour rébellion aux agents. Ces jours-là, suivant les uns, le juge pacifique s'y fait « le complice des basses vengeances policières » ; suivant les autres, il contribue à rétablir l'ordre menacé par l'anarchie.

Dans ces sortes de cas, souvent des hommes d'affaires, parfois des avocats se présentent à la barre ; mais, en général, le Tribunal de simple police juge en gros, sans écouter la défense.

On s'est étonné quelquefois de la rapidité avec laquelle les magistrats correctionnels tranchent les affaires qui leur sont soumises. Que pourrait-on dire du Tribunal de simple police ? Si l'un juge à la vapeur, l'autre fonctionne à l'électricité !

III

LA POLICE CORRECTIONNELLE

Quittons le Tribunal de simple police, passons sous la voûte qu'en sortant nous trouvons à notre droite, contournons la Sainte-Chapelle : en face de nous s'ouvre une porte à deux battants au-dessus de laquelle nous lisons ces mots : *Tribunal correctionnel.*

Nous venons de voir le menu peuple, les gens de rien dans la hiérarchie des justiciables, nous allons ici rencontrer la classe moyenne, quelque chose comme les bourgeois du vice et de la misère. Montons au premier : voici la huitième et la neuvième Chambre.

A la porte, le garde municipal nous arrête, en nous disant comme un simple conducteur d'omnibus : « C'est complet ! »

Il dit vrai : au dedans, le public se presse en foule, attiré par cette croyance généralement répandue que rien n'est gai comme une audience correctionnelle. Bien souvent, toutefois, le badaud accouru dans l'espoir de passer une bonne et joyeuse après-midi, en ressort avec l'œil humide, et stupéfait comme cet

« Attendez! »

étranger qui 'n'en revenait pas qu'on jouât parfois des drames
au théâtre du *Vaudeville*.

En réalité, au Tribunal correctionnel, on peut rire ou pleurer,
suivant son caractère.

Nous avons connu l'un de ses familiers qui soutenait que rien
ne l'attristait comme un adultère. Le foyer désert, l'époux abandonné, l'avenir des enfants compromis, toutes ces idées se présentaient, s'imposaient à son esprit chaque fois qu'une de ces
causes grassouillettes que le public salue de ses rires était
appelée dans la journée. Mais plus nombreux sont ceux qui
partagent l'avis de *Ma Cousine* et, à la vue du mari plaignant,
disent avec Meilhac : « On a beau en voir, chaque fois qu'on en
rencontre un, ça fait plaisir. »

Nous, qui voulons connaître le Tribunal correctionnel sous
ses deux aspects, nous prendrons pour le visiter deux guides :
d'abord un cicerone disciple de Démocrite, puis un autre, élève
d'Héraclite d'Éphèse. Derrière ce Jean qui rit, avec ce Jean qui
pleure, en dépit de la consigne du garde, nous nous faufilerons
et tout à l'heure nous entrerons à l'audience.

Mais auparavant regardons un peu les abords : un escalier
monumental, s'ouvrant sur la cour de la Sainte-Chapelle et conduisant aux quatre Chambres affectées à cette juridiction : huitième et neuvième au premier étage; dixième et onzième au
second; à chacun de ces étages, une salle des Pas-Perdus.

Au contraire des Chambres civiles, elles n'ont pas de spécia-
lités. Cependant, durant toute la seconde partie de la crise du
Boulangisme, dans la période des revers, les affaires politiques
sont venues à la neuvième Chambre que présidait certain
magistrat dont la sévérité fut, quelque temps, légendaire. Dans
la première période, les procès de presse et les manifestants
passaient devant les juges de la huitième Chambre assez
disposés à l'indulgence.

Onze heures! Nombre de gens gravissent l'escalier : les
témoins, les parties et les amateurs. Par les couloirs arrivent
les avocats : les uns entrent dans les salles d'audience où leurs
affaires les appellent; d'autres qui, au rebours, appellent les

P. R.

Un!

Un autre!
(Croquis
de P. Renouard.)

affaires, restent, l'air affairé, la serviette vide ou plus souvent
bourrée de vieux journaux. Ce sont les « avocats raccrocheurs »,
un type absolument à part, qu'on n'a jamais décrit, croyons-
nous, qui est en tout cas fort peu connu du public et auquel
il est nécessaire, dans un livre sur la vie judiciaire, de consacrer
quelques pages ; elles pourront être utiles, puisque c'est contribuer à guérir un mal que de le signaler.

LE RACCROCHAGE

Cette profession très méprisée d'avocat raccrocheur est
exercée, soit ici, soit dans les couloirs des prisons, par quelques
individus d'âges divers, n'ayant que des notions incomplètes
sur le sens du mot *dignité*.

Les raccrocheurs de prisons se bornent à graisser la patte
aux gardiens, lesquels consentent à les recommander aux
détenus lorsqu'ils circulent dans les préaux ; l'avocat n'obtient
pas ainsi de clients à gros honoraires, mais il peut ramasser
parfois une affaire à sensation. Son nom sera imprimé dans les
journaux ; ce lui sera une bonne réclame. Ces raccrocheurs
extra-muros, ces *banlieusards* sont peu intéressants, en raison
de la simplicité même des moyens qu'ils emploient.

Le raccrocheur de police correctionnelle est, par contre, fort
amusant à suivre en ses savantes manœuvres de braconnier —
quærens quem devoret; — son opération est compliquée : il doit à
la fois chercher à pousser le gibier dans ses filets et se garer
des gendarmes, représentés pour lui par le bâtonnier et les
membres du Conseil de l'Ordre.

Le Barreau de Paris est assez pauvre en individus de cette
catégorie ; il possède cependant quelques représentants de l'espèce, qui sont connus de tout le Palais ; avocats ou magistrats
vous les montreront sans peine au doigt, et ils prennent soin, du
reste, de se signaler eux-mêmes en passant exclusivement leur
journée dans les Chambres ou les antichambres correctionnelles. Autour des maîtres de la profession, des raccrocheurs *en*

pied, comme on dit au régiment, gravitent bien quelques timides, des apprentis qui font leur possible pour imiter les grands premiers rôles, mais ils n'ont pas les qualités d'audace indispensables pour réussir : la venue d'un confrère honnête les intimide; qu'un membre du Conseil vienne à passer et les voilà pris de peur; si le bâtonnier apparaît, ils s'enfuient...

Mais, à côté de ces humbles, il est beau de voir évoluer les maîtres de ce Barreau spécial. Ceux-là ne se cachent pas, ils s'étalent. Ils ont d'ailleurs parfaitement conscience du mépris qu'ils inspirent, et cela ne les gêne en rien. Leur raccrochage est empreint d'une certaine grandeur; ils sollicitent avec arrogance, s'humilient superbement et soutiennent orgueilleusement le dédain de leurs confrères.

Ils semblent avoir pris pour devise le mot de Danton : « De l'audace, encore de l'audace ! »

Aux premiers coups de onze heures, ils prennent la garde, circulant au milieu de la foule des prévenus, des témoins et des curieux qui attendent l'ouverture des Chambres correctionnelles. Les femmes qui pleurent, amenées là par un vol au Louvre ou un flagrant délit d'adultère, sont les premières victimes, désignées au raccrocheur par leur seul aspect. Ils jettent le filet, ou plutôt la ligne, un peu au hasard, au risque des rebuffades impolies et, une fois le client amorcé, ils lui accrochent son argent, en le convainquant, comme ils disent, « qu'il vaut mieux donner quarante sous de plus et avoir un bon avocat ».

L'un de ces maraudeurs exerce avec une *maestria* superbe, une incroyable puissance d'activité : c'est le type du genre, il raccroche dans les couloirs, il raccroche dans les salles d'audience, dans le banc des prévenus, il raccroche assis, il raccroche debout, il raccroche encore, il raccroche toujours, et ses rêves, s'il en a, doivent lui montrer, en un mirage trompeur, de mirifiques raccrochages, de merveilleuses pêches au dossier, d'extraordinaires clients se laissant arracher — tout arrive — jusqu'à un louis !

Qu'il est beau dans ses exercices quotidiens, circulant comme affairé, la tête haute, l'œil largement ouvert, *portant beau* comme

Cour du Tribunal de police correctionnelle.

un cheval enrêné court, et tournant sans cesse la tête de tous côtés, comme un cocher en maraude qui fouille les rues du regard, quêtant le moindre signe d'un client.

Celui-là n'est pas *un* avocat raccrocheur, c'est *le* raccrocheur, le chef de génie, l'*Imperator !*

Nour verrons tout à l'heure ses disciples à l'audience, et là, il y a une justice à leur rendre — à défaut de celle qu'ils font rendre à leurs clients, — ils donnent la bonne mesure à leurs plaidoiries.

L'un d'eux, Me Y..., est célèbre par sa ténacité à vouloir gagner les causes ingagnables. Doué d'une facilité d'élocution surabondamment démontrée par sa volubilité de langage, d'une étonnante fécondité d'arguments ou plutôt de formes diverses dont il les habille pour les présenter trois ou quatre fois, ne s'arrêtant pas aux interruptions, allant, allant, comptant sur le bienheureux « C'est entendu » arraché à la lassitude du Tribunal, cet avocat est la terreur des juges ; aussi ont-ils peine à conserver le calme de leur physionomie quand ils le voient s'approcher de la barre.

Avec Me Z..., c'est la même chose ; seulement, quand celui-ci parle, on peut faire un petit somme, un grand, si l'on veut. En tout cas, on bâille avec l'un et avec l'autre.

Il y en a bien un troisième qui, lui, plaide généralement « à la blague » et obtient des succès de rire ; malheureusement pour la gaîté française, il paraît rarement à la barre et, malheureusement aussi pour les chroniqueurs judiciaires, il les harponne dans les couloirs pour leur raconter, avec un ineffable sourire, les rares affaires dont il est chargé.

La carrière d'avocat raccrocheur est de peu de durée et les membres de cet Ordre se renouvellent souvent... Chacun d'eux, à son tour, finit par être un jour ou l'autre saisi en flagrant délit de braconnage par les gendarmes du Conseil de l'Ordre véritable. On le rend alors à la profession d'agent d'affaires véreux qui le réclame..., à moins qu'il ne préfère, comme plus d'un y est déjà parvenu, se réfugier dans la politique. *Sic transit gloria mundi...*

Types de police correctionnelle. Notes d'audience de P. Renouard.

Et maintenant, renseignés sur ces rôdeurs en robe d'avocat, passons la porte et pénétrons dans la salle.

A part le box où l'on case les détenus qui montent de la Souricière ou du Dépôt au fur et à mesure, elle ressemble assez exactement à celles du Tribunal civil déjà décrites. Notons pourtant que le greffier est ici au pied du Tribunal.

Mais le public diffère.

Au civil, à part les avocats et les parties en cause, nous n'avons aperçu que des malheureux venus là pour se chauffer ou s'abriter de la pluie.

Ici, ce sont de vrais badauds qui, avec les témoins, composent les spectateurs : de bonnes grosses mères, des petits rentiers, des étudiants en droit, des commis ayant une heure à perdre, des petits ménages à la recherche de distractions gratuites. A côté d'eux, des filles en cheveux viennent voir juger leurs amants; des voyous assistent au procès de leurs maîtresses ou de leurs « aminches »; des mères viennent entendre « à combien » on condamne leurs mauvais sujets de fils. A certains jours, beaucoup de filles appelées au Palais pour des visas que la Police exige, achèvent en bande leur journée à « la correctionnelle ».

De cette foule compacte s'exhale une odeur âcre et forte de peuple qui a chaud : joignez à ce parfum celui des bottes des gardes de Paris, assaisonnez avec des senteurs de haillons, mélangez au tout des relents de sueur d'avocats, d'huissiers et de magistrats et vous aurez l'explication des petits flacons de vinaigre posés près des Codes, devant les trois juges du Tribunal et devant le substitut silencieux sur son siège.

Ce petit flacon est un attribut de la magistrature : les avocats n'en ont point à la barre, et les greffiers n'en possèdent que lorsqu'ils sont, comme M. Liévin, si vieux dans le métier qu'ils sont presque devenus eux-mêmes les présidents de la Chambre où ils tiennent la plume.

Le flacon.

LES GAÎTÉS DU TRIBUNAL

Même pour le plus disposé à s'amuser des petits procès correctionnels, il est des jours où Gwynplaine même n'y rirait pas : ceux par exemple où se débat une affaire financière ou un procès de contrefaçon.

Mais, lors même que la cause prête à l'hilarité, tout dépend des présidents ; les cocasseries des débats ressortent ou sont éteintes suivant que ces magistrats aiment ou n'aiment pas la police correctionnelle. Nous avons eu un curieux exemple de ces derniers, il y a long-

temps ; le premier jour de sa présidence, ce magistrat, entré en audience à midi, avait épuisé à deux heures et demie un rôle de soixante-quatorze affaires.

Autre président, avec qui il était inutile de se faire cercler à neuf pour

M. le greffier Liévin.

ne pas éclater de rire : un jour, un individu attirait l'attention de l'audience par son extraordinaire accoutrement ; dès son arrivée au banc des prévenus, on se le montrait avec des rires contenus rien qu'à la pensée des joyeux débats auxquels on allait assister ; c'était un grand gaillard habillé en femme ! On n'a jamais vu pareille déception ; cet homme était un vagabond ; moins de deux minutes après l'appel de son nom, il était jugé et emmené par les gardes : le président ne lui avait même pas demandé l'explication de son travestissement.

D'autres juges mènent allègrement les débats. L'un d'eux, à une vieille dame coquette et maquillée, laquelle, interrogée sur

son état civil, murmurait en minaudant et le sourire aux lèvres :
« Je ne dis plus mon âge, » répondait :

« Eh bien, madame, dites-en un autre. »

Parfois, ce sont les présidents eux-mêmes qui donnent la
comédie au public. Tel ce bon vieux juge que les affaires d'excitation de mineures à la débauche jetaient dans un état extraordinaire, et qui, à la fin d'un débat compliqué, rappelait par
son prénom de guerre l'une des jeunes... excitées et lui criait :

« Blanchette, approchez-vous un peu ! »

Quant aux présidents graves qui imposent silence à la
moindre hilarité, en ajoutant que rien n'est risible en justice ;
comme eux-mêmes provoquaient le rire avec le fameux : « Allez
vous asseoir ! » adressé aux témoins, cette injonction devenue,
dans la conversation des gens étrangers à la bonne société,
l'équivalent de : « Tais-toi ! » ou : « Fiche-nous la paix ! » on l'a
remplacé à l'audience par : « Vous pouvez vous retirer ! » C'est
toujours autant de gagné pour la majesté de la justice.

Les délits correctionnels sont nombreux et variés : vols, escro-
queries, filouteries, abus de confiance, détournements d'objets
saisis, coups, injures, etc. Les querelles entre concierges et les
disputes entre voisines sont celles où le public s'en donne à cœur
joie, quand de vieilles commères rapportent en rougissant les
invectives qu'elles se sont jetées à la face.

« Monsieur, dit l'une, madame m'a couverte d'injures ! »

LE PRÉSIDENT. — Dites les injures.

LE TÉMOIN. — Oh ! monsieur, je n'oserai jamais !

LE PRÉSIDENT. — Mais si, il faut oser !

R. — Eh bien, monsieur, elle m'a appelée... hétaïre, mais
elle n'a pas dit ce mot-là. »

Et là-dessus les assistants de se tordre.

Les affaires de vol sont comiques aussi parfois. Telle cette
fille qui avait pris un billet de 100 francs et deux louis à un vieux
monsieur, lequel avait eu l'imprudence de monter chez elle.
Le billet avait été retrouvé dans la tournure de la jeune personne ; quant aux pièces d'or, on les cherchait en vain depuis

douze heures que la fille avait été arrêtée. Tout à coup, un garde
monte du Dépôt et remet au président une lettre contenant l'un
des louis. Le billet était ainsi conçu, et le président le lut tout
en palpant machinalement la pièce entre ses doigts :

Monsieur le Président, j'ai l'honneur de vous transmettre

Banc des flagrants délits.

*une pièce de vingt francs que l'on vient de trouver dans les déjec-
tions de la fille Rosa.*

Le président lâcha immédiatement le louis d'or.

Au moment où nous entrons à l'audience, un témoin est à la
barre — type de « celui qui n'en finit pas ».

C'est une marchande des quatre saisons, forte personne qui
a été injuriée et volée par un rôdeur.

LE PRÉSIDENT. — Vous jurez de dire toute la vérité, rien que
la vérité.

— Oui, monsieur, dit la grosse dame interrogée.

Le président, *formaliste*. — Dites : « Je le jure. »

Le témoin ne bronche pas.

Le président, *impatienté*. — Je vous dis de lever la main et de prêter serment. Êtes-vous sourde ?

Le témoin, *lancé et ne s'arrêtant plus*. — Oh ! monsieur, non, heureusement ; je prête serment, sur ma vie éternelle : par ce Christ, monsieur, je jure de dire toute la vérité, rien que la vérité. Ça, monsieur, pour sûr ; d'abord, je ne mens jamais ! (*On rit.*)

Le président. — C'est bon, faites votre déposition.

R. — Bien sûr, je la ferai ; je ne crains rien, monsieur. Voilà donc comme ça s'est passé : d'abord, monsieur, il faut que je vous dise que je vends le matin, à Batignolles, des choux, des poireaux, des carottes, etc., et le métier est dur, allez. Alors, l'autre jour, vers neuf heures du matin, ce garçon qui est là dans le banc est venu comme ça autour de ma voiture rôder avec l'air drôle. J'ai pas cru d'abord qu'il voulait me voler, au contraire, il avait un air entreprenant...

Le président. — Mais arrivez donc au fait. Passez les entreprises et arrivez à la tentative de vol. Comment l'inculpé a-t-il volé votre marchandise ?

— J'y arrive, monsieur ; mais il faut auparavant que j'explique...

Le président, désespérant d'en finir, après plusieurs tentatives analogues, renvoie le témoin à sa place et lit la déclaration qu'il a faite chez le commissaire de police, tandis que le public accueille par des rires la malheureuse marchande, navrée de n'avoir pu placer son histoire.

Le voleur condamné, on aborde une affaire de détournement d'objets saisis. La saisie a eu lieu dans une villa des environs de Paris et le procès-verbal a été dressé — irrégulièrement — par un clerc, bien peu clerc en vérité. Le président le lit et, dans le nombre des objets couchés sur l'exploit, on relève l'énonciation d'un meuble intime trouvé dans le cabinet de toilette.

Item, lit d'une voix grave le juge. *Item* une espèce de guitare en porcelaine, sans dessus, cordes, ni manche, incrustée dans sa boîte, posée sur quatre pieds et dont l'usage nous est inconnu...

« Qu'est-ce que cela ? » cherche le magistrat.

Un de ses assesseurs, au milieu des rires du public, se penche à son oreille et lui murmure quelques mots à voix basse.

« Vous croyez ! dit le juge du milieu, très rouge. Passons alors... »

Le possesseur du meuble intime une fois puni, on arrive à d'autres détenus; la plupart sont des mendiants de profession, des fainéants, pour qui la mendicité est un métier rapportant, en général, de 6 à 10 francs par jour, c'est-à-dire plus que ne gagnent nombre d'employés et d'ouvriers chargés de famille.

Tout ce monde défile vite. Quelques réponses sont à retenir.

L'un des inculpés de mendicité, un homme de quarante ans, un faux aveugle crasseux, nie énergiquement avoir sollicité les passants.

Le président. — Mais on vous a surpris tendant la main à une dame.

Le prévenu. — Parce que j'avais cru sentir des gouttes d'eau et je la tendais pour m'assurer s'il pleuvait.

Et à un autre : « L'agent vous a surpris tendant votre casquette à une dame.

Le prévenu. — C'est une dame à qui je demandais mon chemin; alors, naturellement, j'avais retiré ma casquette, par politesse. »

Les juges se montrent sévères pour ces délinquants d'habitude; mais ils sont un peu plus indulgents d'ordinaire pour les prévenus sans antécédents judiciaires, et il y en a beaucoup; il s'en est même, un jour, trouvé un qui ne savait pas ce que c'était.

Pochards.

Le président. — Avez-vous des antécédents ?

Le prévenu. — Non, monsieur, je n'ai qu'une sœur.

Ce qui se remarque surtout à la police correctionnelle, c'est l'absence de sens moral chez nombre de prévenus et de témoins, particulièrement dans les affaires de femmes adultères et les entretiens de concubine. On compte beaucoup d'aveugles, beaucoup de sourds, mais leur nombre est prodigieusement inférieur à celui des gens hors d'état d'apprécier sainement les mœurs de la vie civilisée. Zola nous a décrit Coupeau attirant dans son ménage l'ancien amant de sa femme. La police correctionnelle nous a montré beaucoup de ménages de ce genre, et autrement réjouissants et cocasses que celui des trois héros de l'*Assommoir*.

Deux complices, par P. Renouard.

Un exemple à l'appui :

LE PRÉSIDENT (*après avoir exposé les faits reprochés au prévenu*) : — Qu'avez-vous à répondre ?

LE PRÉVENU. — Je réponds que ma femme est un chameau.

LE PRÉSIDENT. — Quel rapport cela a-t-il ?...

LE PRÉVENU. — Le rapport de tout, mon président, *Mossieu* qui se plaint que je lui ai flanqué une roulée, ayant eu des coïncidences avec ma femme, chaque fois que je n'étais pas là.

LE PLAIGNANT. — L'épouse du sieur que voici ayant été ma femme légitime, ça n'est pas comme amant que la chose est arrivée, c'est comme ancien mari.

LE PRÉSIDENT (*au prévenu*). — Votre femme a donc été la sienne ?

LE PRÉVENU. — Oui, mais s'étant divorcée, elle ne l'est plus, et moi l'ayant épousée, elle est ma propre épouse.

LE PRÉSIDENT. — Et vous recevez dans votre ménage l'homme divorcé de votre femme?

LE PRÉVENU. — C'est lui qui a fait le mariage, me disant : « Tu veux te marier, j'ai ton affaire, une femme que je t'en réponds, c'est chérissant comme il n'y a pas la pareille, tu verras ; je le sais bien, elle a été ma femme. » Alors je l'ai épousée, m'étant garantie par Mossieu, qui a même été mon garçon d'honneur.

LE PLAIGNANT. — Eh bien, je l'ai dit qu'elle était chérissante ;
l'est-elle ?

LE PRÉVENU. — Oui, elle l'est, mais c'est un chameau.

La femme des deux amis est condamnée à une forte amende.
Après quoi l'audience comique est levée.

LES TRISTESSES DU TRIBUNAL

L'audience comique est levée, mais voici notre second guide
qui va nous mener à telle autre Chambre pour nous montrer le
même Tribunal sous ses côtés navrants ; ce ne sont plus des
figures burlesques qui vont paraître, nous allons toucher des
lèpres et des plaies. Avec lui nous noterons les gens qui passent
et la matière à penser ne nous manquera point.

Aujourd'hui ce sont des jeunes hommes qu'amènent les
gardes. Ils comptent seize, dix-sept, dix-huit ans, pas plus.
Dissemblables de taille et de figure, ils présentent deux traits
physiques communs : un teint blafard, livide, comme passé à
l'eau sale ; des lèvres minces, sans ourlet, pareilles à des lames
de rasoir. Moralement, ils sont tous de même pâte : ils vivent de
l'argent que leur donne leur maîtresse, une fille qui fait le
trottoir sur les boulevards extérieurs, et, quand la prostitution
ne rapporte rien, ils volent.

C'est de vols divers qu'ils ont à répondre. Ils les avouent
sans difficulté, avec une sorte de forfanterie.

Jamais ils ne travaillent. Tout métier, toute discipline, toute
règle leur répugnent. Ils diraient volontiers, comme certain
héros de Bruant : J'peux pas travailler ; *ça m'em...*

« Abandonné de bonne heure à faire toutes mes volontés,
écrit un de leurs pareils en un mémoire que lui avait demandé le
directeur de Mazas, ça ne doit pas paraître drôle que je n'aime
pas le travail. J'ai suivi le principal défaut de mon père, l'habitude de boire de l'absinthe. Quand j'avais de l'argent, j'en buvais
toujours le moins deux ou trois verres par jour. N'aimant pas

32

le travail, je ne pensais rien moins qu'à *gouaper*. Plus je me voyais mal vêtu et en mauvaises amitiés, plus j'étais fier. »

Nés de parents à l'âme malsaine, ayant grandi dans un milieu morbide, ils méprisent le bien, méprisent la loi, méprisent la société. Ils ne connaissent que leurs appétits et entendent les satisfaire coûte que coûte. Pourvu qu'ils échappent aux griffes de la police, le reste leur importe peu. Affranchis de tout remords, ils dorment leurs nuits pleines, quelque méfait qu'ils aient commis. Le médecin les appelle des aveugles moraux.

Tandis que le président les interroge, ils échangent avec des camarades groupés au fond de la salle des signes d'intelligence.

Le Tribunal les condamne. Ils sortent en haussant les épaules.

La prison va achever de les pourrir. Dans trois, quatre ans nous les retrouverons aux assises.

La cervelle de ces précoces est déjà, confusément, prête pour l'assassinat. Ils sont, a dit d'eux M. H. Joly, « en disposition permanente de commettre un meurtre pour un mot, pour une fantaisie, pour une gageure ».

Quelquefois pour satisfaire une pure curiosité de fauve, ainsi qu'en témoigne le colloque suivant surpris à la Santé par le docteur Laurent entre un cambrioleur et un garçon de moins de vingt ans qui avait essayé d'étrangler son père.

« Voyons, demandait le premier, tu peux bien me dire pourquoi tu as voulu étrangler le vieux !

— Je ne sais pas.

— C'était pour lui prendre sa galette ?

— Puisque je te dis qu'il n'avait pas le rond.

— Alors pourquoi voulais-tu lui serrer le kiki ?

— Eh bien, *pour voir la gueule qu'il ferait !* »

Allorto, Sellier, Catelin, Ribot étaient des familiers de la correctionnelle. Kaps sortait d'une maison de correction quand il tua le père Vinçard.

Mais revenons à l'audience.

Maintenant d'autres voleurs, plus jeunes encore, occupent les bancs.

Le premier, onze ans, François D..., à figure douce, aux grands yeux interrogateurs, tout petit de corps, a pris, sur le trottoir du marché du Temple, une paire de méchants souliers.

Son père et sa mère sont morts. Une tante l'avait recueilli ; seulement, vieille, infirme, gagnant très peu, elle ne pouvait lui donner, au jour le jour, qu'un morceau de pain. A ses vêtements, à ses chaussures, impossible de songer. Il allait donc nu-pieds par l'hiver.

« Pourquoi avez-vous volé ces souliers ? lui demande le président.

— Pour les mettre, monsieur, répond-il d'une voix d'enfant sincère ; je les ai vus, je me suis baissé, je les ai pris et je me suis sauvé.

— Vous savez bien pourtant que c'est mal de voler ?

— Oui, monsieur, » murmure le garçonnet devenant rouge, et il ajoute ce mot, d'une portée si profonde pour qui veut le comprendre :

M⁰ Rollet, membre de la Société protectrice de l'enfance.

« Mais je n'y ai pas pensé, à ce moment-là. »

Heureusement, un membre de la Société protectrice de l'enfance se trouve présent. Il s'avance à la barre et réclame le prévenu, qu'on lui accorde. Jadis les juges eussent dû envoyer l'enfant dans une maison de correction.

Le second, quatorze ans et demi, Jules C..., de visage mauvais, a volé des sardines et une bouteille de liqueur chez un épicier de la rue Saint-Honoré.

C'est la troisième fois qu'il paraît devant les juges pour des larcins semblables. Fils d'excellents ouvriers qu'il désespère, il ne reste en aucun des ateliers où on le place, il aime mieux courir les rues en compagnie des vauriens de son âge.

A l'appel de la cause, un homme d'une quarantaine d'années, aux membres solides, à figure énergique et franche, s'approche du Tribunal.

« Vous êtes le père du prévenu ? lui demande le président.

— Oui, monsieur, fait-il comme avec honte, la tête baissée. Monsieur, ajoute l'homme d'une voix qu'il s'efforce de rendre rude, où l'on sent vibrer, en même temps que la colère, une douleur profonde, je l'ai déjà repris deux fois, je ne peux rien faire de lui, il refuse de travailler... Cette fois-ci, je ne le reprends pas, mettez-le en prison. »

Pendant qu'il parle, les traits de son fils se détendent, perdent leur expression mauvaise, trahissent la plus profonde angoisse.

« Père, père ! crie-t-il d'un accent désespéré, je me conduirai mieux.

— Non, je ne te veux plus.

— Père, père !

— Non, non.

— Père ! bégaye encore l'enfant avec des sanglots qui le secouent tout entier.

— Non. »

Mais la voix de l'homme faiblit. Son dernier « non » s'entend à peine. Il se tait deux, trois secondes. Enfin, succombant, il murmure :

« Allons, je te reprendrai encore, mais ce sera la dernière fois. »

Et il passe rapidement sa manche sur ses yeux, tandis que, dans l'assemblée, les femmes pleurent, silencieusement.

Après une suspension, changement de scène.

Ce sont des messieurs de haute classe que le Tribunal va juger.

Corrects de mise, corrects de manières, corrects de langage, ils passaient naguère vis-à-vis de tous pour de parfaits gentlemen. Ils avaient ouvert, quelque part, derrière la Bourse, une banque qui promettait de gros dividendes. L'argent affluait à leur caisse. Petits employés, cuisinières, gens de maison, militaires retraités se pressaient à leurs guichets. Ils recevaient de toutes mains. Pas de menues sommes qu'ils ne jugeassent bonnes à toucher. Un matin, le drainage opéré, ils sont partis et le commissaire de police appelé n'a trouvé dans leur coffre-fort que quarante-huit sous en monnaie de billon !

Actuellement ils reviennent de la frontière, entre deux gendarmes.

Aux questions du président, ils répondent poliment, sans un mot qui détonne. Ils parlent chiffres en longues phrases tranquilles. Ils expliquent leurs coupés, leurs maîtresses, leurs dîners à fracas, leur train de vie somptueux par des « nécessités de position », et, parmi les victimes dépouillées jusqu'à l'os, qui défilent à la barre comme témoins, plusieurs — ô bêtise humaine ! — dodelinent de la tête, approuvant, conservant confiance.

Un financier.

On condamne ces messieurs à deux, trois ans de prison. Dans moins de six mois, graciés, ils arpenteront les boulevards et distribueront, à la ronde, de grands coups de chapeau, d'un chapeau de soie tout neuf, dernier modèle.

Aux escrocs succèdent des matrones grasses, hideuses d'aspect avec leurs chairs roulantes, leurs joues peintes, leurs mains huileuses.

Patronnes de brasseries immondes, elles sont accusées d'avoir excité à la débauche des filles mineures. Et l'on voit apparaître dix à douze adolescentes de seize, dix-sept ans, à peine pubères, mais de sexe déjà flétri, qui, toutes, nonchalamment, sans honte, sans tristesse, comme des bêtes de plaisir passives, tiennent le même langage :

« Nous devions porter le costume de l'établissement, corsage ouvert, jupe courte, fendue sur le côté. Madame nous disait d'être aimables aux clients. »

Les malheureuses donnent des détails. De leurs jeunes lèvres sortent, tout naturellement, les mots les plus orduriers.

Dans l'auditoire quelques stagiaires éclatent de rire, mais les gens sérieux frissonnent. Elles, elles ne se troublent point et continuent, inconscientes.

Nous avons pourtant souvenir d'une chose plus navrante encore. L'an dernier, devant les juges de la dixième Chambre, une gamine de quatorze ans, Thérèse P..., fut amenée qui, sur le talus des fortifications, s'était livrée successivement à onze garçons de son âge. Elle avouait l'aventure et *riait* en la contant.

Nouveau changement. Des mères qui ont torturé leurs enfants — celle-ci exposant tout nu un garçonnet de cinq ans sous un robinet d'eau glacée et lui criant, comme il frissonne : « Tu grelottes, crève donc » ; celle-là brûlant sa fillette aux jambes avec un fer rouge ; cette autre pendant la sienne par les poignets jusqu'à ce que, sous l'atroce souffrance, les pauvres chairs blêmissent — disent tour à tour, sèchement, quand le président leur reproche leur cruauté :

« Je ne faisais qu'user de mon droit de correction. »

Elles s'indignent parce qu'une condamnation les frappe.

Elles ne comprennent point. Elles font songer, ces femelles humaines, à certaines femelles d'animaux qui mangent leurs premiers-nés au sortir du ventre.

Puis viennent des individus en rupture de ban. La plupart ne sauraient dire exactement combien de fois ils ont été arrêtés pour être revenus à Paris au mépris de l'arrêté qui leur en interdit le séjour. Le compte est trop long : chez tel, il monte à 10 ; chez tel, à 15 ; chez tel, à 20 ou davantage !

Écoutez ce dialogue sténographié :

LE PRÉSIDENT. — Vous vous appelez Louis Chaussin, vous avez trente-quatre ans ; Paris vous est défendu, cependant vous y êtes rentré ?

LE PRÉVENU. — Oui. Qu'est-ce que vous voulez que je fasse ? Est-ce que c'est possible de vivre en province dans ma position ? Un patron vous prend sans en savoir plus long. Au bout de trois ou quatre jours, il apprend qui vous êtes, vous êtes rincé, il vous fiche à la porte. Tenez, j'étais soldat ; un jour, en per-

mission je vole 42 francs, c'était ma première faute, on me condamne à cinq ans de réclusion et à dix ans d'interdiction de séjour. La réclusion, je veux bien, c'est tout de même raide pour 42 francs; mais l'interdiction de séjour?...

LE PRÉSIDENT. — Outre votre condamnation à la réclusion, vous en avez subi six autres?

LE PRÉVENU. — Pour infraction, comme aujourd'hui, oui, mais pas pour autre chose. C'est toujours la même histoire: j'arrive dans une ville, je ne trouve pas de travail, il n'y a qu'à Paris que j'en trouverais parce qu'ici on ne vous demande pas votre passé. Qu'est-ce que vous voulez que je fasse?

L'homme ne dit-il point vrai? Le Tribunal lui inflige néanmoins un mois de prison. La loi est formelle.

Puis des dames élégamment mises se présentent, toutes honteuses, toutes tremblantes.

Un inspecteur du Louvre conte qu'il les a surprises au moment où elles mettaient dans leurs poches soit des flacons de sels, soit des dentelles, soit des mouchoirs brodés.

Elles pleurent, ne nient point, balbutient d'une voix à peine distincte : elles voyaient ces objets sous leurs yeux... à portée de leurs mains..., la tentation est venue..., elles ont essayé de la repousser..., la tentation est revenue... avec une force irrésistible..., elles ont succombé..., elles ne savent comment...

Tandis qu'elles parlent, leur corps tressaille, leur visage prend une blancheur de mort.

Une d'elles, vingt-quatre ans, récemment mariée, entendant le président prononcer « trois mois », s'abat comme une masse sur le parquet, en proie à des convulsions si violentes que quatre gardes, assemblant leurs efforts, ont grand'peine à l'emporter.

Vol au Louvre.

Par la porte, restée entr'ouverte, on entend ce cri strident, qu'elle jette sans trêve : « Non, non, je n'entrerai pas en prison, tuez-moi plutôt. »

Elle délire, et dans son hallucination elle croit voir s'ouvrir Saint-Lazare devant elle.

Le médecin du Palais, mandé, caractérise en ces termes son

accès : « Crise d'hystéro-épilepsie. » Dans le couloir, la mère et
le mari passent; elle en larmes, lui bouleversé, livide...

A la Chambre en face : audience de flagrants délits.

Entre midi et cinq heures, le Tribunal juge un troupeau de
cent huit têtes que la police a saisi, la nuit précédente, partie ici,
partie là : au bois de Boulogne, au bois de Vincennes, sous les
ponts, dans les fossés des fortifications, sur les bancs
des boulevards, parmi les gravois des bâtiments démolis.
Le troupeau comprend des hommes et des femmes
de divers âges : des vieux à tête blanche, de qui le
dos se voûte; des vieilles décrépites, dont la bouche
rentre, édentée; des compagnons et des compagnonnes
approchant de la quarantaine; des garçons imberbes,
des filles dans leur vingtième année. Ils n'ont pour
vêtements que des loques informes où l'on soupçonne
de la vermine : jupes poisseuses, vestons déchirés,
bourgerons faits de vingt pièces, souquenilles trouées.

Un vagabond,
par P. Renouard.

Jeunes, mûrs ou près de la tombe, tous, en la pleine lumière
qu'épanchent sur eux les grandes fenêtres, offrent aux regards
des faces terreuses, des traits hâves, des yeux mornes. Ce sont
des êtres auxquels le feu et le lieu manquent. Pareils aux
chiens des rues, ils couchent à l'aventure et mangent par hasard. La société les appelle des vagabonds et les déclare coupables de misère.

On les amène par fournées de dix, pris pêle-mêle, à la fortune
du tas. Le greffier inscrit leurs noms, le président les condamne,
ils disparaissent.

Nul avocat ne les a défendus : le président a écouté distraitement leurs réponses, les assesseurs ont rêvé à autre chose en
opinant du bonnet, tandis que les condamnations, un peu au
hasard, pleuvaient sur eux. Quant au substitut, il dessinait de
belles rosaces fleuries sur son buvard ou préparait un réquisitoire pour une prochaine affaire dont les journaux avaient fait
grand bruit.

Le président, une ou deux fois, lui a offert la parole. Il s'est

contenté de se lever à demi, en saluant, sans prononcer un mot
— mimique qui signifie : « Je m'en rapporte au Tribunal ! »

Le juge qui, forcé d'épuiser dans sa journée les nombreux
dossiers qu'il a devant lui, exécute ainsi ces malheureux et ces
misérables, sent bien qu'il se trompe parfois, que plusieurs sont
injustement frappés. Mais il tranquillise sa conscience en se disant : « Bah ! les innocents iront en appel. »

Peu de justiciables usent de ce recours : les détenus condamnés à une peine minime songent en effet avec terreur qu'il
leur faudrait — peut-être sans résultat — attendre encore de
longues semaines avant de revoir le jour de l'audience. Aussi
les prévenus libres ou les vrais
innocents qu'une tache à leur
casier judiciaire, indemne jusqu'ici, désespère, sont-ils les
seuls qui *en rappellent*, comme
on dit dans le monde des prisons.

Suivons-les, à l'autre bout du
Palais, à la *Chambre des appels
de police correctionnelle*.

IV

LES APPELS CORRECTIONNELS

Ces deux variétés de justice, si philosophiquement et si pratiquement différentes, la justice des jurés et la justice des légistes, se tiennent dans deux salles voisines, isolées dans la partie du monument qui touche à la place Dauphine. Un couloir de quelques mètres seulement les sépare.

Assez vaste, très froide, encombrée de banquettes à dos, la salle d'audience de la Chambre des appels correctionnels, avec son absence presque complète d'ornements et son plafond aux tons grisâtres, évoque l'idée d'un temple protestant. La loi, semble-t-il, règne en cette enceinte, dans tout son rigorisme. Et cependant l'atmosphère qu'on y respire n'a, au premier abord, rien d'inquiétant.

On se sent dans une Chambre de justice, de justice reposée pour ainsi dire. Rien, dans la figure des conseillers, pleins d'une morgue indifférente, n'indique l'esprit de passion qui rayonne, avec tant de complaisance, sur la physionomie de certains magistrats de première instance au moment où ils statuent sur une affaire. C'est qu'ici on juge non seulement à plus longue distance des événements qui ont motivé le procès, mais encore hors la présence des témoins, dont les dépositions, maintenant écrites, ont perdu, sur le plumitif du greffier, toute leur émotion communicative.

La solennité réconfortante, éparse à travers la salle d'audience, et surtout le long accomplissement des formalités légales font renaître à l'espérance d'un acquittement le prévenu, encore tout ahuri de la façon expéditive et parfois brutale avec laquelle son procès a été conduit en première instance. Le malheureux, surpris de la correction de ses nouveaux juges, se repaît anxieusement les yeux et les oreilles du spectacle auquel il assiste.

On juge son affaire et c'est à peine, cependant, s'il prend part aux débats.

Le président, d'un ton courtois dans sa sécheresse, l'interroge sommairement sur son état civil. Puis il ajoute, en se tournant, plein d'amabilité, vers l'un de ses collègues :

« La parole est à M. le conseiller rapporteur. »

Une voix brève, s'élevant confusément du groupe des sept conseillers, retrace aussitôt les différentes phases de l'affaire et expose avec minutie la procédure, les débats et le jugement de première instance. Ce rapport, tout à fait dénué d'ornements littéraires, n'est autre chose qu'un procès-verbal bourré de faits et empreint d'une réelle impartialité. Il ne s'y glisse aucune observation personnelle.

Le prévenu, dès le début de l'exposé de M. le conseiller, n'a qu'une préoccupation : rechercher de quelle bouche sort la voix brève qui frappe ses oreilles. Il promène ses yeux sur les sept magistrats, assis à sa gauche, autour d'une table en forme de fer à cheval, recouverte d'un tapis vert, encombrée de paperasses et de gros codes. Il les considère l'un après l'autre, en leurs attitudes indolemment variées, tous occupés, non à écouter, mais à écrire ou à lire. Ce n'est qu'au remuement des lèvres de l'un d'eux et aussi aux mouvements des mains nécessités par la recherche des pièces dans le dossier qu'il distingue le conseiller

rapporteur. Dès lors, il ne le quitte plus du regard ; ses oreilles
se ferment en quelque sorte, et toute son attention se réfugie
dans ses yeux.

Lorsque, au bout de dix à vingt minutes, la voix du rapporteur cesse de se faire entendre, M. le président, s'arrachant
prestement à l'occupation extrajudiciaire à laquelle il se livrait,
dresse la tête, et, d'un ton froid :

« Prévenu, levez-vous, » dit-il.

L'interrogatoire a lieu ; un interrogatoire sommaire dans
lequel le président, sans l'ombre d'acrimonie, à la Suétone pour
ainsi dire, relève les principaux chefs de la prévention et sollicite les réponses de l'inculpé.

Les conseillers regardent alors, pour la première
fois, le prévenu, entendent quelques-unes de
ses explications, et, en gens dont la religion
est rapidement éclairée, reprennent les travaux dont ils s'étaient momentanément distraits.

Aux mots du président : « Le défenseur a
la parole, » l'avocat de l'inculpé commence
une plaidoirie fort longue ; après un second
exposé de l'affaire, un exposé à sa façon, il bat
minutieusement en brèche chacun des « attendu » du jugement qui a condamné son client et

M. l'avocat général.

il conclut, pour des raisons de fait et des raisons de droit, à
l'infirmation, tout au moins partielle, de la décision des magistrats de première instance.

Puis, quand, très éventuellement, la confirmation de la sentence, dont il est fait appel, paraît courir quelque danger,
M. l'avocat général présente, à son tour, de courtes observations. Il s'efforce de démolir, dans ses conclusions, les arguments de la défense et de démontrer avec une force de
logique égale à celle de son adversaire que le Tribunal de
police correctionnelle a sainement appliqué la loi. Parfois,
mais dans les cas tout à fait extraordinaires, l'organe du ministère public réclame de la Cour une augmentation de peine.

C'est ce que, dans la langue du droit, on nomme un appel à *minima*.

Au cours de ce duel oratoire dont il sent qu'il sera l'unique victime, le prévenu varie machinalement ses attitudes. Pendant la première demi-heure, il suit, le visage rayonnant et en couvant des yeux avec amour son défenseur, les raisonnements de l'avocat. Mais, peu à peu, son attention se fatigue; elle finit par faire naufrage au milieu de toutes ces arguties juridiques. Ses regards clignotants errent alors de côté et d'autre, se portant toutefois de préférence sur les conseillers. Si l'un deux, à un certain moment, relève la tête et semble écouter un passage de la plaidoirie, le malheureux s'attache à déchiffrer sur sa physionomie l'impression qu'il éprouve. C'est avec un grand serrement de cœur qu'il voit le magistrat reprendre, après cette bouffée de distraction, son travail interrompu.

Inquiet, il se met en quête d'un visage ami et explore dans ce but tous les coins et recoins de la salle. Nulle part il ne trouve ce qu'il cherche.

Le greffier et l'huissier ont leur apathie professionnelle. Assis en face de lui, devant de longues tables en gradins où siègent parfois les jurés de la Seine, quand il y a une double session d'assises, les avocats, ennuyés, attendant leur tour de plaidoirie, paraissent n'avoir d'yeux que pour la pendule et, d'un mouvement de tête machinal, ils la consultent toutes les cinq minutes. Le public et les gardes de Paris avec leurs profils d'apparat sont trop éloignés de lui pour qu'il puisse se rendre compte de leurs sentiments.

Effrayé par cette absence de sympathie, au milieu de l'isolement lamentable qui l'oppresse, il se réfugie dans la contemplation de son avocat. Celui-ci, sa plaidoirie achevée, se repose l'esprit en caricaturant sur un coin du dossier M. l'avocat général en personne. Le prévenu se sent bientôt gagné par l'atmosphère d'indifférence qui l'entoure. Plutôt que de prêter attention au dédaigneux réquisi-

toire du ministère public, distraitement il examine la structure
de la salle d'audience, regarde le plafond et, tournant la tête,
considère avec attention le buste de la République, au-dessous
duquel se trouve inscrit en lettres d'or ce distique d'un latin
décadent :

Hic pœnæ scelerum ultrices posuere tribunal,
Sontibus unde tremor, civibus unde salus.

Mais la voix du président se fait à nouveau entendre :
« La Cour va en délibérer... »

Lourdement, MM. les conseillers se lèvent et, après quelques
minutes de délibération, en rond, derrière le fauteuil du président, se rendent à la queue leu leu dans la Chambre du Conseil. Ce voyage indique qu'il y a une question de droit sous
roche. Sans cela, la décision eût été immédiatement rendue
sur le siège.

Le prévenu, prompt à l'espérance, doit-il augurer favora-
blement de cette délibération solennelle ? Hélas non. Presque
toujours la Cour ne se retire dans la Chambre du Conseil que
pour rafistoler le jugement hâtif des magistrats de première
instance, jugement qui, excellent quant à la condamnation, ne
saurait, en ce qui touche la forme, affronter l'examen de la Cour
suprême. L'esprit légiste, sans cesse en éveil dans le cœur des
conseillers, se donne bientôt libre carrière. La décision dont il
est fait appel reçoit le vernis juridique qui lui faisait défaut. A
l'envi, on se complaît à l'étayer d'arguments subtils. Avec un
merveilleux raffinement de logique, le texte de loi, visé par la
prévention, est sommé d'englober le fait reproché au prévenu.
Il ne fait pas même un semblant de résistance.

Accompagné des six conseillers radieux, le président, le dossier du procès sous le bras, fait une rentrée triomphale à l'audience. Avec des sautillements de joie dans la voix, il donne
lecture de l'arrêt qui, quoique infirmant les motifs du jugement
de première instance, n'en confirme pas moins fort scrupuleusement le dispositif.

Le condamné assiste, hébété, à l'écroulement des rêves qu'avait tout d'abord fait naître en lui la solennité de débats judiciaires où on ne le malmenait pas.

Est-ce à dire que la Chambre des appels de police correctionnelle, surnommée, avec irrévérence, par Henri Rochefort, la « Chambre des Évêques », confirme toujours ? Évidemment non. Elle a rendu des arrêts célèbres où s'est manifestée sa sérénité juridique et où elle a affirmé tout à la fois son indépendance et son mépris pour les verdicts de la foule. C'est à elle, en effet, que l'on doit l'acquittement de M. Wilson, qui, au cours des débats de son procès, tout en promenant nerveusement sa main droite dans sa longue barbe rousse, fixait sans cesse ses yeux confiants sur le distique latin, inscrit au-dessous du buste de la République et d'où semblait se détacher, en rayonnant, ce pentamètre :

Sontibus unde tremor, civibus unde salus.

V

LA CHAMBRE DES MISES EN ACCUSATION

Avant de gagner la Cour d'assises, la vaste scène où évoluent les premiers rôles du crime, il nous faut faire un petit crochet et tâcher, conduit par quelque Asmodée, de visiter la Chambre close des *mises en accusation*, cette antichambre où séjournent, pendant quelques semaines, les procès au grand criminel.

Dans le couloir-vestiaire où le visiteur rencontre, après avoir gravi les degrés du grand escalier, un premier bourdonnement d'avocats et de plaideurs, s'ouvre une petite porte basse. Par un obscur colimaçon, qui descend, comme dans une cave, elle conduit à une série de pièces tristes, au ras du sol, sans autre horizon que les murs de la Sainte-Chapelle. C'est là que siège encore la Chambre des mises en accusation. Bientôt elle se transportera avec la Cour d'appel dans les nouveaux bâtiments hauts et clairs ; et pourtant ce vieux décor était bien le cadre de cette juridiction qui, dans le huis clos, travaille à renvoyer les criminels devant la Cour d'assises.

Au bas du petit escalier se trouve d'abord le cabinet du greffier, M. Horoch, dont l'accueil affable contraste singulièrement avec l'aspect général des lieux. On traverse ensuite le vestiaire des magistrats, sur lequel s'ouvre une salle trop sobrement meublée où bavardent des substituts, en attendant leur tour d'aller en la Chambre du Conseil exposer les affaires dont ils sont chargés.

Cette Chambre du Conseil est une assez grande pièce, d'aspect délabré ; au milieu, une table ovale, drapée de vert, qu'entourent les sept fauteuils des conseillers et la chaise du substitut. N'était une respectable rangée de gros volumes alignés dans une glissière, on dirait — que Thémis excuse ce blasphème ! — une table où se poursuit quelque baccara clandestin.

C'est autour d'elle cependant que se réunissent, en des audiences bi-hebdomadaires, le mardi et le vendredi, les six conseillers et leur président. Et, pour être mal installés, ils n'y font pas moins très grosse besogne. D'une part, ils ont à statuer en appel sur les décisions des juges d'instruction relatives aux demandes de mise en liberté provisoire. D'autre part, ils ont mission de décider si les inculpés doivent être renvoyés en état d'accusation devant la Cour d'assises, ou s'ils sont dignes de bénéficier d'un arrêt de non-lieu. Ils sont éclairés dans cette seconde partie de leur tâche par les rapports que viennent soutenir devant eux les substituts chargés, à tour de rôle, de toutes les affaires criminelles du ressort. Les conseillers délibèrent, et l'un d'eux est désigné par le président pour rédiger l'arrêt. Ce travail, réparti entre six conseil-

34

lers, ne laisse pas d'être considérable pour chacun d'eux, car, à la fin de l'année, la Chambre a rendu de ce chef six à huit cents décisions.

Mais ce n'est pas tout, et le nouveau Code d'instruction criminelle s'est montré particulièrement cruel envers ces magistrats en leur attribuant le soin de prononcer les réhabilitations. Désormais tout condamné à une peine afflictive peut, au bout de trois ans révolus, obtenir que son casier judiciaire ne porte pas trace de la condamnation encourue, si les renseignements fournis sur sa conduite sont satisfaisants. Avant cette simplification de procédure, première manifestation d'un état d'esprit auquel nous devons la récente loi Bérenger, le nombre des réhabilitations n'excédait pas soixante-dix par an. Aujourd'hui, il s'élève à plus de huit cents chaque année.

Mais le progrès chaque jour fait son œuvre, même au Palais de Justice. Un nouveau local a été préparé pour la Chambre des mises en accusation. Présentement, il est occupé par le jury d'expropriation.

Pour une fois, le civil tient le criminel en état.

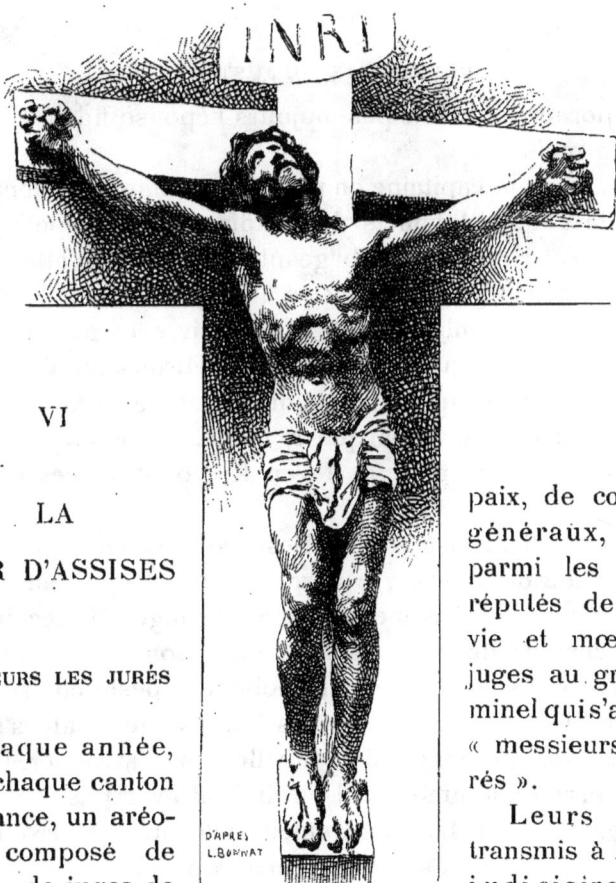

VI

LA COUR D'ASSISES

MESSIEURS LES JURÉS

Chaque année, dans chaque canton de France, un aréopage composé de maires, de juges de paix, de conseillers généraux, choisit, parmi les citoyens réputés de bonnes vie et mœurs, ces juges au grand criminel qui s'appellent « messieurs les jurés ».

Leurs noms, transmis à l'autorité judiciaire, seron l'objet d'une sélection nouvelle à laquelle procédera, en second ressort, une Commission réunie au chef-lieu.

C'est ainsi qu'est dressée la liste générale du Jury. C'est d'après cette liste générale que sera tiré au sort, tous les trimestres et à Paris toutes les quinzaines, le jury de chaque session criminelle, composé de trente-six membres titulaires et de quatre jurés suppléants.

Au-dessus de trente ans, l'office de juré est un service public obligatoire. Nul, s'il n'est septuagénaire, ne peut refuser son concours à la justice, à peine d'une amende de 500 francs.

Pour tous les citoyens, c'est là un honneur, d'ailleurs diversement apprécié. Le juré n'a qu'une indemnité de déplacement dérisoire; il ne touche aucune indemnité de séjour. Ses affaires souffrent de son absence et sa femme, pendant cette magistrature temporaire, ne reste pas toujours l'épouse fidèle qui file la laine à la maison.

Certes, pour le capitaine en retraite qui mange sa demi-solde dans la paix des estaminets d'arrondissement, ce petit voyage à la ville n'a rien de désobligeant. Le retraité attache à sa boutonnière un large ruban, lustre à coups de coude le chapeau des jours de fête, enlève à son lit de poivre et de camphre la redingote ancienne qui dort au fond des tiroirs et, bien sanglé, bien ajusté, un soupçon de teinture sur les crocs blanchis de sa moustache, il débarque à l'hôtel de France, résolu à sauver la société en péril et à s'en f..., de tous ces clampins d'avocats.

Mais, quand Jean-Mathurin Besnard, fermier à moitié, voit arriver un soir de moisson le garde champêtre porteur du mandat impérial qui le requiert pour venir juger, il secoue avec rage les cendres de sa pipe sur le coin de son talon et, montrant désespérément la récolte encore debout, il peste contre la magistrature, le gouvernement et les impôts, demande s'ils n'en n'ont pas assez de bourgeois à la ville sans l'arracher, lui, à la terre, la terre qu'il aime, qu'il étreindrait avec passion comme une amie, et, se courbant hâtivement à la tâche interrompue, il achève dans l'éclat du soir la journée trop vite expirée.

Les voici tous réunis dans la salle des assises, messieurs les jurés! C'est le début de la session. Inconnus pour la plupart les uns aux autres, ils s'observent, se formant insensiblement en groupes autour des décorés. Ils sont là, tous les notables, réunis pour juger des parias : le notaire avantageux, à lorgnon et à favoris flottants, qui est de la maison et qui cherche un avocat de connaissance pour se faire récuser à cause de son étude; le vieux rentier, tout glabre, silencieux et pénétré de lui-même; quelque artiste égaré, les cheveux au vent, la cravate lâche, qui jugera mal, séduit par l'invraisemblable et le romanesque... Et, plus loin, modestement effacé, apparaîtra, sur cette scène de justice où se joue parfois le sort d'un bourgeois, un notable du quatrième état dans la personne de quelque contre-maître grave, attentif, presque recueilli; un juge modèle, celui-là, dans son bon vouloir simpliste, s'il n'avait la cervelle farcie de feuilletons.

D'honnêtes gens, tous... Les défaillances privées, les compositions et les violences ne sont point à craindre quand l'homme ne juge pas seul. Devant ses onze collègues, un juré se fera une coquetterie de conscience de paraître un esprit droit, scrupuleux et désintéressé : on peut dire avec assurance qu'au point de vue moral la moyenne collective est bien supérieure à la moyenne individuelle. Là-dessus, tous les penseurs sont d'accord.

D'honnêtes gens, dis-je, messieurs les jurés. Mais que d'inexpérience et d'incertitude ! Ah ! ce n'est point chose facile de s'isoler, de devenir un homme absolument impartial ! Toute conviction d'un juré est essentiellement subjective. Jamais il ne condamnera, jamais il n'acquittera un accusé par des considérations d'ordre général, mais par des raisons tirées de son propre fonds. La culpabilité d'un homme l'impressionnera plus ou moins, selon qu'il sera plus ou moins exposé lui-même à la même catégorie de crimes.

Il est de notoriété publique que, devant un jury campagnard, les filles coupables d'infanticide sont généralement acquittées. Un enfant naturel ! Que serait-il devenu, ce petit ? Il aurait fallu l'élever à la charité de la commune, et à quinze ans il serait venu mettre le feu aux meules !

Quant à l'incendiaire, il sait ce qui l'attend. Le paysan, exposé sans défense au feu, ne lui fera ni grâce, ni merci.

De même pour l'attentat aux mœurs commis sur des enfants, car les enfants des villageois restent souvent seuls à la ferme, pendant que le père et la mère travaillent aux champs. Le faux monnayeur n'a pas plus de pitié à attendre. Un « rural » enverrait un homme au bagne, et cela s'est vu, pour une fausse pièce de quarante sous.

La sévérité du jury de Versailles est légendaire. Composé de maraîchers, d'anciens officiers et de vieux petits employés retirés dans quelque cottage de la banlieue, exposé chaque jour et chaque nuit aux incursions de la vermine parisienne, il frappe impitoyablement tous les malfaiteurs que lui envoie la grande ville, accordant toujours à l'accusation le verdict qu'elle lui demande, et quelquefois davantage ! On l'a bien vu, il y a quelques années, dans le procès de ces trois jeunes gredins venus de Paris pour assassiner une vieille cabaretière d'Argenteuil; le ministère public ne réclamait qu'une tête, le jury de Versailles les lui donna toutes les trois.

Bien autrement composite, le jury parisien est plus difficile à analyser. Il ne rendra point de verdict de caste, parce que les castes y sont trop fondues. Mais il est à la merci d'un beau parleur. Ce ne sera point l'avocat, rarement écouté, ni même l'avocat général, coupable aux yeux du Parisien frondeur de représenter le pouvoir. Non, c'est dans son propre sein que le jury choisira ce véritable chef, quelque raisonneur à la parole abondante et facile, dé-

Entrée des assises. Escalier du public.

couvrant partout des dessous, des à côté, et d'autant plus dangereux pour le bon sens de ses collègues qu'il jouera plus élégamment du paradoxe.

Le jury parisien est, de plus, sous la domination de deux maîtresses : la mode et l'actualité.

Pendant plusieurs années, la comparution des héroïnes du revolver et du vitriol fut une formalité pure et simple. Dans les crimes passionnels, l'acquittement était de tradition. Le Parquet a dû prendre le parti de dessaisir le jury dans la plupart des cas, en correctionnalisant les affaires, c'est-à-dire en renvoyant les vitrioleuses, pour coups et blessures, devant quelque fidèle neuvième Chambre qui, elle, ne les manquera pas.

Ainsi traités comme une juridiction mineure et incapable de juger dans certains cas, les jurés se sont piqués d'amour-propre. Ils rendent actuellement des verdicts assez convenables dans les procès d'amour. Mais le juré parisien n'en reste pas moins, en cette matière si délicate, un grand enfant qu'il faut tenir en lisière et surveiller de très près.

Nous parlions de l'actualité. Le juré de Paris est très sensible à la notoriété, à la célébrité d'un procès. Soit deux scélérats, ayant commis deux crimes identiques. Si le premier a la bonne fortune d'avoir opéré au milieu d'une crise ministérielle, le jour du Grand Prix ou de la manifestation du 1er mai, s'il a, en un mot, la chance que le meurtre ait passé inaperçu, il obtiendra facilement du jury, volontiers débonnaire, le bénéfice des circonstances atténuantes.

Si, au contraire, le crime a fait du bruit, si la presse s'en est emparée, si les journaux ont publié le portrait des victimes avec des descriptions épouvantables, la condamnation à mort est certaine. Billoir, qui méritait six mois de prison pour avoir donné un coup de pied malheureux à sa vieille maîtresse au milieu d'une querelle d'ivrognes, fut condamné à mort parce que le dépeçage du cadavre avait soulevé l'horreur générale, et, pour comble, le maréchal de Mac-Mahon le laissa exécuter « à cause de ses excellents antécédents », parce qu'il était un ancien soldat et qu'il avait déshonoré l'armée !

L'AUDIENCE

Voici donc nos bons jurés dans la salle d'audience, un peu dépaysés encore par l'appareil judiciaire. L'huissier fait l'appel général des noms ; quelques-uns s'excusent pour cause de maladie ou parce qu'ils ont besoin de leur travail quotidien pour vivre. Quelques autres sont renvoyés chez eux parce qu'on s'est aperçu, à la dernière heure, qu'ils ont été condamnés autrefois, tant les listes sont dressées avec désinvolture! Parfois un réfractaire encaisse — ou plutôt décaisse — une amende de 500 francs, et son nom est remis dans l'urne pour une session prochaine.

Enfin les non-valeurs défalquées, le cadre une fois complété par l'adjonction des jurés supplémentaires, le jury de session est établi.

Le président des assises fait amener l'accusé dans la Chambre du Conseil, où il précède lui-même les trente-six jurés, en compagnie de l'avocat général et du défenseur.

« Un tel, lui dit-il, ces messieurs sont appelés à vous juger. Je vais mettre leurs trente-six noms dans l'urne. Vous avez le droit d'exercer douze récusations; le ministère public a le droit d'en exercer le même nombre.

« Lorsque les noms de douze jurés seront sortis de l'urne sans aucune contestation de part et d'autre, le jury sera constitué. »

Le banc des accusés.

Relevant alors la manche droite de sa robe rouge, le magistrat agite un instant dans l'urne les billes sur lesquelles les noms sont inscrits et appelle distinctement les sortants.

« Présent! répond le juré.

— Récusé! » tonne l'avocat général ou glapit l'avocat.

En dehors des malins qui se font récuser pour se rendre libres quand ils ont des intelligences dans la place, le juré que ce *vade retro!* vient frapper en plein visage rougit violemment; ses yeux se roulent en boules de loto et il ouvre la bouche comme pour une protestation que le prestige de la justice arrête sur ses lèvres.

Rien de moins déshonorant, d'ailleurs, que le fait d'être récusé. Bien que ni le ministère public ni les avocats ne doivent

compte à personne de leur refus, il est toujours facile d'en deviner les motifs. Le défenseur récusera les gens mariés dans une affaire de mœurs; dans une affaire de vol par commis, il récusera les patrons; dans une affaire d'infanticide, les tout jeunes pères de famille.

Il est des cas, dans les procès politiques par exemple et quand le tirage du jury se fait publiquement, comme dans certaines Cours de province, où ce chapitre des récusations prend une importance capitale; alors l'avocat général et le défenseur se regardent du coin de l'œil : ils s'attendent!... N'ayant l'un et l'autre qu'un nombre restreint de récusations à exercer, ils espèrent toujours que, victime de quelque renseignement erroné, la partie adverse les délivrera d'un ennemi. C'est un duel curieux et bien comique comme gestes et comme attitude. Le nom du juré suspect aux deux parties est tiré : personne ne dit mot; le juré, tout fier, gagne majestueusement sa place. Il va s'asseoir, il s'assied déjà quand, à la dernière seconde, un « Récusé! » formidable et hâtif l'arrête au seuil de sa magistrature. Le juré tressaute, reprend mélancoliquement son chapeau qu'il avait déjà posé, et se perd, confus, dans la foule moqueuse de ses collègues.

On ne se figure pas les renseignements minutieux que le ministère public et la défense font prendre sur « leurs » jurés : opinion politique du mari, habitudes religieuses de la femme, attaches de la famille, la police s'enquiert de tout comme s'il s'agissait de prendre le signalement physique ou moral d'un contumace. Le Parquet et le défenseur arrivent ainsi à un degré étonnant de certitude.

Il y a quelques années comparut devant la Cour d'assises de la Corse un jeune journaliste bonapartiste, Antoine Léandri, qui avait pris le makis avec une petite armée de mécontents, pour protester contre certaines vexations administratives.

Antoine Léandri fut renvoyé devant le jury de la Corse pour excitation à la guerre civile.

Le procureur général Moras et Mᵉ de Montera, le défenseur, se livrèrent un combat homérique sur le choix des juges. Ils récusèrent l'un et l'autre avec un entrain merveilleux! Quand enfin leur droit fut épuisé, tous deux comptèrent les jurés survivant à cette hécatombe et, après avoir pointé les noms, le procureur général Moras se pencha vers l'avocat en souriant :

« Vous êtes acquitté par dix voix contre deux, lui dit-il.

— C'est exact, » répondit Mᵉ de Montera, après avoir vérifié à son tour.

C'est ce qui advint, le débat n'y changea rien et toute l'éloquence des deux orateurs ne déplaça pas un suffrage.

Le calcul, en la circonstance, était en somme assez facile, puisqu'il s'agissait d'un procès purement politique. Mais le choix des jurés demande souvent une étude plus subtile du cœur humain.

Se souvient-on de cette jolie femme de Toulon, Mᵐᵉ de Chicourt, qui comparut au mois de janvier 1891 devant le jury du Var pour une affaire d'avortement, à côté de son amant, M. Fouroux, maire de cette ville? Ceux qui l'ont vue et entendue à l'audience, avec son parler nonchalant de créole, ses poses de chatte et son abandon exquis, n'oublieront jamais cette accusée charmante, si peu coupable et si durement punie.

Autour du nom de M. Fouroux, son complice, s'engagea une bataille désespérée. On sait quelle acrimonie prennent dans le Midi les luttes politiques. Comme Fouroux était radical, le ministère public récusa tous les radicaux ; l'avocat riposta en jetant sur le carreau le plus d'opportunistes qu'il put. Bref, il ne resta plus dans le jury aucun homme de quelque surface, mais douze paysans de la montagne, loqueteux, aigris, ruinés par les maladies de la vigne, descendus dans des auberges de faubourg pour dépenser moins. Ceux-là s'inquiétèrent peu des opinions politiques du principal accusé, mais, exaspérés d'avoir pendant trois jours entendu parler de voyages à Paris, de parfumerie, de toilettes et de soupers fins, ils condamnèrent la jolie femme élégante et coquette, parce qu'elle représentait, à leurs yeux, le luxe, la vie facile et joyeuse, insulte à leur misère grandissante.

« Ma fille, disait la grand'mère de la *Valentine* de George Sand, prends un amant de ton rang. »

LA SALLE DES ASSISES
(Photographie communiquée par M. COULET.

« Accusé, dirions-nous volontiers à notre tour, fais-toi juger par des jurés de ta caste ! »

Mais nous sommes revenus dans la grande salle des assises. Un timbre annonce que les jurés rentrent, ils sont rentrés.

LA SALLE

C'est le moment de brosser à grands traits, en dehors de l'architecture déjà décrite, la physionomie de cette salle des assises de la Seine où se sont jouées tant de têtes.

Au fond, sur une estrade, les trois fauteuils de la Cour ; à gauche, l'avocat général ; à droite, le greffier. Puis, se faisant face, deux longues tribunes à gradins. Du côté de l'avocat général, bien à portée du geste et de la voix, le banc des douze jurés, ayant comme prolongement le banc des jurés non tombés au sort et qui désirent assister en curieux à l'audience.

Sous ce banc, le modeste bureau de l'huissier.

Vis-à-vis, deux longues tribunes également, la première pour

Un coin du banc de la presse.

l'accusé, la seconde pour la presse judiciaire. Elles sont séparées par une cloison mobile à coulisse, qui permet d'agrandir ou de diminuer la place réservée aux journalistes, selon le nombre des accusés. Une lumière vive tombe des hautes fenêtres d'en face, frappant l'accusé en plein visage, tandis que le jury reste dans l'ombre. Ainsi l'a voulu l'architecture judiciaire.

Sous le banc des accusés, celui des avocats et, à droite, pré-

cisément sous le bureau du greffier, une petite table et deux
fauteuils pour la partie civile qui doit, selon la tradition, venir
implorer justice au pied de la Cour.

Devant l'estrade des magistrats, une autre longue table, égra-
tignée par les traces de clous. C'est la table des pièces à conviction : que de fioles de vitriol, que de revolvers et de poignards,
que de vêtements ensanglantés, depuis la robe de satin jusqu'au
bourgeron de l'ouvrier et au corsage de la modiste, se sont
entassés sur cette Morgue des choses! Quelle histoire du crime
et des passions humaines aurait pu écrire un collectionneur !
Quelques étiquettes sur les pièces de ce musée macabre, une
date, un nom rappelé, cela suffirait et cela serait plus saisissant
que tous les récits!

Devant la table des pièces à conviction, la
barre, où le témoin viendra tout à l'heure lever
la main droite devant l'admirable Christ de
Bonnat.

Mais la Cour n'est pas encore annoncée et
déjà la salle s'est remplie. Dans le banc de la
presse, quelques expulsions d'intrus; au milieu
du prétoire, grave et investigateur, Léon, l'appa-

Un habitué.
(Dessin de P. Renouard.)

riteur de l'Ordre, scrute du regard les bancs des avocats et en
extrait délicatement quelque profane, qui sera conduit tout à
l'heure devant le bâtonnier et renvoyé après un sermon bien
senti, pour port illégal de la robe.

Dans l'enceinte réservée, au mépris d'une circulaire fugitive,
de jolies toilettes, des chapeaux exquis, des rires, des « Chut! »
des « Ah! » et des petits cris de femme qu'on pince.

Hier encore, c'était le beau temps des cartes de faveur, pro-
diguées à des cocottes, et dont la vente a rapporté à certains
subalternes de véritables fortunes. Alors la salle des assises
ressemblait à une salle de spectacle; rien n'y manquait, ni les
éventails, ni les lorgnettes, ni les bravos, ni les frémissements
au moment pathétique et, pendant les suspensions, j'allais dire
pendant les entr'actes, le champagne sautait allègrement !

De jeunes stagiaires, venus seuls, sortaient accompagnés, et

quelques-uns n'attendaient pas la fin de l'audience pour prendre
des acomptes.

Cependant, au fond, debout, collés les uns aux autres comme
des sardines dans une boîte, s'écrasent et s'aplatissent les spectateurs à bon marché, le public gratuit, un mélange, étonnant de
couleur, de cravates groseille et de petits bonnets, de robes
fanées et de vieilles jaquettes aux nuances passées. Au milieu,
comme un crevé blanc, la toque immaculée du petit pâtissier
des foules. C'est le peuple qui veut avoir sa part du cirque et
qui s'y rue à coups de poing ! Ici ce ne sont plus des cartes qui
sont échangées, entre les curieux impatients, ce sont des horions !
Une poussée formidable a porté au premier rang un jeune télé-
graphiste qui restera là, ravi, haletant, jusqu'à la fin du jour !

Le public est bien tranché : aux
bancs réservés les den-
telles, ici les mouchoirs bleus ;
là-bas le parfum de l'héliotrope,
ici le relent du saucisson à l'ail ; mais regardez les attitudes
et les visages ! Partout la même expression de curiosité
fiévreuse et avide, la même soif d'émotions fortes, le même
délire pour ce théâtre de la vie, le vrai celui-là !

Dans les condamnations capitales, lorsque le président des
assises prononce le mot « mort », un même frisson parcourt
toutes les veines et une même exclamation d'épouvante s'échappe
de toutes les poitrines. Ce « Ah! » des condamnations à mort,

troublant, terrifié, on le retrouve avec la même tonalité, le même timbre, à Paris comme dans les Cours d'assises de petites villes, dans les Flandres comme dans le pays de Gascogne! La voix humaine, cet instrument merveilleux, qui possède à l'infini l'art des nuances, n'a point, ici, de dissonance pour exprimer ce qu'elle ressent, que ce soit la voix d'or de la Parisienne, la voix éraillée du faubourien ou la voix dure du paysan!

LA COUR

Mais, silence, voici la Cour! Tout le monde crie : « Assis! » et tout le monde se lève! Tous les regards se tournent vers la petite porte par laquelle l'accusé pénètre entre deux gardes. Quelques expulsions supplémentaires sont pratiquées au banc de la presse : une dame, qui offre aux journalistes de rester là pour tailler leurs crayons, ne trouve point grâce. Un jeune avocat à barbiche militaire annonce des témoins pour le soir à un monsieur très bien.

Tout au fond, à gauche, juchés sur des bancs et étagés le long d'un couloir obscur, des toques et des manches flottantes de stagiaires retardataires, quelques-uns grimpés jusque sur le poêle et l'appui des fenêtres, guettant l'instant où un confrère plus matinal laissera une place vide au milieu du prétoire.

Enfin le silence se fait, le brouhaha dégénère en rumeur et la rumeur en chuchotement, après avoir passé par la gamme descendante de tous les murmures, et le président prononce lentement les mots sacramentels :

« L'audience est ouverte. »

Un court interrogatoire à l'accusé : son nom, ses prénoms, son âge, sa profession; puis les douze jurés se lèvent, chacun d'eux va prêter le serment d'usage :

Vous jurez et promettez devant Dieu et devant les hommes d'examiner avec l'attention la plus scrupuleuse les charges qui seront portées contre N..., de ne trahir ni les intérêts de l'accusé ni ceux de la société qui l'accuse; de ne communiquer avec personne jusqu'après votre déclaration; de n'écouter ni la haine ou la méchanceté,

ni la crainte ou l'affection, de vous décider d'après les charges et les moyens de
défense, selon votre conscience et votre intime conviction, avec l'impartialité et la
fermeté qui conviennent à un homme probe et libre.

Chacun des jurés lève la main droite et répond : « Je le
jure! »

Il y a quelques années, ce fut une sorte de sport parmi les
jurés de refuser le serment à cause de la formule religieuse
qu'il renferme. De très braves gens, fort indifférents en matière
de foi, se découvrirent instantanément des scrupules de conscience qu'ils n'avaient pas soupçonnés jusque-là. Le serment
s'arrêtait dans leur gosier. Je ne sais quelle vieille barbe de 1848
avait inauguré ce genre de protestation contre le cléricalisme, et,
comme le juré est essentiellement mouton de Panurge, la phalange des « jurés non-jureurs » grossit rapidement.

Quelques amendes eurent raison de cette petite Fronde. Les
jurés comprirent sagement qu'il est inutile de compliquer la vie
ou de compromettre un voyage de vacances par un sacrifice
aussi médiocre à la philosophie. Le calme se fit et, comme la
mode en a passé, personne ne refuse plus de faire à Dieu cette
petite politesse inoffensive, bien qu'il y ait, selon toutes les sta-
tistiques, autant de jurés libres penseurs qu'auparavant.

Maintenant, les manifestations extérieures du jury sont terminées. Il écoutera le débat généralement sans mot dire, à moins
qu'un bavard ne s'avise de poser une question, auquel cas tous
ses collègues se croiront obligés d'en faire autant. Mais c'est
l'exception, et le banc du jury restera la partie morte de l'auditoire jusqu'au moment du verdict. C'est au président des assises
d'entrer en scène.

LE PRÉSIDENT DES ASSISES

A l'époque hiératique de la magistrature, qui n'est pas
encore bien loin de nous, le président des assises n'était pas un
simple personnage, c'était presque un demi-dieu! A peine
avait-il été investi, simple conseiller de Cour, de ces fonctions

redoutables qu'une auréole se formait autour de son front. Il ne marchait pas : il s'avançait ; il ne parlait pas : il prononçait ; sorte de pontife civil, il lançait sur le vulgaire, non l'excommunication majeure, mais les foudres du pouvoir discrétionnaire. Certes, il en était des galants, comme ce président de la Cour d'assises de Saintes qui disait avec un sourire à Mᵐᵉ de Tilly, accusée d'avoir vitriolé une modiste, sa rivale :

« Levez-vous, accusée, car vous savez, madame la comtesse, que nous sommes forcés de vous appeler de ce nom ! »

Mais il arrivait aussi que l'interrogatoire se trouvât réduit à un simple monologue, coupé de loin en loin par ces deux objurgations : « Accusé, expliquez-vous », et, aussitôt que l'accusé avait ouvert la bouche pour répondre : « Taisez-vous ! »

C'était le temps où florissait l'ineffable résumé, dans lequel l'accusation était reprise avec tant de complaisance et la défense escamotée avec un si parfait dédain.

Le banc de la défense.

Le résumé est mort en 1880, pourfendu par Lachaud à la suite des variations auxquelles s'était livré, dans le procès de Mˡˡᵉ Marie Bière, le président Bachelier, un virtuose ! La plupart

36

de ceux qui liront ce volume se souviendront certainement de
ce conseiller Louis XV avec sa perruque poudrée, son rabat
formant jabot et ses petites mains trop soignées d'abbé de cour.
Il résumait à ravir et, de sa voix flûtée, disait les plus terribles
choses avec tant de grâce qu'à l'exception de l'accusé, chacun se
prenait à sourire.

C'était aussi le temps du vieux conseiller F... — il est mort,
n'affligeons pas ses mânes! — qui n'avait que trois formules
pour résumer la défense :

La défense « un peu longue », quand l'avocat était son ami ;
la défense « tou- était un indifférent ; la dé-
jours trop lon- fense « toujours trop longue », quand gue et mal présentée
l'avocat d'ailleurs », quand
l'avocat était ré-
publicain. Le con-
seiller F... était
orléaniste.

Pendant le réquisitoire (croquis de P. Renouard).

Les auteurs de
ce livre, simples
observateurs des mœurs du Palais, s'en voudraient d'intro-
duire ici la moindre considération politique ; ils n'ont pas à se
prononcer sur l'utilité historique de l'épuration judiciaire qui
a suivi les décrets contre les congrégations. Mais il est certain
que, si les formes extérieures de la vénération y ont perdu,
les accusés, et dès lors la justice elle-même, y ont incontesta-
blement gagné.

Nous ne disons pas que tous les présidents d'assises soient
devenus des modèles d'impartialité et de douceur ; mais, sauf
quand la politique s'en mêle, on n'est plus exécuté, on est jugé et
la brutalité des coupe-en-deux de l'ancien régime a fait place à
une étude plus sérieuse des mobiles et des circonstances. Ce
côté psychologique des débats judiciaires a pris, pendant ces
dernières années, un développement remarquable. Il est, parmi
les présidents d'assises, des penseurs, des analystes de premier
ordre.

Le président idéal doit mettre toute sa logique et toute sa finesse à pénétrer les secrets d'une âme qui se replie, à démêler toutes les ruses de la femme, infiniment plus forte que l'homme pour se défendre, à résumer en trois mots tout un débat. Il doit présider comme l'on cause, sans un éclat de voix, sans une menace ; mais, quand l'homme ou la femme sont assis depuis un quart d'heure d'interrogatoire, il faut qu'ils soient percés à jour, et le jury doit tout connaître.

M. Bérard des Glajeux, aujourd'hui président de Chambre à la Cour d'appel de Paris, a réalisé, à plus d'un égard, le type de ce président modèle.

Ce n'était point non plus un banal que le président Cartier, mort il y a quelques années. Le voyez-vous encore avec sa face enluminée, ses longs favoris presque blancs, son nez de

Pendant la plaidoirie, audience de nuit (par P. Renouard).

polichinelle et ses grands yeux railleurs où se lisait une étonnante gauloiserie ? Il procédait par la familiarité, le « bon garçonisme », nous allions dire par la blague, indulgent d'ailleurs et ne demandant point aux hommes d'être des saints. Mais il fallait l'entendre interroger — avec quelle ironie prodigieuse ! — l'abbé Roussel, accusateur de sa protégée, Mlle Annette Harchoux, qui avait abusé de sa signature et qui ripostait à l'audience en reprochant au pauvre abbé les épanchements trop intimes de son ancienne sollicitude.

Ces dialogues d'assises, quand ils sont dirigés par un artiste, sont d'une couleur que le théâtre ne peut rendre. Il y a là des intonations, des attitudes, des ripostes, des frémissements que tout l'art d'un écrivain, si homme de métier qu'il soit, est impuissant à restituer sur la scène. L'accusé, devant ses juges, ne se livre point à toutes les manifestations bruyantes, aux cris, aux larmes, aux exclamations, dont les acteurs de drame se croient tenus d'accompagner leurs protestations d'innocence.

Il est beaucoup plus sobre de mise en scène, mais son jeu est bien plus intéressant, et rien n'y détonne, parce qu'il est l'expression même de la nature.

L'AVOCAT GÉNÉRAL

A côté du président des assises, voici le représentant du ministère public, « l'avocat bêcheur » dans la langue des prisons, voici « M. l'avocat général ! »

L'illustration populaire le représente avec des favoris coupés court, des lèvres minces, des sourcils serrés et un air très méchant.

Il n'est pas toujours ainsi et ne tire point nécessairement ses effets d'audience d'une voix tonnante et d'une gesticulation désordonnée.

M. l'avocat général Bernard, aujourd'hui conseiller à la Cour suprême, qui a requis dans l'affaire de Mme Clovis Hugues, dans l'affaire Pel, dans l'affaire Marchandon et tant d'autres procès célèbres de ces dernières années, était, au contraire, un homme d'une grande douceur de parole, si loyal et si indulgent qu'il présentait parfois la défense. Il parlait aux jurés avec une mélancolie un peu résignée, sachant admirablement s'emparer d'eux par une émotion subie en commun et qu'il semblait exprimer pour leur compte. Sa modération même était pour l'avocat le plus grand de tous les dangers.

Tout autre, M. l'avocat général Sarrut, qui a requis contre Prado.

Une parole brève, coupante, impitoyable ! Une immobilité de statue, une argumentation si serrée que l'accusé ne trouvera plus de maille pour en sortir.

Jamais d'indignation ni de colère, mais jamais d'attendrissement ni de pardon : rien de féminin, sinon rien d'humain; rien surtout de sacrifié à l'ornement et à la grâce. Tel est le réquisitoire de M. l'avocat général Sarrut : un prêche.

Ceux qui ont entendu, dans la clarté brumeuse d'un jour d'automne, cet homme maigre, attristé, aux joues creuses, aux cheveux plantés droit, à la barbe rousse coupée en pointe à la mode huguenote du temps de Charles IX, ceux qui l'ont entendu demander la tête de Prado, n'ont pu s'empêcher de penser avec une sorte de terreur à quelque inquisiteur sorti vivant de son cadre.

M. l'avocat général Sarrut.

Tout autre encore, M. le procureur général Quesnay de Beaurepaire : un lettré, d'abord, un amoureux de la forme et du bien dire, un subtil que ne rebute aucune recherche de sentiment.

L'écrivain du *Forestier* se retrouve à la barre de la Cour d'assises avec ses descriptions si pittoresques, parfois audacieuses, mais d'une si belle couleur et d'une telle puissance de pinceau. La voix a l'accent traînard et gouailleur, la toque est rejetée en arrière, à l'étudiant, la démarche a quelque chose de flottant, de dégingandé. L'homme enfin, avec sa figure glabre, son ossature puissante, son œil railleur et malin, donne plutôt l'impression d'un paysan du Bas-Perche que celle d'un procureur général à Paris. Mais comme M. Quesnay de Beaurepaire se transfigure aussitôt qu'il a pris la parole! Au bout de cinq minutes, on ne pense plus à la démarche, ni à la voix. Un merveilleux acteur, un diseur et un penseur d'une incontestable puissance, quelqu'un enfin, est devant vous. Sous cette parole investigatrice et redoutable, l'accusé n'a plus de secrets. C'est lui que le procureur attaque de front, directement, le désignant du geste, le scrutant du regard, l'enveloppant de sa phrase imagée, le faisant tressaillir à quelque interpellation saisissante et inattendue.

« Je le sais, moi, votre nom, disait M. Quesnay de Beaurepaire au mystérieux Campi, je vais vous le dire!... » et il semblait marcher sur lui, le doigt en avant comme la pointe au corps, et il le faisait attendre tout palpitant, allongeant ses paroles, éternisant son silence, laissant croire à l'accusé masqué qu'il était deviné, que son nom allait réellement lui être jeté au visage..., puis, avec un sourire de dédain, satisfait de l'effet produit, achevant sa période avec une ironie dédaigneuse : « Je sais votre nom, et je vais vous le dire : vous êtes l'assassin de la rue du Regard ! »

Huit ans après l'affaire Campi, M. le procureur général Quesnay de Beaurepaire couronnait sa carrière par le réquisitoire célèbre prononcé devant la Haute Cour contre le général Boulanger et par le réquisitoire de l'affaire Gouffé, dans lequel il combattit avec tant de bon sens et de raison « l'amour du merveilleux » ressuscité de nos jours sous la dénomination scientifique d'hypnotisme à l'état de veille. L'école de Nancy reçut dans ce combat le coup fatal.

LES AVOCATS

Voulez-vous maintenant que nous regardions de l'autre côté de la barre ?

Voici les avocats.

Il y en a de vieux, de vieux routiers d'assises, chantant depuis quarante ans les mêmes ritournelles avec les mêmes trémolos convaincus ; il en est de jeunes, des éphèbes tout frais émoulus de la Conférence, anxieux comme à un premier rendez-vous, emballés sur les arguments les plus vermoulus comme un rhétoricien sur une dame très mûre. Il en est dont la réputation grandit, que la presse suit avec intérêt, dont le portrait trouvera peut-être sa place dans une édition postérieure de ce volume.

Actuellement, trois noms dominent le Barreau parisien au grand criminel : Lachaud, Me Demange, Me Albert Danet.

Nous disons Lachaud, parce qu'il demeure ! Si le maître est mort, son souvenir et sa tradition sont impérissables. Beethoven

Cour d'assises (notes d'audience de P. Renouard).

n'a pas été un musicien, mais la musique même; Lachaud n'a
pas été un défenseur, il a été *le défenseur*. Un orateur si l'on veut,
et un orateur admirable, habile à tous les accords, à toutes les
modulations, ayant à sa disposition dix voix, vingt voix différentes, selon qu'il s'agissait de convaincre ou de séduire, de toucher ou de terrifier; mais avant tout un tacticien de premier
ordre et un psychologue auprès duquel les spécialistes de ce
nom sont des enfants qui balbutient. Parfois, avant d'avoir com-
mencé sa plaidoirie, Lachaud avait gagné sa cause; il l'avait
gagnée par une interrogation habile au témoin principal, par
une préparation savante de son accusé, par un
sourire ou un « Hum! » railleur, soulignant
l'argument faible d'un réquisitoire.

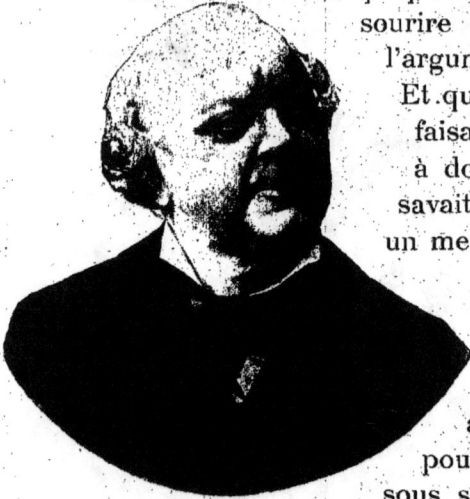

Et quelle connaissance du jury! Lachaud
faisait douze plaidoiries, s'il avait affaire
à douze jurés de conditions diverses. Il
savait bien que telle considération touche
un mercier qui reste indifférente à un in-
génieur des mines. Par une intuition
merveilleuse, il se transportait dans
l'âme de chacun, exécutant des
variations sur le même thème et
avec un brio incomparable, parlant
pour chaque juré tour à tour, le tenant
sous son œil qui regardait partout, ne le
laissant quitte qu'après l'avoir convaincu.

Me Lachaud.

Ce fut un esprit délicieux, une âme indulgente et charmante.
Il a été bon pour les humbles, il a aimé son art par-dessus tout,
il a été le protecteur, l'ami de tous ceux qui pensent et, en des
temps difficiles, le défenseur désintéressé et généreux de la
liberté de la pensée.

Comme Lenté, cet autre géant, il est venu pour ainsi dire
mourir à la barre, envahi déjà par l'engourdissement suprême,
mais s'éveillant de son sommeil pour prononcer quelque plaidoirie touchante devant ces juges que ses yeux voilés ne distin-
guaient plus.

Puis il s'est endormi dans l'éternel repos sous le portrait exquis de cette jeune femme aux cheveux fins, aux grands yeux profonds, au teint mat, avec une rose blanche au corsage, sous le portrait de Mme Lafarge que Mme O'Connell avait dessiné pour son cabinet de la rue Bonaparte et qui lui rappelait le premier triomphe de ses jeunes années.

Me Demange, qui lui a succédé, est avant tout un orateur. Il a les mêmes qualités d'action, les mêmes enthousiasmes et les mêmes générosités de parole. La voix est chaude et vibrante ; la plaidoirie moins persuasive, plus enlevante peut-être. Deux notes, une note belliqueuse comme un clairon, une note douce et comme apaisée, avec trop de brusquerie parfois dans la modulation de l'une à l'autre. Au surplus, les mêmes dehors séduisants, une figure sympathique et loyale encadrée de favoris toujours jeunes, un *pectus* superbe ! Depuis l'affaire du prince Pierre Bonaparte, qui

Me Edgar Demange.

commença sa réputation, depuis l'affaire du docteur Garrigue, accusé de l'empoisonnement de son père et qu'il fit acquitter, à Périgueux, Me Demange a plaidé dans la plupart des grands procès criminels de ces derniers temps. Il a plaidé pour le docteur Castelnau, pour Fenayrou à Versailles, pour Mme Achet à Moulins, sans parler des gros mélodrames d'assises, comme le procès de Pranzini à Paris.

A côté de Me Demange, Me Albert Danet, un doux, un séducteur, un enjôleur, auquel les jurés ne peuvent véritablement refuser quelque chose. S'il a échoué pour Marchandon, c'est que ce misérable était impossible à défendre ; mais il fit acquitter Lucien Fenayrou et il a su persuader à M. Grévy qu'Abadie, son féroce client d'il y a dix ans, pouvait être conservé sans inconvénients à la société.

LA PARTIE CIVILE

Lachaud, Demange, Albert Danet, trois tempéraments de défenseurs.

Nous cherchions vainement l'avocat de la partie civile, celui qui accuse et qui sert d'auxiliaire au ministère public.

Accoutumés à implorer le pardon des hommes, ces grands avocats d'assises ne savent point commander la charge ou sonner l'hallali !

Il y a là deux gymnastiques d'esprit absolument inconciliables.

L'avocat de la partie civile, nous l'avons trouvé cette année : c'est Mᵉ Waldeck-Rousseau, le ministre revenu des grandeurs de ce monde, qui est en voie de prendre au Palais le premier rang parmi les avocats d'affaires.

Nous avons vu Mᵉ Waldeck-Rousseau se mesurer avec Mᵉ Demange dans cette mystérieuse affaire de Chantelle : celui-là demandant justice au nom des héritiers du notaire assassiné, celui-ci défendant Mᵐᵉ Achet.

Mᵉ Waldeck-Rousseau.

Grand, flegmatique, un peu anglais d'allures, en parfaite possession de lui-même, parlant avec une impeccable autorité, disséquant une affaire criminelle comme on discute un compte — voilà pour la clarté, — mais la discutant avec une ironie à froid et un humour délicieux — voilà pour l'élégance, — Mᵉ Waldeck-Rousseau est pour le ministère public l'allié rêvé, j'allais dire redouté, car, lorsqu'un homme de cette trempe a porté dans un procès une lumière aussi éclatante, il ne reste plus rien à dire.

TÉMOINS ET EXPERTS

Nous avons dessiné les principaux acteurs du drame : le président, le juré, l'accusateur public, l'avocat ; nous avons esquissé la foule impressionnable et tumultueuse des spectateurs.

Ce serait sortir du cadre de ce volume que de crayonner maintenant les personnages secondaires :

Le témoin à charge : important, écouté, félicité.

Le témoin à décharge : incertain, maladroit, parfois rabroué et tancé d'importance par le président.

L'expert-comptable, peu fleuri, mais si consciencieux !

L'expert en écriture, « ce personnage de vaudeville », comme l'appelait si joliment Georges Laguerre, l'expert en écriture, grave, solennel comme un saint-sacrement, et dont le seul aspect fait courir un fou rire sur le banc irrévérencieux de la presse.

Voici le docteur Brouardel, merveilleux de précision et de clarté, mettant avec tant de simplicité et

M. le docteur Brouardel, médecin-légiste.

de bonne grâce sa science à la portée du plus simple d'entre ses auditeurs.

Voici le docteur Motet, le grand aliéniste, avec sa parole si élégante et si choisie, ses portraits d'âme délicieusement esquissés en quelques traits charmants, ses analyses de sentiments que devraient venir écouter, comme à l'école, messieurs les psychologues, déjà nommés.

M. le docteur Motet, médecin-légiste.

Voici l'huissier, gros, essoufflé, affairé, bousculé, toujours en quête de ses témoins qui se sont échappés pour aller boire.

Puis, modeste, obligeant, désintéressé de tout et pronostiquant à coup sûr le verdict, M. le greffier Wilmès, le successeur du grand Commerson, qui vit retiré aujourd'hui à Versailles après un demi-siècle d'exercice, vert comme à trente ans, toujours jovial et de belle humeur, du grand Commerson, dont l'intelligence robuste, comme le disait si spirituellement Lachaud, « avait résisté à cinquante ans de résumés ».

Et cependant nous avons oublié quelqu'un encore.

Qui donc ?

L'accusé !

LES ACCUSÉS

Ne nous attardons point aux attentats obscurs, aux vulgaires infanticides.

Sans doute, chaque affaire d'assises, si banale qu'elle semble, porte en elle-même un sujet d'études et d'observations.

Curieuse, la physionomie du petit comptable que les courses ont amené au péculat.

Curieuse, la physionomie de cet irrégulier de la vie, vagabond pendant vingt ans, et devenu voleur un soir de jeûne.

Horrible, le père qui a assouvi une passion ignoble sur la fille qui est née de lui.

Bien intéressant, ce Gobseck extradé de Belgique et qui parle encore finance avec un aplomb plein de mépris pour les juges.

Et bien touchante, la pauvre fille chassée de sa place parce qu'elle était grosse, et qui, dans une heure d'affolement, aura laissé mourir l'enfant de l'inexpérience et de la misère.

Glissons sur la politique qui, depuis dix années, n'a eu que ses petites entrées aux assises, à cause du libéralisme des lois, et peut-être en raison de la juste méfiance en laquelle les jurés sont tenus par le pouvoir.

LA POLITIQUE AUX ASSISES

Pour trouver un procès politique à sensation, il faut retourner à 1881, au procès intenté à M. Henri Rochefort par le consul Roustan, à la suite de l'expédition de Tunisie.

C'était Mᵉ Gatineau, député d'Eure-et-Loir, qui présentait la défense du directeur de l'*Intransigeant*. Le seul nom de Gatineau suffit pour ramener le sourire et chasser la mélancolie. Avec ses cheveux teints en vert, son lorgnon d'or, sa face rubiconde et son œil scintillant de malice rurale, Gatineau, sous ces apparences rabelaisiennes, était un rude jouteur et un redoutable adversaire. Très fin, il démolissait d'un trait ironique, en affectant l'accent beauceron, l'argument le plus pompeux du ministère public.

Ce procès Roustan, si solennellement intenté, ne fut qu'un long éclat de rire. M. Henri Rochefort et son avocat racontèrent au jury des anecdotes mauresques et des histoires de Kroumirs et, après avoir passé une journée à se tordre, les jurés, oubliant l'affaire, acquittèrent le journal en remerciement, sans se douter peut-être qu'ils venaient de condamner en même temps un des actes les plus importants de l'histoire contemporaine.

Depuis, en dehors du procès du général Boulanger, qui s'est déroulé loin de nous, au Sénat, nous n'avons à noter aucune cause politique à sensation. De temps en temps, quelque anarchiste obscur comparaît en Cour d'assises pour avoir distribué dans les casernes des appels à la mutinerie en cas d'émeute.

Il n'a point voulu d'avocat, c'est un *compagnon* qui a demandé à le défendre, et, pendant deux ou trois heures, non sans une certaine force parfois saisissante, les revendications révolutionnaires les plus violentes seront jetées à la face du jury bourgeois. Pour conclure, un verdict sans circonstances atténuantes, deux ans de prison, et un cri formidable de : « Vive l'anarchie! » repris en chœur par les amis du condamné, groupés au fond de la salle.

P. R

On le voit, la politique aux assises n'est qu'un intermède ; revenons à ses clients accoutumés.

LE VICE AUX ASSISES — LES DÉBUTANTS

Il y a d'abord les *jeunes*, les jeunes qui ont terriblement donné depuis ces dernières années.

Gilles et Abadie, ces deux gamins sinistres qui ensanglantèrent la banlieue parisienne il y a dix ou douze ans, n'avaient guère plus de seize ans.

Gamahut, l'assassin de Mme Ballerich, était à la tête d'une bande dont le plus âgé avait vingt ans.

Vingt ans, le caporal Géomay, exécuté en 1890 pour l'assassinat d'une liquoriste du boulevard Saint-Germain ; vingt ans, Mécrant et Catelain, les complices de Sellier et d'Allorto dans l'assassinat d'Auteuil.

Accusés.

Quatorze ans, Kaps, quand il étrangla le père Vinçard après une scène de débauche !

Il semble qu'une sorte de fatalité ait abaissé d'année en année la limite d'âge des assassins.

« Bah ! se disent les adolescents du crime, je suis trop jeune pour être *fauché*, » et ils entrevoient à travers un rêve le mirage de la *Nouvelle*. La dangereuse clémence de M. Grévy les a longtemps rassurés et, malgré la réaction nécessaire qui s'est opérée depuis, la légende est restée dans le monde des escarpes et des souteneurs qui sont la plaie de Paris.

LES GRANDS SEIGNEURS DU CRIME

On en compte une dizaine depuis cinq ou six ans, bien qu'il soit peut-être excessif de mettre sur le même plan un assassin comme Marchandon, un tueur de filles comme Pranzini et un brigand de race comme ce mystérieux Prado, si lettré, si mordant, chez lequel on devinait une aristocratie ancienne, une éducation affinée, un passé d'aventures, de voyages et de brigandages! Figure inoubliable que celle de cet homme assis chez lui sur le banc des accusés, présidant l'audience, poursuivant de ses malédictions et de sa raillerie ses deux maîtresses, la blonde Eugénie Forestier et la petite Bordelaise piquante et toute mignonne qui s'appelait Mauricette Couronneau.

Un grand seigneur du crime aussi, cet étrange Campi qui vint assassiner, rue du Regard, un vieux monsieur fort retiré, M. Ducros de Sixt, uniquement occupé de bonnes œuvres.

« Votre nom? — Campi.

— Votre âge? — Trente-trois ans.

— Votre profession? — Inconnue.

— Votre domicile? — Inconnu. »

Croquis de P. Renouard.

Le chroniqueur judiciaire l'aura toujours devant lui, cet homme dont le seul souvenir nous trouble. Une expression de haine féroce contre la société se lisait dans ses yeux audacieux et résolus. M. le président Bérard des Glajeux, malgré tout son art, ne put lui arracher le secret de son crime. Campi n'était pas un voleur, il avait assommé M. Ducros de Sixt pour satisfaire une vengeance. Laquelle? Il ne l'a point dit, et il est mort anonyme, en jetant au bourreau un regard de dédain et de pitié. De lui-même, il se jeta sur la bascule en haussant les épaules et en murmurant :

« Ce n'est que ça! »

Dans nos souvenirs du Palais se dessine encore la silhouette d'alchimiste de Pel, l'horloger de Montreuil, accusé de multiples empoisonnements, savant manqué qui expérimentait l'arsenic *in anima vili*, estimant sans doute que la vie de quelques vieilles servantes était inutile à la société. Avec ses grands yeux caves, ses lunettes aux verres énormes, sa face blême et sa barbiche rare aux nuances incertaines, cet homme solennel et muet évoquait je ne sais quelle vision moyen âge et semblait sortir des oubliettes de quelque château féodal.

P. R.

CRIMES D'AMOUR — LE VITRIOL ET LE REVOLVER

Des trois grands drames d'amour qui depuis ces derniers dix ans ont passionné l'opinion et alimenté le roman ou le théâtre, deux se sont dénoués hors de Paris.

C'est à Constantine que fut jugé Henri Chambige.

C'est à Bruxelles que furent jugés les frères Peltzer.

Deux procès incomparables, presque parfaits, pourrions-nous dire, si ce n'était blasphémer en pareille matière.

Dans l'affaire Chambige, un jeune homme d'une éducation raffinée, écrivain délicat, peintre de sentiment de premier ordre, amené peu à peu, par l'analyse de lui-même et par l'étude maladive de ses propres sentiments, à vouloir mourir avec une jeune femme irréprochable, sans songer, ce malheureux, aux orphelins qu'allait faire ce werthérisme à ricochet.

Dans l'affaire Peltzer, la mort du mari, M. l'avocat Bernays, décidée et combinée par l'amant; le crime par procuration, commis à Bruxelles, pendant que le véritable coupable, Armand Peltzer, se montre à Anvers; le crime commis par reconnaissance, assumé par un frère qu'Armand a sauvé jadis de la faillite et qui revient d'Amérique, grimé, déguisé, la peau imprégnée d'une composition de bistre et d'ambre qui lui donne l'aspect d'un Américain du Sud, si méconnaissable qu'il peut se présenter à

Bernays, son ami d'autrefois, comme l'agent d'une Compagnie australienne et le frapper en toute sécurité pour rendre libre la femme convoitée par son frère.

Mais ces deux procès admirables sortent de notre cadre. A Paris, un seul grand drame passionnel, l'affaire Fenayrou, mérite de retenir notre attention. Encore fut-elle jugée en premier lieu à Versailles et renvoyée devant les jurés parisiens seulement après la cassation du premier arrêt.

Le guet-apens de la petite maison du Pecq, l'amant attiré par la femme entre les mains du mari, frappé impitoyablement, ligotté à l'aide d'un tuyau en plomb et jeté dans la Seine; l'économie de Mᵐᵉ Fenayrou, cette petite bourgeoise à l'air si comme il faut, prenant de Paris au Pecq un billet d'aller et retour pour elle, et un billet simple pour Aubert parce que Aubert ne devait plus revenir..., toute cette sinistre histoire est encore présente à la mémoire de nos lecteurs, et il suffit de l'évoquer d'un mot pour faire revivre le drame en son entier.

A cette époque, deux grands courants s'étaient manifestés dans l'opinion publique. Les uns affirmaient que le mari s'était vengé; les autres, qu'il avait tué Aubert parce que ce jeune homme avait surpris quelque secret terrible, le secret d'un avortement, d'un empoisonnement peut-être.

Seul, M. le président Bérard des Glajeux comprit que c'était *la femme qui s'était vengée.*

« C'est un crime de femme, disait-il à Gabrielle Fenayrou de sa voix pénétrante et un peu cassée; Aubert ne vous aimait plus, il allait se marier, vous avez choisi l'heure propice pour vous jeter aux pieds de votre mari, sachant qu'il vous pardonnerait, à vous, et qu'il satisferait votre haine en croyant servir sa propre vengeance. »

C'était la vérité du procès. Des deux acteurs du drame, le mari est mort à la Nouvelle-Calédonie; la femme, éternellement recluse, toujours impénétrable et muette, traîne à Clairvaux l'existence murée des réclusionnaires.

Nous en avons bientôt fini; mais cette étude de la Cour

d'assises et des crimes passionnels ne serait point complète
sans une monographie du vitriol et du revolver.

Le vitriol fut inauguré en 1877 par une femme galante,
devenue Mme de La Tour dans l'armorial de la noblesse d'alcôve,
mais qui s'appelait en réalité la veuve Gras. Bientôt vieille,
déjà blanche, sur le point d'être délaissée par un amant
riche, trop jeune et que le mariage sollicitait, elle avait conçu
le plan infernal de le rendre « inépousable » en le défigurant et
de se l'attacher pour la vie en prenant auprès du blessé le rôle
d'une sœur de charité. Le personnage le plus suggestif de
ce drame intime fut un ouvrier, le fondeur Gaudry, compagnon
de jeux de la veuve Gras quand elle n'était que la fillette d'un
concierge et qui l'aimait toujours, surexcité encore par ses
succès, son élégance et la qualité de ses galants. La veuve Gras
fit venir Gaudry, le cajola, lui promit de l'épouser quand M. de
La R..., dont elle voulait se venger, disait-elle, aurait été vitriolé,
et lui mit en main le bol d'acide sulfurique.

Elle fut condamnée à quinze ans de travaux forcés et tient
aujourd'hui une table d'hôte dans les environs de la rue de
Maubeuge.

Depuis, le vitriol a été l'arme préférée des
modistes délaissées, des épouses trompées et
quelquefois des souteneurs incompris.

Quelques verdicts sévères ont mis fin à la
faveur dont il a joui pendant deux ans.

La plus célèbre des héroïnes du revolver fut
Marie Bière, cette chanteuse sentimentale qui, en
1880, tira place de l'Opéra sur son ancien amant, un
clubman fort connu. Elle était assez jolie, parlait
avec une grande douceur et personne ne sut comme elle
composer à l'audience son attitude. Lachaud la fit acquitter
au milieu d'un enthousiasme indescriptible.

Depuis, Mlle Marie Bière s'est mariée en Roumanie; mais
l'école qu'elle a fondée est toujours en pleine prospérité.

Le revolver n'a pas cessé d'être l'*ultima ratio* des névrosés et
des névrosées.

Le vitriol.
(Croquis de P. Renouard.)

UN ACQUITTEMENT

Dix fois par an, vingt fois peut-être, et à Paris plus que partout, l'habitué de la Cour assistera au même spectacle. La petite modiste, la demoiselle de magasin est là, sur le banc des accusés, sanglotant, perdue dans ses voiles, à demi pâmée contre les genoux du garde municipal qui la soutient galamment. Le ministère public a requis pour la forme une condamnation qu'il n'attend guère, car jamais les jurés ne se décideront à infliger cinq ans de réclusion à une jolie femme, et cinq ans de réclusion, c'est le minimum.

L'amant, qui comparaît plus ou moins éclopé à la barre, a été malmené de la bonne sorte, et l'avocat l'a achevé dans une plaidoirie vengeresse.

Les débats sont clos, le jury entre en délibération. Alors la salle énervée et fiévreuse devient un véritable étouffoir. On s'est faufilé par tous les couloirs ou glissé par toutes les portes, les « dames » ont envahi le prétoire et les robes claires font des taches éclatantes au milieu des toges d'avocats.

Les personnages les plus étrangers à la magistrature, quelques-uns qui l'ont pratiquée comme clients à la huitième Chambre, se sont installés majestueusement derrière la Cour.

Devant le petit bureau de l'huissier, l'habitué de la Cour d'assises, ce vieux monsieur, à favoris blancs qui n'en manque pas une depuis vingt ans et qu'on a surnommé « le treizième juré », prédit que la délibération ne durera pas dix minutes.

Et en effet, deux coups de timbre retentissent, là-haut, à la porte de leur Chambre, deux coups hâtifs, répétés aussitôt par le timbre placé à la porte de la salle. Ce sont les jurés qui rentrent, la plupart satisfaits, radieux, un ou deux seulement un peu confus et se demandant « ce que les journaux vont en dire ». Lentement, ils regagnent leurs sièges, pendant que la Cour, prévenue, pénètre dans l'audience par la petite porte d'en face.

« Assis ! Assis ! » crie-t-on de toutes parts. Et l'huissier s'é-
gosille à réclamer le silence, et les gardes s'évertuent à faire
descendre les femmes grimpées sur les bancs.

Enfin le murmure s'apaise, et le président, d'une voix énergique :

« Quel que soit le verdict du jury, je recommande au public le plus grand silence. Je n'hésiterai pas à faire amener au
pied de la Cour quiconque se permettrait d'applaudir. »

Puis, poliment, en faisant un demi à droite :

« Monsieur le chef du jury, veuillez faire connaître à la
Cour le résultat de vos délibérations. »

La main droite sur le cœur, un peu tremblotant, la voix hésitante, le chef du jury commence sa lecture, abrité derrière la
grande feuille blanche qui frissonne dans sa main :

« Sur mon honneur et ma conscience, devant Dieu et
devant les hommes, la déclaration du jury est *non*. »

C'est l'acquittement !

« Faites rentrer l'accusée, » ordonne le président des assises.

Tous les yeux se tournent vers la petite porte du banc des
accusés : « *Assis ! Assis !* » et les hommes se démènent, et le
président frappe sur son bureau à l'aide de son couteau à papier :

« Monsieur le greffier, veuillez faire connaître le verdict du
jury à l'accusée.

— La déclaration du jury est *non*, » fait le greffier de sa voix
blanche, pendant que l'accusée, les yeux humides, se penche
pour serrer la main de son avocat.

Le président prononce l'acquittement :

« Nous, président de la Cour d'assises, en vertu des pouvoirs qui nous sont conférés par la loi, vu le verdict du jury déclarant que l'accusée n'est pas coupable des faits qui lui étaient
imputés, la déclarons acquittée de l'accusation portée contre
elle ; ordonnons qu'elle soit mise sur-le-champ en liberté, si elle
n'est retenue pour autre cause. »

Alors ce n'est plus de l'enthousiasme, c'est de la frénésie !
Les femmes se précipitent vers le banc des accusés, applaudis-
sant, criant « bravo », essayant de se faire remarquer par l'hé-

roïne... Les plus éloignées agitent leurs mouchoirs, des stagiaires en délire lancent leur toque en l'air; d'autres, plus amers, trouvent « que, si elle est acquittée, ce n'est pas la faute de son avocat »; les journalistes, pressés par l'heure, enjambent les barrières et tâchent de gagner, au plus vite, la porte la plus rapprochée.

...... Cependant, au fond de la salle, la foule, comme le chœur antique, accentue d'une énorme clameur les cris distingués des dames de l'orchestre.

Celles-ci, fidèles à la franc-maçonnerie du sexe, fêtent leur propre victoire dans le triomphe d'une autre femme.

Celles-là, les ouvrières en bonnet blanc, acclament avec fureur, aussi longtemps que la garde n'a pas balayé l'audience, la femme du peuple qui s'est vengée d'un monsieur !...

La charrette des condamnés (1793).

LES COULISSES CRIMINELLES DU PALAIS

I

LA CONCIERGERIE

Paris évite un scandale fréquent dans la plupart des Cours d'assises de province. Il ne connaît pas le transfert de l'accusé à la prison après l'audience, au milieu des hurlements d'une foule curieuse et cruelle.

Le Palais de Justice de Paris, en effet, loge ses criminels. Il les détient dans une de ses dépendances, à la prison de la Conciergerie, d'où les gardes les amènent, directement à la salle d'audience par un escalier intérieur.

La « Conciergerie », pourquoi ce nom ? Peut-être, parce que la prison actuelle, caserne sous les anciens rois de France, fut, dit M. Pottet dans son livre, habitée par un capitaine qui s'y affubla du nom de *Comte des Cierges* ou concierge — personnage jouissant de nombreuses prérogatives et presque aussi puissant que nos portiers contemporains.

PARTIE HISTORIQUE

Avant 1826, l'entrée de cette prison se trouvait dans la cour d'honneur, dite *cour du Mai*, à droite et au pied du grand escalier. Le guichet grillagé qui y donnait accès existe toujours : il fait pendant au Tribunal de simple police. C'est ce guichet que les grands hommes de la Révolution et les victimes de la Terreur franchirent pour monter dans les charrettes qui les conduisaient à la guillotine.

Cette entrée de la Conciergerie a été murée en 1826. Mais en la murant l'architecte oublia que les cuisines de la prison étaient situées de l'autre côté du guichet, si bien qu'aujourd'hui les cuisiniers doivent faire le tour du Palais, pour porter dans des seaux avec une bricole compliquée la soupe aux détenus. Toujours pratiques les architectes ! Pour remplacer la porte close, sur le quai de l'Horloge, on ouvrit alors un nouveau guichet entre les deux grosses tours, la tour César et la tour d'Argent.

Plus tard, en 1864, ce nouveau guichet fut muré à son tour, et l'on perça sur le même quai, à droite et non loin de la tour César, le guichet qui sert actuellement d'entrée à l'antique prison.

C'est à cette époque que la Conciergerie fut appropriée au régime cellulaire. Il en résulta des travaux considérables dont le plus clair fut de faire disparaître les anciennes salles et les anciens cachots où tant de personnages historiques avaient été enfermés.

Aujourd'hui, pour le visiteur, la Conciergerie se divise en deux parties : la partie historique vide de monde, mais pleine de souvenirs, et la partie cellulaire. C'est dans la première qu'on pénètre, le jeudi, avec autorisation spéciale du Préfet de Police.

Entrons, nous aussi, en franchissant une première lourde porte munie d'une énorme serrure, dans laquelle la clef du surveillant fait le bruit d'une mâchoire de fer broyant un caillou.

Franchissons une petite cour, tournons à droite, et là, devant nous, regardons ce guichet ogival à grilles, au-dessus duquel on lit : MAISON DE JUSTICE.

La Conciergerie. Porte (murée) de la cour du Mai.

Descendons un petit escalier de pierre. Nous sommes dans l'ancienne salle des gardes, qui a été débarrassée de son avant-greffe et son greffe, de ses cloisons et de ses comparti-ments, et qui n'a gardé de sa décoration primitive que ses grands piliers à chapiteaux, irrévérencieusement sculptés et dont l'un traduit, avec une verve réaliste, les amours interrompues d'Hé-

loïse et d'Abélard. No-tons, en passant, dans l'embrasure de la fe-nêtre un banc où l'on fait asseoir les femmes des détenus qui leur apportent leur déjeu-ner de l'extérieur.

En face de nous, autre guichet avec ju-das : c'est l'entrée prin-cipale de l'enceinte cellulaire. Une légère conversion à droite et nous remarquons un double escalier de pierre, à rampe de fer. Celui de gauche con-duit à la salle de la *tour d'Argent*, qui fut habitée, dit-on, par la reine Blanche et où fut

Entrée de l'ancienne salle des gardes.

enfermé Damiens. Le jeune duc d'Orléans, en 1889, y fut détenu avant d'être conduit à Clairvaux. Celui de droite donne accès dans la salle de la *tour César*, où le prince Pierre Bonaparte après le meurtre de Victor Noir en 1870, le prince Napoléon après son manifeste de 1883, furent également incarcérés.

La salle de la tour César sert aujourd'hui de cabinet au direc-teur de la Conciergerie; à l'étage au-dessous se trouve le greffe où s'assirent Ravaillac et Lacenaire.

Dans la salle de la tour d'Argent est installé le parloir des
avocats et, au-dessus, le cabinet des présidents de la Cour
d'assises, qui y viennent au début des sessions interroger les
accusés.

Tournons sur nous-mêmes, traversons la salle des gardes et
regardons devant nous. Voici une haute et forte grille qu'il nous

La salle des gardes.

faut franchir pour entrer dans la sombre galerie dite rue de
Paris. A droite, une petite porte murée à l'intérieur, par où
l'on montait au Tribunal révolutionnaire, installé au-dessus, dans
la salle qu'occupe aujourd'hui la première Chambre du Tribunal
civil. A gauche, la salle *Saint-Louis*, dont la porte n'est ouverte
qu'aux visiteurs privilégiés, mais que, de la *rue de Paris*, on
aperçoit par une grille, en montant sur un escabeau. C'est le
dessous de la salle des Pas-Perdus, et nous l'avons aperçue
déjà et décrite, en descendant ce petit escalier de la Parlotte,
qu'ignore le public, merveilleuse cage de pierre et de fer d'où

l'on découvre cette admirable galerie aux colonnes gothiques, basses et fortes, aux arceaux puissants et gracieux.

Mais nous n'y avions pas vu ces cheminées monumentales, que nous pouvons admirer d'ici et qui rappellent l'usage primitif de cette vaste salle, ancien réfectoire des domestiques de la maison du roi.

La *rue de Paris*, d'où nous l'examinons, est éclairée au gaz, même en plein jour. A l'extrémité, deux nouvelles grilles donnent accès dans ce qui reste de la vieille Conciergerie. Le guichetier fait résonner ses clefs dans les serrures, les grilles s'ouvrent et l'on pénètre dans un vilain couloir obscur et plâtreux, aujourd'hui coupé en deux, où se trouvaient jadis les cachots, aussi fameux que ceux de la Bastille, gardés par quatre guichets avec barreaux épais et formidables verrous.

Ces cachots, où furent enfermés Danton, Camille Desmoulins, le général Hoche, Vergniaud et les jeunes députés de la Gironde, Marat, Couthon, Saint-Just, l'Allemand Adam Lux, « qui mourut du dernier regard de Charlotte Corday », Hébert, Chaumette et tant d'autres célé-

Une cheminée des cuisines de Saint-Louis
(vieille gravure).

brités révolutionnaires, n'existent plus. Les travaux de l'enceinte cellulaire actuelle ont tout enlevé, tout, jusqu'aux « cachots des bords de l'eau », que connurent les hommes politiques et les journalistes de l'Empire, de la Restauration, de la monarchie de Juillet et du 2 Décembre.

Le couloir dans lequel nous sommes est hérissé, à gauche, de nouvelles grilles énormes. Derrière, se trouvent les salles de l'ancien greffe de la prison et la sortie sur la cour du Mai, aujourd'hui murée. En face de nous, par les fenêtres grillagées qui éclairent mal le couloir, on aperçoit le quartier des femmes et les cellules qui furent occupées par Madame Élisabeth, Charlotte Corday, etc. Sous la monarchie de Juillet, ces diverses cellules eurent pour locataires les régicides et les prisonniers politiques : Fieschi, Alibaud, le prince Louis-Napoléon, le duc de Persigny, le docteur Conneau, etc.

LE CACHOT DE MARIE-ANTOINETTE

A droite du couloir et au bout, en face d'un nouveau guichet conduisant dans l'enceinte cellulaire, se trouve le cachot fameux de la reine Marie-Antoinette, qui communique avec le cachot de Robespierre, celui-ci donnant accès dans la salle des Girondins. Tous les autres cachots occupés par les prisonniers célèbres de la Révolution et, avant eux, par des personnages historiques ont disparu.

Mais depuis longtemps déjà, depuis la Restauration, le cachot de Marie-Antoinette a été lui-même dépouillé de ses attributs cellulaires et transformé en chapelle.

Le docteur Véron, dans ses *Mémoires d'un Bourgeois de Paris*, donne une origine piquante à cette transformation. En 1812, M. Decazes, alors conseiller à la Cour impériale de Paris, visitait la Conciergerie, comme président de la Cour d'assises. En parcourant les longs corridors, il voulut entrer dans le cachot de Marie-Antoinette. Il y surprit un guichetier subalterne en train d'ébaucher une idylle amoureuse avec une détenue à laquelle il avait donné rendez-vous.

M. Decazes se mit aussitôt en campagne pour qu'on élevât une chapelle dans ce cachot; il consigna ce vœu dans un rapport approuvé par la Cour de Paris; mais le ministre de la Justice de Napoléon se refusa à le sanctionner, et ce fut seulement lorsque le duc Decazes devint ministre de Louis XVIII, en 1816, que le cachot fut transformé en chapelle.

En 1793, le cachot de la reine ne communiquait pas avec la petite pièce où Robespierre fut transporté plus tard. La porte de communication était murée, comme celle qui relie le cachot de Robespierre à la salle des Girondins.

Le lit de Marie-Antoinette était adossé vraisemblablement à la porte de séparation. De l'autre côté, en face, se trouvait la salle des gardes de la reine, par laquelle il fallait passer pour entrer dans le cachot. La porte de communication a été de nouveau murée, comme on peut le constater en déplaçant un panneau sur lequel on remarque un tableau sans nom d'auteur, et qui représente la communion de la reine. Marie-Antoinette est entourée de deux gendarmes, d'un personnage qu'on dit être M. Magnin, d'une dame qui serait Mlle Fouché.

Ce tableau a un pendant représentant le transfèrement de Marie-Antoinette de la prison du Temple à la Conciergerie. Au total, deux médiocres toiles, qu'elles soient de Drolling comme le veulent les uns ou de Menjana comme d'autres l'affirment.

Des objets à l'usage de la reine, il reste, dit-on, la petite lampe suspendue à la voûte et le crucifix qu'on voit sur l'autel. Quant au fauteuil dans lequel Marie-Antoinette s'asseyait, l'un des précédents directeurs de la Conciergerie a dû l'emporter dans son bureau pour le soustraire aux visiteurs de toutes nationalités qui, chacun, en enlevaient une parcelle, clou, frange ou moulure.

L'autel est situé près de la fenêtre agrandie et garnie de vitraux de couleur d'un goût détestable, « des vitraux de café turc », a dit Victor Hugo. Il porte une inscription latine due à Louis XVIII, et plus bas, sur une plaque de marbre, un extrait du testament de Marie-Antoinette, absolument illisible de nos jours.

Le cachot de Robespierre, voisin de celui de la reine, est une toute petite pièce aux murs badigeonnés de jaune et dont la fenêtre, veuve de ses barreaux, est vitrée de carreaux ocre et bleus. Au fond, un tableau qui est peut-être de Drolling, à moins qu'il ne soit de Menjana, représente Marie-Antoinette dans sa cellule, la tête recouverte d'un voile noir, adossée à son lit de sangle, près du paravent qui la dérobe aux curiosités de ses gardiens.

LA SALLE DES GIRONDINS

En sortant du cachot de Robespierre, on pénètre, de plain-pied, par une ouverture, dans la grande salle qui fut la prison des prêtres et des royalistes pendant la Terreur, où les Girondins passèrent leur dernière nuit, et dont on a fait depuis la chapelle de la Conciergerie. A noter, à hauteur d'orgue, des

La salle des Girondins (actuellement transformée en chapelle).

tribunes grillagées qui rappellent exactement l'endroit de la fosse aux ours où l'on enferme les bêtes pour nettoyer leur prison imméritée.

La petite porte, à gauche, s'ouvre sur la cour où eurent lieu les massacres de septembre; les Girondins y passèrent pour marcher à l'échafaud; c'est dans cette salle célèbre que Vergniaud et ses amis prirent leur dernier repas, en présence du cadavre de Valazé, dans la nuit du 29 au 30 octobre 1793, après leur condamnation à mort.

Elle est bien curieuse, cette petite cour, avec son aspect de cloître, ses murs jaunis, sa table de pierre et sa fontaine. C'est là que se tenaient jusqu'en 1887 les cochers condamnés à vingt-

quatre heures de prison. Aujourd'hui, ils vont à la Petite-Roquette,
et la cour sert de préau aux jeunes mineures de seize ans détenues
pour diverses causes. Char-
mantes à voir, quand elles
se promènent dans cette
cour morose, ces petites,
vêtues d'un grand fichu gris
et d'une lourde robe grise,
rieuses malgré les barreaux
qui les entourent et les
herses qui au haut du mur
les menacent, insouciantes
et gaies malgré l'avenir qui
les attend.

Conciergerie. La cour des Girondins.

Les trois portes du fond de la chapelle sont murées aujour-
d'hui, ainsi que la porte par où les Girondins descendirent du
tribunal révolutionnaire en chantant la *Marseillaise*.

PARTIE CELLULAIRE

Nous venons de voir la Conciergerie historique, il faut revenir
sur nos pas pour visiter la prison actuelle, qui, nous l'avons dit,
prend accès sur la salle des gardes.

En entrant, tout de suite à droite, après une petite salle de
fouille se trouvent les *parloirs des parents*. Supposez deux
cabines téléphoniques rétrécies et juxtaposées, et séparées l'une
de l'autre par un grillage aux mailles serrées : imaginez que
vous êtes enfermé dans l'une d'elles sans air ni jour et que dans
l'autre se trouve quelque être cher détenu en attendant sa comparution devant le jury : vous aurez une idée de ce que peut être
une visite à un prisonnier.

A gauche sont les cellules. Il y en a soixante-treize. Parfois
devant la porte un petit bras de télégraphe s'abaisse avec on ne
sait quel bruit sec de couperet. C'est un prisonnier qui de sa cellule, pour quelque cause urgente, appelle le gardien. Jetez un
coup d'œil dans cette cellule, par l'étroit guichet entr'ouvert :

vous apercevez un boyau à demi sombre et, sur trois paillasses,
des hommes couchés sans pensée, abrutis par une inquiétude
constante et des réflexions recommencées sans cesse. Ils sont
en tas l'un près de l'autre, mornes et indifférents, souffrants
et pitoyables. En vous entendant approcher, ils se redressent,
jettent sur vous un regard curieux, puis retombent dans leur
écrasant ennui quand ils voient que vous n'êtes qu'un passant,
que vous ne leur apportez ni ordres, ni nouvelles.

Un peu plus loin, une porte donne sur les préaux cellulaires,
de vraies cages de jardin zoologique, où des détenus se promènent deux à deux, silencieux et rêveurs; au bruit des pas
ils s'avancent précipitamment vers les grilles... On dirait
l'animal accourant vous demander du pain. Domestiqués déjà
par la détention, d'un geste humble en voyant votre chapeau
haut de forme ils vous saluent et restent dans une attitude respectueuse jusqu'à ce que vous soyez passé.

Moins triste que beaucoup d'autres cependant, ce préau de
la Conciergerie. Trois petits arbustes malingres, deux lilas tordus
et un fusain anémique, en été, mettent une note verte réconfortante, sur la grisaille lugubre du pavé, sur le rouge des
briques. On pense à l'arbre de *Picciola.*

« Elles ne vivent pas, voyez-vous, monsieur, nous dit le gardien, pendant que nous regardons les trois pauvres plantes. Ici
il fait toujours trop chaud ou trop froid; elles grillent ou elles
gèlent. Les plantes, ç'a besoin d'air, de soleil, de liberté! »

Et les hommes ?...

Ceux qu'on enferme à la Conciergerie sont les criminels qui
doivent passer aux assises,
les condamnés de police
correctionnelle des départements du ressort attendant
leur comparution en appel,
et les condamnés à mort,
pendant les trois jours que
la loi leur accorde pour se
pourvoir en cassation.

Le panier à salade.

La cour du Dépôt.

11

LE DÉPOT

Au Dépôt passent tous les individus arrêtés dans le département de la Seine et déférés à la justice. Son nom donne une image exacte de sa destination : c'est le dépotoir des criminels de toutes les catégories; là on les entasse au fur et à mesure de la production et ensuite on fait le triage; le Dépôt reçoit, en moyenne, cent cinquante individus par jour.

Supposons que vous êtes arrêté par un agent de police et conduit au poste — cela peut arriver aux gens les plus comme il faut, — si personne ne vient vous réclamer au commissariat avant le passage du « panier à salade », cette jolie voiture vert sombre qui ressemble à un omnibus funéraire dont on aurait bouché les fenêtres, vous êtes enfourné dans ledit véhicule et en route pour le Dépôt!

Réjouissez-vous, car autrefois votre sort eût été plus pitoyable : vous auriez traversé Paris dans une file de chenapans, entre deux haies de soldats en armes; aujourd'hui vous en êtes quitte pour une discrète promenade en voiture fermée.

La voiture s'arrête quai de l'Horloge devant une porte de la Cour de cassation, celle qui est réservée aux magistrats et qui donne accès dans le grand escalier. De chaque côté de cette porte, deux voûtes, l'une qui conduit aux bureaux de la *Sûreté*, l'autre au Dépôt. La voiture pénètre sous celle de gauche et l'on vous débarque à la PERMANENCE, qui fait vis-à-vis au DISPENSAIRE ou service de la prostitution.

La Permanence, c'est l'antichambre du Dépôt. Quelle que soit l'heure de l'arrivée, une heure de l'après-midi, sept heures du soir ou une heure du matin, chacun y passe. Deux inspecteurs principaux de la Préfecture de Police sont chargés d'y dresser un état sommaire des noms, prénoms, âges, lieux de naissance et professions des arrivants, puis de donner l'ordre d'écrou, avec indication du motif de l'arrestation.

Cette fois vous n'échappez pas à la file indienne encadrée de municipaux; mais la scène se passe dans une cour où il y a peu de monde. Les prisonniers, sans distinction de sexe, longent un pavillon bas qui est l'infirmerie du Dépôt, côté des hommes; ils se trouvent ensuite au milieu d'un terrain vague, bordé de débris et d'un mur célèbre, le mur de la cour des Girondins; ils sont introduits enfin, sans cérémonie, par une simple porte à un battant, dans la salle d'entrée du Dépôt.

En face, une loge vitrée où siègent le brigadier de service et les gardiens, dans leur costume genre *gabelou*.

A droite, *quartier des hommes*. A gauche, *quartier des femmes*.

Le brigadier de service fait l'appel. Vous retirez vos chaussures et, près de la fenêtre, dans l'embrasure d'une porte, vous vous livrez aux mains du *fouilleur*. « Soutenez le pantalon... Dégagez la ceinture... Levez les bras! » Et toutes ces précautions ne vous empêcheront pas, si vous êtes habile, de garder sur vous quelque objet précieux. Certain individu, accusé d'avoir volé un portecrayon et un dé en or, avait mis le portecrayon dans une anfractuosité intime de sa personne et fait du dé un bouton de culotte.

Après la fouille, visite à M. le greffier, qui vous fait passer

à la toise et prend note de votre signalement et de votre état
civil.

Le signalement se complète, le lendemain matin, entre
huit heures et midi, chez M. Bertillon, au SERVICE ANTHROPOMÉ-
TRIQUE, dont, plus loin, nous décrirons le fonctionnement.

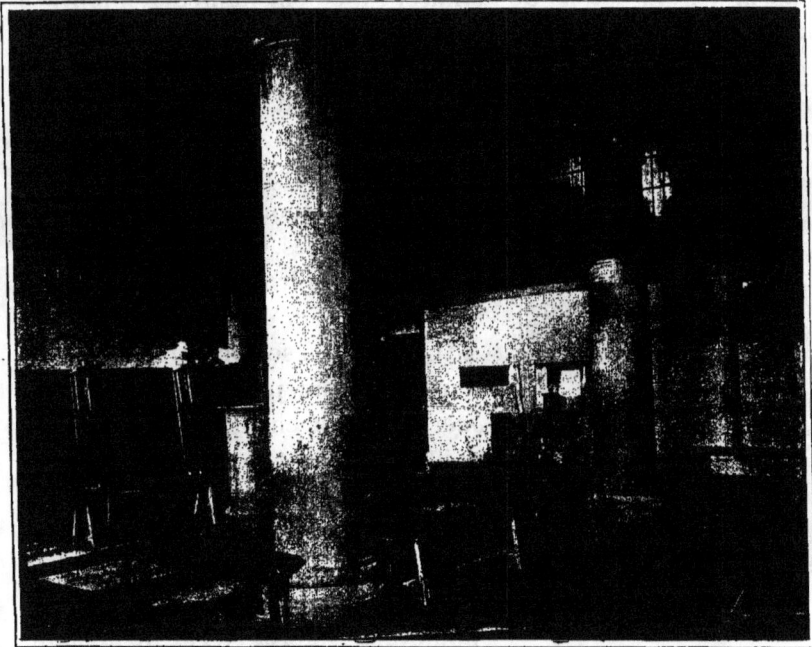

Dépôt. Salle des hommes.

Après cette dernière cérémonie vous serez à la disposition
de la justice pour les interrogatoires.

D'ici là, les procès-verbaux qui vous concernent auront été
transmis au DEUXIÈME BUREAU DE LA PRÉFECTURE où l'on forme
votre dossier, consulte vos antécédents et commence, s'il y a
lieu, une enquête sur votre compte. Le chef de ce bureau aura
pu vous interroger, c'est un droit dont il use rarement, et même
vous donner la clef des champs, ce qui est plus rare encore.
Le chef du *deuxième bureau* a aussi le pouvoir de diriger sur

Nanterre les pauvres infirmes à hospitaliser, les mendiants qui ont achevé leur peine.

Le dossier ainsi formé est transmis par la Préfecture au *Petit Parquet*.

Au PETIT PARQUET travaillent deux substituts de M. le procureur de la République; à l'aide d'un interrogatoire sommaire ils déterminent la nature de l'affaire, expédient immédiatement les inculpés au Tribunal correctionnel, par les soins d'un municipal, pour le faire juger séance tenante s'il y a flagrant délit, ou bien renvoient à l'instruction.

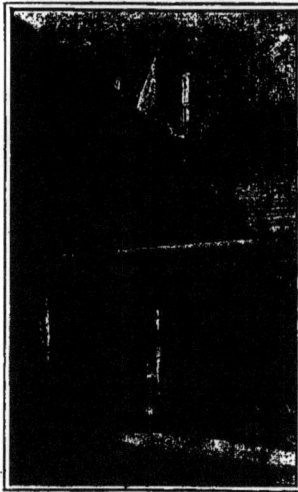

Au *Petit Parquet* même il y a des juges d'instruction tout prêts pour les besognes faciles, et, si l'affaire est très simple, les affirmations de l'inculpé sont l'objet d'un contrôle rapide.

Quand cela se corse, le dossier est transmis à un juge du *Grand Parquet;* l'inculpé change de domicile, il quitte le Dépôt pour Mazas ou la Santé et n'y reviendra plus; quand on aura besoin de lui pour l'instruction ou l'audience, on l'amènera au Palais, mais il retournera, le soir, boulevard Diderot ou rue de la Santé.

Promenoirs cellulaires.
(Dessin de Renouard.)

Les Eyraud, les Prado, les Pranzini et autres seigneurs ont seuls le privilège de rester au Dépôt pour que les agents de la sûreté puissent leur tenir plus aisément compagnie.

Les autres, en principe, ne doivent pas rester plus de trois jours; dans toutes les salles est affiché cet avertissement :

« Tout prévenu qui n'a pas été interrogé pendant les trois premiers jours de sa détention au Dépôt doit adresser une réclamation à M. le Directeur. »

Le Dépôt n'est donc qu'un passage. C'est ce qui suggérait à un architecte, auquel on reprochait la défectueuse installation du local, cette belle réponse :

« Qu'importe que le Dépôt soit mal organisé, le séjour des détenus ne s'y prolonge pas ! »

Néanmoins, bien des améliorations ont été faites grâce à la Commission des prisons, grâce au directeur actuel du Dépôt, M. Meugé.

Mais un inconvénient subsistera toujours, c'est le manque

Dépôt. Salle des hommes.

d'air de ces locaux situés sous la partie du Palais de Justice qui touche à la place Dauphine. Ils sont installés depuis 1864.

Visitons.

Le quartier des hommes, d'abord.

QUARTIER DES HOMMES

Une longue galerie cellulaire, à deux étages, du type classique de galerie de prison : c'est une haute nef étroite dont les

parois sont percées de cellules régulières et qu'éclaire un
maigre vitrail blanc, comme une sinistre ébauche d'église
conçue par un moine rigoureux.

Cellules monacales, meublées d'un lit, d'une table et d'une
chaise ; au fond, un trou pour les excréments.

Au bout de la nef, en guise de chœur, la salle commune dite
salle des Blouses, un vaste corps de garde avec ses grands sou-
piraux qui s'ouvrent dans la façade de la place Dauphine sous
l'escalier de droite.

Le jour, c'est très gentil, quand ce n'est pas habité, et l'on
peut s'amuser à déchiffrer sur la muraille le livre d'or des
escarpes de la capitale.

Quelques inscriptions, au hasard ; dans la plupart, le nom du
héros est accompagné du nom de son quartier comme d'un titre
de noblesse :

> *Le Zoulou de la Maubert.*
> *Dédé de Charonne.*
> *Bobèche — Tête de fer de Montmartre.*
> *Lostrogaud de la Maubert, 1890.*

Il y en a d'énigmatiques, comme :

> *Sénateur des Louis, 491.*
> *La Grandeur et l'Ognon de l'Éden.*

De mélancoliques, comme :

> *Adjutor de l'École dit adieu aux amis.*

Et un peu partout, le refrain connu :

> *Mort aux Vaches.*

C'est le soir, après le déballage du dernier panier à salade,
qu'il faut venir voir, du haut d'une élégante passerelle, grouiller,
dans ce local, le ramassis des trottoirs et des bouges, une foule
sans cesse renouvelée de gens toujours les mêmes, chevronnés
de Mazas ou de Poissy, « incorrigibles amants de la vigne ou

.inoffensifs philosophes trop épris de la vie en plein air et résignés aux aubaines de la charité publique ».

L'heure est venue de dormir. Les planches relevées contre la muraille sont rabattues et, recouvertes de paillasses, servent de lits de camp. On y case, d'une part, les vieillards, de l'autre, les détenus auxiliaires qui, pendant le jour, font l'office de garçons de salle. Le reste de la troupe couche par terre, sur des paillasses, à raison d'une pour quatre hommes.

Et le gaz baissé, des souvenirs de régiment vous reviennent et l'on songe à la première nuit des réservistes.

Il y a une salle à part pour les individus qui ont du linge et dont la tenue est à peu près décente. On l'a baptisée la *salle des Habits noirs*. Les habits noirs n'ont rien à envier aux blouses ; leur salle, qui est à l'étage supérieur, reçoit à peine de jour et d'air, elle

Un auxiliaire (dessin de Renouard).

est toute petite et, si peu peuplée qu'elle soit, on y étouffe, dans un violent parfum de vidange. Aux lendemains des fêtes d'hiver l'affluence est plus considérable. Les deux salles débordent, on met du monde un peu partout ; alors autre impression : certains coins du Dépôt ont l'aspect, dans l'ombre, d'un entrepont de Transatlantique où s'entassent des émigrants.

L'après-midi, les détenus séjournent dans les promenoirs qui sont disposés dans deux cours intérieures, à droite et à gauche de la nef principale, comme les deux bras de la croix.

Intérieur d'un promenoir.

A droite, le couloir qui dessert les promenoirs communs.
A gauche, le couloir des promenoirs cellulaires.

Les promenoirs cellulaires du Dépôt sont, eux aussi, très semblables à des cages du Jardin des Plantes; mais en guise de ciel, un baldaquin de fonte que supportent des colonnes annelées de pointes de fer comme ceux de la Conciergerie; mais ils sont plus lugubres encore; pas de verdure pour égayer l'œil de l'animal enfermé, c'est le mur tout de suite, et des murs plus étouffants, plus rapprochés, plus monotones; on est moins chez soi; un réseau de passerelles et d'escaliers métalliques, comme un coin de tour Eiffel, domine les cages, qui semblent autant de basses fosses, et, dans toutes, l'œil du gardien.

Le visiteur remarque, sur une des murailles qui forment l'enceinte, une demi-tourelle en saillie, avec une très petite fenêtre; cette tourelle contient le coquet escalier à vis qui

Préau cellulaire.

mène, dans le Palais de Justice, de la galerie de Harlay à la Cour d'assises. Nous sommes en effet dans une sorte de puits, entre la salle des assises et la salle des appels correctionnels; le baldaquin de fonte, c'est le couloir qui les unit toutes deux et où se trouvent les chambres de témoins. La galerie cellulaire que nous avons vue tout à l'heure est juste au-dessous de la Cour d'assises, les cellules de droite ont pour plafond la galerie des Prisonniers et le préau des promenoirs communs est enclavé entre cette galerie et les bâtiments de la Cour de cassation.

Le préau des promenoirs communs est un peu différent du préau cellulaire.

Les promenoirs communs n'ont pas de grilles : ce sont des rectangles de maçonnerie, donnant, par de petits guichets, sur un même couloir, et formant des cours minuscules où les détenus déambulent à la façon des collégiens. Il y a un promenoir spécial pour les vieillards, il y en a un pour les hommes d'âge moyen, un pour la jeunesse de dix-sept à vingt ans, un pour les gosses et pour les habits noirs. Encore le privilège des gens bien mis !

Les enfants surtout font peine à voir : ils ne jouent pas et se surveillent sournoisement; ce sont, le plus souvent, des gamins qui ont quitté la maison paternelle et volé pour vivre; quand on leur parle, ils ont le regard méfiant des petites bêtes sauvages qu'on a essayé d'apprivoiser; les effrontés font les hypocrites; par-ci, par-là, des têtes de chérubins.

Un quartier cellulaire leur est réservé dans le bâtiment voisin; mais il est si restreint qu'il n'y a jamais de place pour tout le monde. Ils ont une salle d'école avec, pour professeur, un gardien; mais ils n'y font pas grand'chose de bon.

A l'entrée de la nef principale, une salle d'attente où l'on parque les infortunés qui arrivent par la voiture de nuit. A côté, la salle où l'on fouille ceux qui partent pour Mazas; c'est de la fouille à nu : les bonshommes se déshabillent entièrement dans un petit guichet de confessionnal, le *fouilleur* scrute les vêtements, examine l'homme, le fait passer devant lui dans une autre niche où a lieu le rhabillage; l'espace libre entre les deux niches est isolé de la salle par un rideau.

QUARTIER DES FEMMES

Le quartier des femmes ne communique pas avec le quartier des hommes, il lui est parallèle; pour le visiter, il faut retourner à la salle d'entrée du Dépôt.

Même distribution générale que pour le quartier des hommes.

Grande nef centrale, celle-ci sous la Chambre des appels correctionnels.

A l'entrée, salle d'attente vitrée et salle de fouille, petit pavillon à rideaux blancs; on n'y déshabille jamais complètement les femmes pour les fouiller.

Au bout, sous l'escalier de Harlay, les salles communes.

Deux salles communes : l'une où l'on met les femmes avec enfants, c'est un alignement de guenilles, une alternance de visages navrés et de boucles blondes; l'autre où sont campées les filles soumises.

La seconde est bien connue par le tableau de Béraud; mais le peintre a fait la scène plus gracieuse que nature. Dans la réalité, les filles sont toutes dépoitraillées, vautrées, ignobles; c'est un papillotement de chair pâle, de tricots rouges, de corsets roses, de cheveux roux; parfois la frimousse est jolie, fraîche encore, mais toujours la bouche ordurière et le geste obscène; même un juge d'instruction ne s'aventure pas là volontiers, si habitué qu'il soit aux paroles grossières. Pourtant, au fond de la salle, dans sa petite chaire de maîtresse d'école, sous la pluie de lumière qui tombe d'en haut, la religieuse de Marie-Joseph surveille, impassible, comme sans les voir, les ébats de ces drôlesses et leurs propos canailles servent d'accompagnement à ses prières.

Le quartier des femmes n'est point en forme de croix. La nef centrale n'est flanquée que d'une cour étroite, partagée en deux par un corridor : d'un côté, le préau des filles; de l'autre, le jardin des sœurs.

C'est le jardin que nous vîmes d'en haut en allant à l'Ordre des avocats et maintenant nous voyons d'en bas la galerie de bois où nous étions alors.

De plus près, voici le costume de ces sœurs que dans tout ce quartier du Dépôt l'on rencontre, si bonnes, si simples, si miséricordieuses : la cornette et le bandeau blanc sous le triple voile noir, bleu, blanc, au-dessus de la guimpe blanche et de la robe noire.

Une détenue,
par P. Renouard.

A la porte du jardin, un petit enfant qu'une sœur vient de pomponner et que du guichet, là-bas, elle guette.

Les pauvres petits, ils sont bien peu favorisés, au Dépôt. Ils n'ont pas pour eux le moindre refuge. On les voit dans tous les couloirs traîner derrière les sœurs ou s'isoler mélancoliques, leur étiquette jaune dans le dos ; ce sont les assistés, les petits égarés et les délaissés, qu'on marque comme des colis, pour les reconnaître, et que peut-être nul plus jamais ne réclamera.

Si de l'autre côté du jardin l'on passe près de la chapelle, d'autres tristesses poignantes vous prennent. Là est l'infirmerie des

Un couloir du quartier des femmes.

femmes, là sont les folles de la cellule capitonnée où la folie doit surgir, d'elle-même.

Un escalier va du quartier des femmes au couloir de la Souricière, couloir neuf qui, partant du quartier des hommes, fait communiquer le Dépôt avec toutes les parties du Palais de Justice, et dessert, sur la route, le Petit Parquet et la Souricière.

Infirmerie du Dépôt. Un épileptique.
(Dessin de Renouard.

LE COULOIR DE LA SOURICIÈRE

C'est un couloir en tunnel, à la voûte écrasée comme une voûte d'égout.

Ses avantages sont incontestables. Il permet de conduire les inculpés au Petit Parquet et au Tribunal correctionnel sans les mettre au plein air. Mais la solitude est peu rassurante pour le municipal chargé de la conduite.

A mi-chemin, des salles de bains et des étuves qu'on installe.

Cela devient luxueux; et ce Dépôt, tant décrié, si mal placé, sera bientôt un établissement modèle.

Un peu de lumière dorée dégringole dans le couloir gris; c'est l'escalier qui vient du Petit Parquet.

Allons voir !

LE PETIT PARQUET

Pour ceux qui ont connu l'ancien *Petit Parquet*, c'est un coup de surprise.

Au lieu du vestibule sinistre qui ressemblait à une cave suintante et malsaine, au lieu des corridors sombres qui conduisaient à de vilains petits bureaux parmi des odeurs de lieux d'aisances et d'urinoirs, voici des salles hautes, éclairées et bien aérées, qui donnent sur la Sainte-Chapelle. Au-dessous des bâtiments neufs de la Cour, voici un vestibule plus luxueux qu'une antichambre de ministre.

« Mince de chic » pour messieurs des Flagrants Délits!

En regagnant notre couloir en tuyau de pipe et en le suivant jusqu'au bout, on arrive à la « Souricière », placée dans le sous-sol du bâtiment correctionnel.

LA SOURICIÈRE

C'est le salon d'attente des gens de Mazas, venant pour être interrogés par les juges d'instruction du Grand Parquet, ou comparaître devant le Tribunal, ou être transférés à la maison correctionnelle de Nanterre.

D'où vient ce nom de Souricière?

Peut-être d'anciens cachots situés près de la Sainte-Chapelle et célèbres pour le nombre de souris qu'ils contenaient : le citoyen Beauregard, qui y fut détenu, raconte qu'il dut se couvrir la figure toute la nuit, pour sauver son nez et ses oreilles, et que sa culotte fut entièrement dévorée.

Peut-être de l'aspect même des cellules, qui ressemblent,

« Les Trente-six Carreaux. »

avec leurs portes à petits carreaux, à des pièges à souris.

Pour cette même raison, on appelle aussi la Souricière les Trente-six Carreaux.

Oh ! ce n'est pas confortable !

Des cellules extrêmement étroites, qui ne sont éclairées et n'ont de jour que par les petits carreaux opaques de la porte et d'air que par un seul de ces trente-six carreaux ouvert. A l'intérieur, une fosse d'aisances pestilentielle. Et c'est tout.

Laisser des gens toute la journée dans ces boîtes, en proie à l'anxiété d'un interrogatoire ou d'un jugement, c'est une torture répréhensible et inutile.

On vient de faire des réparations à la Souricière. Vous croyez que c'est pour en améliorer les conditions hygiéniques ?

Pas le moins du monde.

On a simplement construit de nouvelles cellules, aussi cruelles, pour réunir l'ancienne Souricière au couloir qui vient du Dépôt.

Et songez que les hôtes de la Souricière arrivent le matin, de neuf heures à onze heures ; qu'ils repartent seulement entre six et sept heures du soir et qu'ils ne reçoivent aucune nourriture :

Il y a de quoi crever.

Les prévenus acquittés sont obligés de réintégrer Mazas, comme les camarades, pour les formalités de la levée d'écrou qui leur donne la clef des champs. Mais, pour eux, la liberté prochaine adoucit toutes les vexations, et la rencontre dans le « panier à salade », sous la voûte de la rue de la Sainte-Chapelle, doit leur sembler douce.

Les justiciables de la Cour d'assises et les autres prisonniers de la Conciergerie échappent à la Souricière.

Ils quittent la Conciergerie par un corridor souterrain qui rejoint au Dépôt, derrière la loge grillée du vestibule, un escalier rond qui aboutit à la Cour d'assises.

Ce même escalier conduit au service anthropométrique.

Le couloir de la Souricière.

III

LE SERVICE ANTHROPOMÉTRIQUE

Si vous y pénétrez comme intéressé, après avoir gravi dans une sorte de pigeonnier massif un nombre de marches incalculable, après avoir tourné cinq ou six fois sur vous-même, vous arrivez dans une petite salle d'attente, sommairement meublée de stalles et de portemanteaux, où la première des consignes est de se dévêtir et la seconde de garder le silence.

Mais laissons là l'escalier de service, et prenons, si vous le voulez bien, le chemin des visiteurs « libres », c'est-à-dire la galerie nouvelle, qui s'étend de la Sainte-Chapelle au vestibule de la Cour d'assises.

Presque en face des locaux somptueux où viendront sommeiller les conseillers de la première Chambre de la Cour, vous apercevez une porte de modeste apparence, puis un escalier de pierre que vous gravissez; et, quand vous avez atteint les derniers degrés, vous lisez au-dessus d'une autre petite porte brune :

SERVICE D'IDENTIFICATION
ANTHROPOMÉTRIE ET PHOTOGRAPHIE JUDICIAIRES

Pénétrons dans ce sanctuaire...

Le grand prêtre en est un jeune et aimable savant, M. Alphonse Bertillon, le créateur du service d'anthropométrie, que l'Administration, en récompense du concours qu'il lui prête, a nommé chef souverain du lieu.

Frappé de l'insuffisance des moyens employés jusqu'alors pour déterminer l'identité des récidivistes, M. Bertillon s'éveilla, un jour, en pensant que le tout n'était pas d'avoir fait une loi pour reléguer les individus coupables de plusieurs délits de droit commun, mais qu'il fallait pouvoir l'appliquer.

M. Bertillon, directeur du service anthropométrique.

naître un récidiviste, quand celui-ci cache son identité? En effet, sachant qu'ayant déjà subi un certain nombre de condamnations, il sera passible de l'internement perpétuel sur le territoire des colonies, si une Cour ou Tribunal prononce contre lui une condamnation nouvelle,

Or, comment reconnaître l'intéressé n'aura plus qu'une idée : essayer de passer pour un autre, s'attribuer un état civil imaginaire et chercher à se refaire une virginité sous un faux nom — tant il vrai que certaines gens ne doutent de rien !

Alors, commence la lutte entre la justice et cet inconnu, qui par malice prendra de préférence un nom vulgaire, très répandu, celui de Martin, de Bernard ou de Duval. Et, comme le service des « sommiers » judiciaires, alphabétiquement classés à la Préfecture de Police, possède aux noms de Martin, Bernard et Duval, des piles de « fiches » mesurant 5 ou 600 mètres de hauteur, la recherche du dossier du prétendu Martin, Bernard ou Duval deviendra à peu près impossible, ou tout au moins extraordinairement laborieuse.

A supposer que cet homme eût encouru sous son vrai nom trois ou quatre condamnations, on n'avait donc, s'il lui plaisait de prendre un pseudonyme, aucun moyen rapide et précis de le reconnaître.

On tâtonnait dans un chaos.

Enfin Bertillon vint !...

Et, mettant à profit ses connaissances scientifiques, il pensa qu'il était possible de trouver un criterium d'identité, basé sur le principe de la mensuration du corps, attendu que, sur un groupe de mille individus, il ne s'en rencontre pas deux dont la tête et les principaux membres affectent les mêmes dimensions.

L'attention du jeune anthropologiste se porta principalement sur les parties du corps les moins susceptibles de varier durant la période virile. Il eut la pensée de prendre comme indications la longueur de la tête, mesurée de la concavité de la racine du nez à l'occiput ; sa largeur, d'un pariétal à l'autre ; la longueur du médius gauche, celle du pied gauche (les membres droits pouvant se développer davantage sous l'action des travaux physiques), la longueur de l'oreille, la coudée, la grande envergure des bras étendus en croix, et enfin la nuance de l'œil.

Ces indications prises, la difficulté consistait à trouver un mode de classification pour le monceau de « fiches » individuelles qui allaient encombrer les casiers du service anthropométrique, dès qu'il fonctionnerait. Car le procédé ne pouvait être efficace qu'à la condition d'être généralisé. Chaque individu arrêté pour délit de droit commun allait donc passer sous la toise et le compas de l'anthropomètre. Or on se figure le nombre des prévenus : voleurs, faussaires, assassins, escrocs et vagabonds qui, chaque jour, franchissent le seuil du Dépôt...

Et quelle méthode adopter pour la simplification des recherches ?

M. Bertillon, qui est un esprit essentiellement simple dans l'acception scientifique du mot, résolut de recourir à un système d'élimination, après avoir établi trois grandes classes générales, déterminées chacune par la taille des individus mesurés, qui se répartissent en *petits*, *moyens* et *grands*.

Supposons qu'à l'heure actuelle le service anthropométrique possède 90 000 fiches de prévenus mesurés, ou, pour nous servir du néologisme consacré, *bertillonnés* : on a établi trois divisions de 30 000 fiches chacune. La première comprend les *petits*, qui mesurent de 1 mètre à 1^m,60 de taille ; la seconde comprend

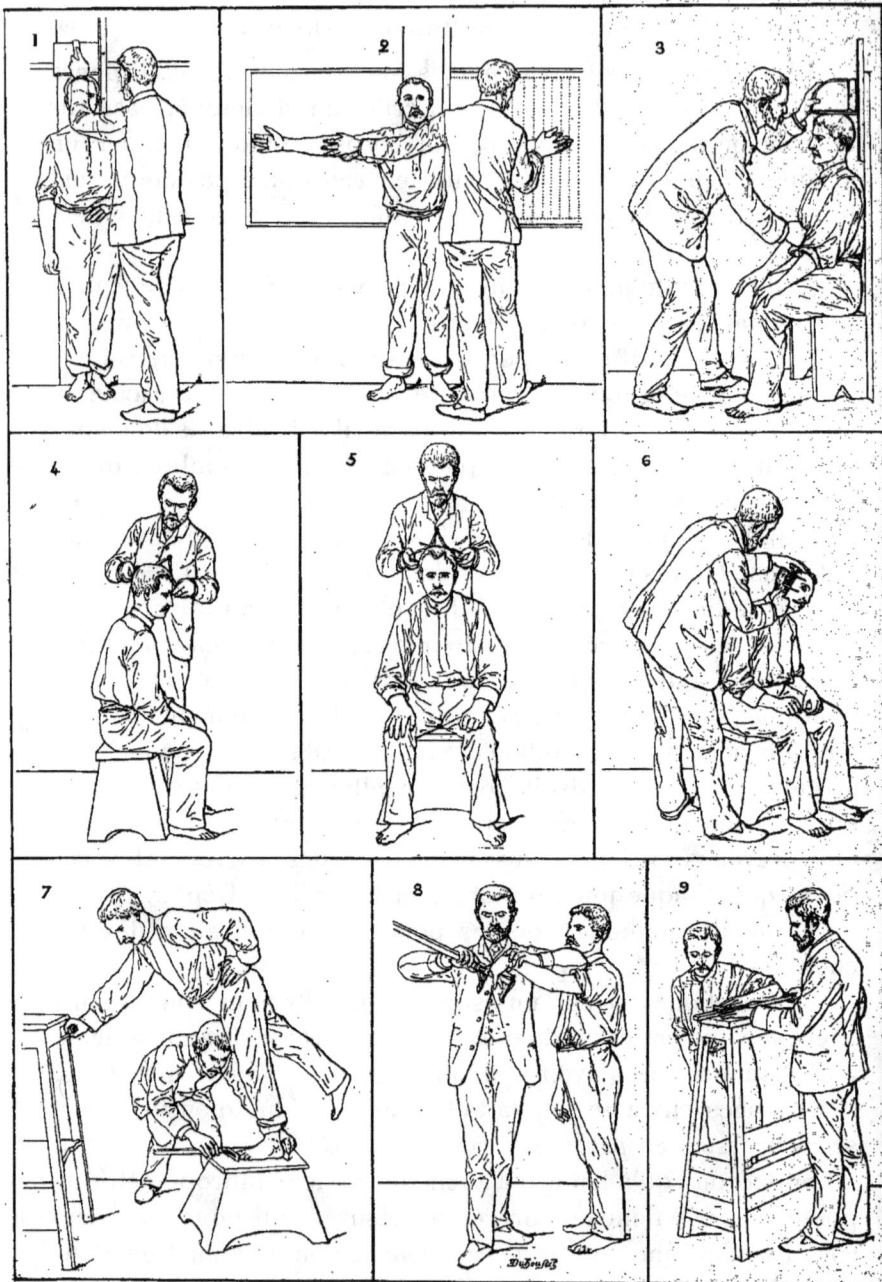

MENSURATION ANTHROPOMÉTRIQUE

1. Taille. — 2. Envergure. — 3. Buste. — 4. Longueur de la tête. — 5. Largeur de la tête. — 6. Oreille droite. — 7. Pied gauche. — 8. Médius gauche. — 9. Coudée gauche.

les *moyens*, de 1^m,61 à 1^m,70 ; et la troisième comprend les *grands*, de 1^m,71 à 2 mètres.

Telle est la première division.

Chacune de ces trois catégories se subdivise — toujours par tiers — en trois parts de 10 000, suivant que la mesure de la tête — de la racine du nez à l'occiput — sera petite, moyenne ou grande.

A la troisième subdivision, ces 10 000 individus se répartissent en trois portions, selon la longueur du médius gauche : petite, moyenne ou grande.

Les trois classes de la subdivision suivante ne comprennent plus, chacune, que 1000 sujets, répartis suivant la longueur du pied gauche.

La cinquième subdivision se partage en trois groupes de 300, classés suivant les dimensions de leur coudée ; et nous arrivons à la dernière subdivision, qui ne comprend que trois catégories de 100 sujets, répartis suivant la longueur du petit doigt.

On aboutit ainsi à l'unité.

Or, à supposer que sur quatre-vingt-dix mille individus il s'en trouvât deux mesurant les mêmes dimensions pour la taille, la longueur de tête, le médius gauche, le pied gauche, la coudée et le petit doigt, hypothèse qui ne s'est point réalisée une fois sur cent mille, il y aurait encore cent mille chances contre une, pour que ces deux individus n'eussent pas l'iris de même nuance.

Par conséquent, lorsqu'un sujet, homme ou femme, a été mesuré par le service anthropométrique, et que son signalement a été consigné sur une fiche spéciale, il suffit, s'il est arrêté de nouveau, de reprendre exactement ses mesures pour retrouver, en quelques minutes, son signalement et, par suite, son premier dossier...

Si l'on considère, en outre, qu'au-dessous de ces indications si précises, se trouve une double photographie du sujet, on comprendra aisément que toute confusion soit impossible...

Maintenant que nous connaissons le mécanisme du service anthropométrique, pénétrons dans les locaux qui lui sont affectés. C'est dans la matinée, et principalement de huit heures à onze heures, qu'ils présentent la plus curieuse animation, chaque prévenu devant être mis, dès midi, à la disposition du magistrat instructeur.

Mais, à la première heure, le spectacle est pittoresque. La salle d'attente se peuple d'un groupe d'individus en guenilles, aux cheveux en broussaille, à la barbe hirsute. On dirait d'une cabine commune de bains froids à quatre sous, ou du vestibule d'un conseil de revision au pays des gueux. Huit gardes municipaux sont là qui veillent à l'exécution des consignes : célérité

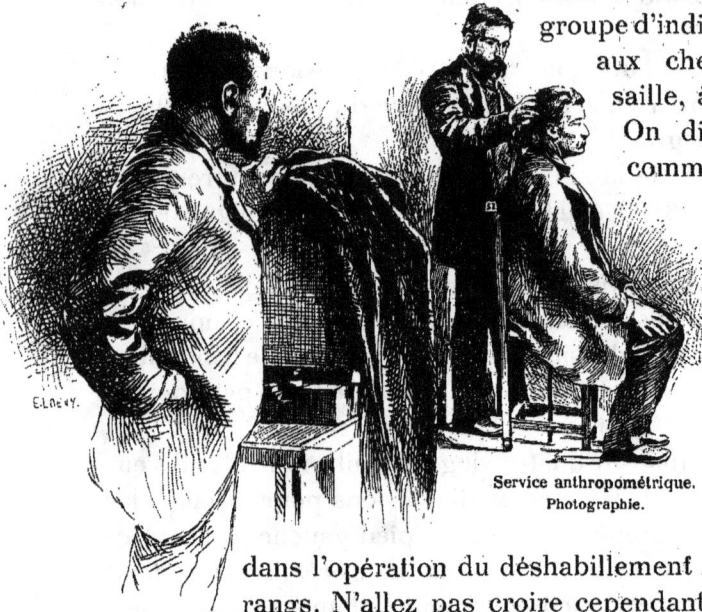

Service anthropométrique.
Photographie.

dans l'opération du déshabillement et silence dans les rangs. N'allez pas croire cependant que la justice, si soucieuse de rechercher la vérité, aille jusqu'à en imposer le costume à ses clients ordinaires; et, quand une voix sévère appelle le premier sujet, c'est dans un simple mais convenable appareil qu'il se présente à la toise.

S'il a déjà subi l'opération anthropométrique lors d'une arrestation précédente et qu'il ait la bonhomie de décliner son état civil exact, la séance est courte pour lui.

Mais là n'est pas l'intérêt. Il est dans la certitude que possède le chef de service, de confondre, en quelques minutes, l'imposture de ce loqueteux à la face terreuse, au regard sinistre, qui s'avance en soutenant mordicus qu'il s'appelle « Dumont », qu'il n'a jamais été condamné et qu'il est victime d'une abominable erreur de la police.

Il sait cependant que l'an passé, ou peut-être deux années plus tôt, il a été amené devant cette même toise, que sa tête a été mesurée par les branches de ce même compas que l'employé maintenant lui applique sur le front et les tempes. Mais, s'il persiste à nier, c'est qu'il ignore l'efficacité du « bertillonnage ».

« Ils en mesurent tant, pense-t-il, qu'ils ne le retrouveront plus! »

Et puis, ils ignorent à quelle précision de détails est arrivée la classification du service.

Or, quand il a été mesuré en long et en travers, qu'il a passé sous la toise pour laisser prendre la hauteur de sa taille, sur l'escabeau de bois pour se laisser mesurer le pied, que l'instrument de précision a pris les dimensions de son oreille, de son doigt, de son coude, arrive un brigadier qui, sur la foi du signalement, est allé choisir dans une petite boîte un carré de carton, portant une quinzaine d'indications corroborées par le rapprochement d'une épreuve photographique.

Ce brigadier se plante devant le soi-disant Dumont et lui demande :

« Vous persistez à dire que vous vous nommez Dumont?

— Parfaitement.

— Que vous êtes né?...

— A Marseille, en 1854.

— Que vous n'avez jamais été condamné?

— Jamais. »

Le brigadier l'examine attentivement; il s'assure, par le rapprochement de la photographie placée sous ses yeux, que l'identité est certaine et il prononce un petit boniment ainsi conçu :

« Vous?... vous mentez!... Vous ne vous nommez pas Dumont!... Vous vous appelez Tavernier, Adolphe; vous êtes né à Pontoise, le 2 juin 1851; vous avez subi déjà quatre condamnations, deux pour vols qualifiés et deux pour escroquerie... »

Le misérable se trouve confondu, écrasé...

L'inquisiteur ajoute :

« Gardes, relevez la manche de cet homme; il doit avoir au

bras gauche un tatouage bleu, représentant un cœur percé d'une flèche et surmonté d'un bonnet phrygien...

Le garde relève la manche, et les tatouages apparaissent à la confusion du patient, qui voudrait rentrer sous terre...

Les antécédents de cet individu sont aussitôt portés sur le rapport de police dont il a fait l'objet; et voilà comment, en compulsant le dossier de l'honnête « Dumont », le juge sait à quoi s'en tenir sur son compte.

Inutile de dire avec quel confort et quelle commodité sont installés les bureaux du service anthropométrique, disposés avec un esprit de méthode et dans un ordre qui défient toute description.

A l'étage supérieur sont situés les ateliers de photographie, où la manipulation des clichés et des plaques est si rapide que les épreuves peuvent se tirer instantanément, sans interruption, sans attente, l'organisation du service ayant visé un double but : la simplification et la célérité du travail.

Il se produit pourtant des cas où les clients « bertillonnés » refusent de laisser le photographe prendre leurs traits. Pour se soustraire à cette épreuve décisive, ils s'agitent, vont et viennent, fuient le siège placé devant l'objectif. La ruse alors remplace la persuasion.

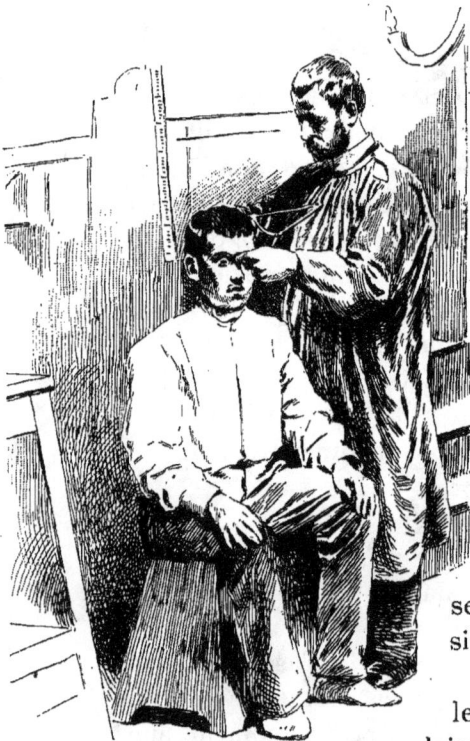

Service anthropométrique. Mensuration.

Aux quatre coins des ateliers un appareil instantané est dissimulé derrière une rangée de petites boîtes qui contiennent des clichés. Un employé saisit comme au hasard la boîte qui masque l'un des appareils. Il fait semblant d'y chercher une épreuve et s'écrie :

« Mais au fait nous l'avons, votre photographie!... »

Le procédé réussit toujours. Ces mots impressionnent assez l'intéressé pour le clouer sur place, ne fût-ce que pendant une ou deux secondes...

Ce temps a suffi à l'opérateur caché, qui déjà a fait son œuvre.

Et la justice possède, séance tenante, les traits du photographié malgré lui...

Alors que tout va se perfectionnant et que les sciences apportent chaque jour à l'industrie les trésors de leurs découvertes, peut-on supposer que la police ne profite pas de leurs inventions? Le moment viendra peut-être où, par de nouveaux et d'ingénieux procédés, elle reproduira vos paroles, vos gestes, jusqu'à votre pensée..., à moins qu'elle ne prenne pour devise le mot d'Alphonse Bertillon, un joli mot d'anthropomètre :

Il faut savoir en tout garder une mesure!...

M. Goron, chef de la Sûreté.

IV

LA POLICE DE SÛRETÉ

Au fond d'un long couloir sombre, non loin de la Bibliothèque des avocats, s'ouvre le cabinet de M. Goron, chef du service de la police de sûreté dont on connaît le rôle : la recherche et l'arrestation des auteurs présumés des crimes et délits.

La création du service de la sûreté date de 1832. De trente et un hommes que comprenait ce service au début, il fut porté à cent soixante, en 1848. Aujourd'hui, il comprend plus de trois cents hommes, cadres non compris. Le simple soldat de ce bataillon y porte le titre d'inspecteur, il a pour chefs le sous-brigadier et l'inspecteur principal.

Le premier chef de la sûreté fut M. Allard. Il exerça ses fonctions du 15 novembre 1832 au 15 décembre 1848. Vinrent ensuite MM. Perrot, Canler, Balestrino, Collet, Tenaille, Claude, Jacob, Macé, qui conserva son poste du 17 février 1879 au 31 mars 1884, époque à laquelle il prit sa retraite.

M. Kuehn ne resta que peu de temps à la tête de ce service. Il fut remplacé par M. Taylor, auquel le Préfet de Police adjoignit un sous-chef.

Ce sous-chef, M. le commissaire de police Goron, fut nommé chef du service le 14 novembre 1887, en remplacement de M. Taylor, qui remplit actuellement les fonctions de ministère public au Tribunal de simple police.

M. Goron est chevalier de la Légion d'honneur. Il a environ quarante ans. Son éloge n'est plus à faire. Le chef de la Sûreté ne compte en effet que des amis, tant à la Préfecture de Police qu'au Parquet, où il est tenu en très haute estime.

D'une intelligence et d'une finesse rares, faisant preuve, dans ses délicates et difficiles fonctions, du tact le plus parfait, M. Goron joint à ces précieuses qualités la bravoure, la loyauté et... la courtoisie.

Si vous pénétrez jamais dans le cabinet du chef de la Sûreté, vous trouverez un véritable musée : à côté d'une panoplie superbe, un large cadre renferme les photographies de quantité de criminels célèbres.

Le travail des employés du service des bureaux consiste notamment dans la réception et l'enregistrement des notes et rapports de justice (environ cent cinquante à cent soixante par jour) ; rédaction et expédition des rapports destinés à l'autorité administrative et judiciaire ; relevé de l'état civil de tous les individus qui sont envoyés au Dépôt par les commissaires de police de Paris et de la banlieue ; enfin la correspondance par lettres ou télégrammes, avec la province ou l'étranger.

C'est aux agents de la brigade spéciale, composée d'un inspecteur principal, M. Jaume, de quatre brigadiers, un sous-brigadier et vingt inspecteurs, qu'incombent les missions importantes, délicates ou dangereuses, tant à l'intérieur qu'à l'extérieur. La brigade spéciale recherche et arrête les grands criminels, les escrocs de la finance et du haut commerce, etc., etc.

La section des notes et mandats comprend un inspecteur principal, un brigadier et quarante inspecteurs, dont les fonctions consistent dans les recherches, les informations, les investigations de toute nature.

La brigade des *mandats* s'occupe plus spécialement des recherches devant aboutir à des arrestations ; celle des *notes* se livre principalement aux enquêtes.

Les *notiers*, ayant à faire de longs rapports, sur le vu desquels le juge d'instruction transforme souvent un individu seulement soupçonné en inculpé, sont choisis parmi les gens les plus lettrés. Ils recueillent les renseignements demandés par le Parquet dans les vingt-quatre heures, sur les personnes justiciables du Tribunal des flagrants délits.

Un brigadier, remplissant les fonctions de caissier du service, un commis et dix inspecteurs composent la section des réquisitoires.

Les agents de ce service ont notamment pour mission d'exécuter les réquisitoires du procureur de la République; la contrainte par corps, à l'égard des individus redevables à l'État d'une amende, de frais de justice, etc. Ce service fait rentrer dans les caisses de l'État, par an, de 70 à 80 000 francs, que le Trésor considérait souvent comme perdus.

La brigade du Mont-de-Piété ne compte qu'un sous-brigadier et trois inspecteurs, chargés de la surveillance des salles d'engagement.

Une des brigades les plus importantes du service de la sûreté est celle dite de « la voie publique ». Elle se compose d'un brigadier, quatre sous-brigadiers et trente-quatre inspecteurs, commandés par les inspecteurs principaux Gaillarde et Rossignol.

Les agents de cette brigade, appelée *brigade volante*, n'ont pas d'emploi déterminé.

Ils s'en remettent au hasard du soin de trouver les affaires. C'est en effet en parcourant les rues fréquentées, en visitant les banques, les églises, en surveillant les stations d'omnibus, les champs de courses, qu'ils arrivent à pincer en flagrant délit, après les avoir filés, certains individus dont les allures leur ont paru suspectes.

Leur métier est des plus pénibles et il faut pour réussir qu'ils soient doués d'aptitudes toutes spéciales. Ces agents sont la terreur des *pick-pockets*, *roulottiers*, voleurs *à l'américaine*, *à la tire*, *au poivrier*, *cambrioleurs*, en un mot, des multiples variétés de voleurs qu'ils ont pour mission de surveiller.

Quant à la section des mœurs, composée de trente-deux agents, on sait que son rôle consiste à faire sur la voie publique ces rafles de filles qui ont soulevé tant de fois les protestations de la presse et du public et à surveiller les maisons de tolérance.

Enfin la section du centre ou permanence est celle de tout le service qui compte le plus d'agents : un inspecteur principal, un brigadier, sept sous-brigadiers et cent trente-quatre inspecteurs. Quelques-uns de ces agents sont à poste fixe, soit dans les bureaux, à l'administration centrale, soit à la disposition des commissaires de police qui les demandent d'urgence, ou bien encore en surveillance dans les établissements financiers, au Trésor, à la Banque de France, à la Bourse, etc.

Ceux qui sont inoccupés restent à la permanence, prêts à toute éventualité.

Leurs fonctions sont multiples :

Ils protègent les personnes menacées de mort ou de voies de fait; ils sont chargés d'extrader les détenus qu'il faut conduire en ville pour les confronter avec diverses personnes, etc., etc. Enfin, ils recueillent les renseignements urgents demandés par l'Administration et le Parquet.

V

LES JUGES D'INSTRUCTION

Inclinons-nous devant le juge d'instruction.

Il n'est pas de métier plus difficile que le sien.

Investi des attributions les plus étendues et les plus illi-mitées dans la sphère où il les exerce, la loi ayant mal défini et réglé ses pouvoirs, le juge d'instruction doit prendre toutes les mesures qui peuvent amener la manifestation de la vérité, procéder aux recherches, vérifier les moindres indices, con-stater les faits, faire des perquisitions et des saisies, ordonner des expertises, appeler et entendre des témoins, interroger les inculpés et jongler avec tout l'arsenal des mandats de compa-rution, d'amener, de dépôt et d'arrêt.

Il faut donc que le juge d'instruction possède non seulement un savoir juridique très étendu, mais encore qu'il soit doué de précision, d'observation, de décision, d'activité, de patience et de bonhomie. Il ne doit s'étonner ni des meilleurs sentiments, ni des conceptions les plus criminelles, ni des manifestations de la vertu, ni des machinations du vice. Rien ne doit l'émouvoir, encore moins le surprendre.

Le juge d'instruction doit posséder une âme bien trempée et un corps de fer, force morale et santé physique, cerveau solide, estomac complaisant.

La nuit, au milieu du plus profond sommeil, le juge d'instruction peut être réveillé en sursaut, par l'annonce d'une arrestation importante ou d'un interrogatoire pressant. Et, lorsqu'il entre dans son cabinet, entre une heure et deux de l'après-midi, il peut lui arriver d'en sortir un instant après, pour un transport de justice, ou de ne le quitter qu'à onze heures du soir.

A Paris, les juges d'instruction, au nombre de vingt-huit, se partagent, sauf deux qui siègent dans les locaux du Petit Parquet, les trois étages supérieurs du Palais, perpendiculaires aux couloirs des Chambres correctionnelles.

Pour arriver à leurs cabinets, après avoir gravi plusieurs étages, on entre dans une vaste salle, longue, rectangulaire, éclairée par des fenêtres donnant sur la cour de la Sainte-Chapelle.

Là, tout de suite, vous avez à parler à un garçon de bureau, vêtu d'un habit bleu foncé, à boutons de cuivre doré que le frottement, le long des bancs et des boiseries, suffit à entretenir propres.

Ce garçon est généralement assis devant une espèce de lavabo en pierre, sur l'un des côtés duquel se dresse, comme un pavillon, une lampe à gaz coiffée d'un vulgaire abat-jour en carton vert.

Là, avec un air digne, plus rogue que celui du juge au service duquel il se trouve, le garçon de bureau reçoit les feuilles de convocation des nombreux témoins cités. Quelquefois ce subalterne s'identifie avec son juge.

« Pour quelle affaire, monsieur ?

— L'affaire Mathassin.

— Bien, ce ne sera pas long ; vous savez, *nous* menons nos instructions rondement, *nous !* »

Chaque jour de chaque semaine, une quantité innombrable d'individus de toute catégorie, mendiants et millionnaires, savetiers et membres de l'Institut, se croisent et s'entre-croisent dans ces salles d'attente. Ici une cuisinière en tablier blanc cause doucement avec un garde municipal ; là, les bras croisés dans une attitude d'aveugles attendant l'aumône, gisent, affalés contre la muraille, les yeux perdus dans le vide, les témoins d'un accident. Celui-ci soupire et regarde continuellement sa montre avec des hochements de tête significatifs ; celui-là lit son journal depuis la date jusqu'au nom du gérant inclusivement ; cet autre enfin, qu'un besoin terrible de locomotion agite, se promène à pas comptés en mâchonnant fiévreusement les pointes de sa moustache.

Tout à coup, le timbre électrique résonne, le garçon se précipite, les fronts se lèvent et, le cou tendu vers la porte par laquelle il va revenir, chaque témoin attend anxieusement le nom qui va tomber des lèvres du garçon.

Il est revenu et, solennellement, a pris la parole :

« Dans l'affaire Mathassin, M. le juge d'instruction n'entendra plus personne aujourd'hui ; vous reviendrez demain. »

Stupéfaction profonde et, dans un grand brouhaha de départ, se perdent les imprécations des irritables et les grognements des mécontents.

Seul, le prévenu n'attend pas.

Suivons-le dans le couloir latéral à la salle d'attente, accompagné de ses deux gardes municipaux.

Une porte s'ouvre devant lui, sur l'imposte de laquelle se trouve écrit en grosse ronde, et enchâssé dans un rectangle de cuivre jaune, le nom du juge qui occupe le cabinet.

Au fond, dans une pièce de petite dimension, près des fenêtres, deux bureaux en acajou juxtaposés, l'un pour le juge d'instruction, l'autre pour son greffier. À gauche ou à droite, une autre porte donnant dans une petite pièce destinée à recevoir les amis ou les communications confidentielles. Auprès du juge d'instruction, le bouton d'une sonnerie électrique, qui correspond, soit au couloir du garçon de bureau, soit à la salle des gardes du Petit Parquet; dans certains cabinets, des tuyaux acoustiques.

Parfois les interrogatoires ou les dépositions sont interrompus par un coup discret frappé à la porte. C'est un garde municipal qui apporte un pli, un avocat en robe qui vient chercher un permis de communiquer, un garçon qui remet une carte de visite.

Puis, quand la journée est finie et que l'*omnibus de la Préfecture* a réintégré dans les diverses prisons de Paris sa clientèle du jour, on voit entre quatre et cinq heures les juges d'instruction sortir graves, tristes ou souriants, suivant qu'il ont arraché des aveux, qu'ils n'en ont pas obtenu ou qu'ils espèrent en obtenir.

Derrière eux, sans plus attendre, les paperasses rangées et le gaz éteint, sortent des gens à l'air grave.

Inclinons-nous, ce sont les garçons de bureau qui passent!

Et maintenant, voyons le magistrat à l'œuvre.

Un crime est commis dont l'auteur est demeuré inconnu.

Il s'agit d'abord de retrouver ce criminel, qui, plus habile qu'une bête de chasse, a multiplié les ruses, croisé les voies, rompu tous les chiens pour mettre en défaut la justice.

Le juge d'instruction recherche alors avec le plus grand soin, la plus sévère minutie, tout ce qui, dans la vie ordinaire ou extraordinaire de la victime, pourra donner un indice. Papiers, correspondances, menus objets, ne serait-ce qu'une épingle trouvée dans des conditions particulières, sont examinés avec les précautions les plus méticuleuses. Les personnes ayant eu des relations avec la victime sont entendues, leurs déclarations contrôlées.

L'auteur du crime, ou plutôt l'auteur présumé est trouvé ; mais il ruse, il nie : les preuves ne sont pas assez accablantes pour affirmer d'une façon indéniable sa culpabilité. On voudrait des aveux.

Comment le juge d'instruction fera-t-il pour en obtenir?

Le public a bien souvent entendu parler des mystères de l'instruction.

A chaque instant on lui rappelle ce que l'on a surnommé le *coup des menottes*, le *Serrez, gardes!* devenu légendaire au Palais, le *coup du téléphone*, de l'affaire Wilson (1), le cahier de papier blanc qu'on feuillette et dans lequel le juge déclare avoir des dépositions accablantes, l'affirmation qu'un complice, arrêté, a fait les aveux les plus complets, alors qu'aucune déclaration n'a été faite, etc., etc.

Il serait sans doute puéril de nier l'emploi de toutes ces manières de procéder; mais hâtons-nous d'ajouter que c'est la grande exception. Ceux qui se servent de ces moyens sont généralement les jeunes juges d'instruction, auxquels manque la connaissance approfondie des hommes et des choses. Ils sont, en tout cas, sévèrement blâmés par les vieux juges, blanchis sous le harnois, qui préconisent la plus grande loyauté dans les moyens d'action, réprouvent le *moutonnage*, qui est de plus en plus abandonné, et estiment qu'il y a toujours, même chez les plus endurcis, un point faible, un défaut de la cuirasse qu'il s'agit de trouver.

Aussi, on ne peut que regretter de voir parfois l'instruction confiée à des juges suppléants, qui, malgré la meilleure volonté du monde, n'ont pas une liberté d'action suffisante, étant donnée la dépendance dans laquelle ils se trouvent vis-à-vis du Parquet, jointe au peu d'expérience qu'ils possèdent encore.

Une des formalités de l'instruction qui préoccupe à bon droit le public, c'est la dictée des dépositions par le juge, qui en fait un résumé consigné par le greffier dans ce qui formera plus tard la procédure.

Souvent, dans un débat, on entend un accusé, un témoin déclarer que ce que lui a fait dire le *curieux*, comme disent les

(1) On n'a pas oublié cet incident extraordinaire: M. Vigneau, chargé de l'instruction dans l'affaire des décorations, téléphonant à un acheteur de ruban rouge, en se faisant passer pour M. Wilson.

criminels dans leur argot, n'est pas le reflet exact de sa déclaration.

Qu'on se rassure : il faut compter, d'une part, sur la loyauté
et l'honnêteté du juge, qui n'a d'ordinaire aucune raison personnelle de travestir volontairement la vérité ; d'autre part, sur la
présence du greffier, qui, lui aussi, entend les dépositions, peut
contrôler l'exactitude du résumé qui lui est dicté.

Tout ce qu'on peut dire, c'est que le juge d'instruction, dans
l'état de persuasion où il se trouve de la culpabilité d'un homme,
peut, sans prendre garde lui-même, donner parfois plus de
couleur à un aveu. Mais cela est rare, et il ne faudrait rien
exagérer : nous avons dit « plus de couleur », disons « plus de
nuance », et nous serons dans la note juste.

L'accusé ou le témoin, auquel on donne toujours lecture de
sa déposition, a toujours, du reste, s'il estime que cette déposition n'a pas été fidèlement reproduite, la ressource de refuser
de la signer.

QUELQUES TYPES

Est-il possible de parler du juge d'instruction sans consacrer
une courte esquisse à M. Guillot ?

Gros, court, trapu, avec des sourcils abondants et hérissés,
la figure illuminée par deux petits yeux vifs qui vous trouent
comme une vrille et vous jaugent un homme en cinq minutes,
voilà le magistrat qui, à bien des égards, restera comme le type
du juge d'instruction moderne.

Travailleur infatigable, auteur d'un *Paris qui souffre*, poignant
comme une plainte d'angoisse et de misère, attaché pour toujours
peut-être à sa fonction par la distinction même avec laquelle il
la remplit et, sans doute, n'en ambitionnant point d'autre,
M. Guillot consacre ses rares loisirs à des études morales qui
lui ont ouvert les portes de l'Institut.

Ceux qui se figurent le juge d'instruction tel qu'il est décrit
dans les feuilletons à un sou, n'en reviendraient pas s'ils savaient

44

que M. Guillot passe le meilleur de ses après-midi à interroger
des enfants, pauvres êtres abandonnés ou coupables d'un petit
larcin, à éveiller en eux la conscience qui sommeille, à assurer
leur placement en des mains charitables, pour les sauver autant
qu'il le pourra de la maison de correction, « cette École normale
du crime ».

C'est à lui, c'est à M. le président Flandin, c'est à un jeune
avocat, Me Rollet, qu'on a surnommé familièrement « le Saint
Vincent de Paul du Palais », que l'on doit l'abro-
gation de l'ancienne et abominable législation sur
l'enfance; la prison brutale et rapide, sans enquête, sans appel préalable à la pitié.

Tout autre, nous voulons dire avec des qualités toutes différentes, nous apparaît M. Guillot
aux prises avec un criminel de marque. La
plupart des « grands seigneurs du crime »
ont passé de longues journées dans son
cabinet du Palais : Campi, Prado, Pranzini
et tant d'autres. Si tous n'en sont pas sortis
démasqués, tous en sont sortis vaincus.

Le procédé de M. Guillot consiste à analyser,
avant tout, le caractère de l'homme. L'étude
du fait incriminé ne viendra qu'en second lieu, quand le juge
sera en mesure d'interpréter l'acte d'après la nature de l'individu, désormais percé à jour.

M. Guillot, juge d'instruction.

Avec quelle passion M. Guillot se donne à cette analyse!
Vainement son sujet se dérobe, ondoie, se pelotonne en chat
qui se croit insaisissable, parce qu'il a couché les oreilles
ou s'applique à suivre, avec une irréprochable logique, la filière
de ses mensonges.

Fasciné par cette parole qui lui tire la vérité du cœur, il
faudra bien qu'un jour vienne où il dira à cet homme qui
devine tout : « Eh bien, oui, vous avez tout deviné, » et il
laissera tomber son masque, comme un amateur battu dans
un assaut.

Parfois, quand il ne se sent pas maître de l'accusé qu'il interroge, M. Guillot appellera à la rescousse celui-là, celle-là — généralement c'est une femme — qui, seule, a le pouvoir d'arracher l'aveu.

Se souvient-on de ce Marchandon, qui assassina, il y a quelques années, une dame veuve de la rue de Sèze?

Domestique et assassin à Paris, Marchandon vivait à Compiègne en petit rentier, avec une fille Blin, qu'il faisait passer pour sa femme, soignant son verger, suivant les offices et demandant au conseil municipal le déplacement d'une « maison Tellier », dont le voisinage scandalisait sa vertu.

Amené devant M. Guillot, après l'assassinat de Mme Cornet, Marchandon se refusait obstinément à tout aveu. Le juge vit qu'il ne pourrait rien tirer de ce bandit; il fit venir Jane Blin et, comptant bien sur la rage de la femme, furieuse d'avoir vécu sans le savoir avec un assassin, il mit l'amant aux prises avec la maîtresse.

Relisez cette confrontation! Le type égoïste et féroce de la femme s'y dessine avec une netteté étonnante! En face d'elle, l'homme, honteux, subjugué, vaincu par l'amour qu'il ressent toujours pour elle :

Jane Blin. — Malheureux, c'est à cause de toi que je suis ici. Tu m'as trompée! tu m'as mêlée, sans que je le sache, à ton existence criminelle. C'est toi seul qui as assassiné Mme Cornet.

Marchandon. — Non, non. C'est Anatole!...

Jane Blin. — Je t'ai vu après l'assassinat. Tu étais triste. Tu répétais que tu voudrais bien être mort. Tu regardais tout le temps par la fenêtre. Voyons, avoue donc, tu fais jouer à un autre ton propre rôle. Tu as tout fait!

Marchandon. — Eh bien! oui, c'est moi seul!

Jane Blin. — Dis la vérité tout entière.

Marchandon. — Laisse-moi, je veux que ça finisse! Qu'on me tue tout de suite!

Jane Blin. — On te tuera, c'est probable. Il ne manquerait plus que cela qu'on ne te tue pas! Mais il faut tout dire, afin qu'on sache bien que j'ai été ta première victime. Comment as-tu tué cette femme?

MARCHANDON. — Dans sa chambre.

JANE BLIN. — Elle dormait. Tu l'auras éveillée.

MARCHANDON (*désespérément*). — Mais puisque c'est Anatole (personnage imaginaire inventé par Marchandon).

JANE BLIN. — Et tes bretelles, qu'on a trouvées à côté du corps?

MARCHANDON. — C'est Anatole qui les aura mises là pour me perdre.

JANE BLIN. — Tais-toi donc! Ah! voilà donc pourquoi monsieur allait à Paris, voilà le secret des dépêches que t'envoyaient ces fameuses femmes du monde dont tu te vantais d'être l'amant. Repens-toi, malheureux, repens-toi. Qu'au moins, puisque j'ai vécu avec un assassin, il ait demandé pardon à Dieu. Allons, comment ça s'est-il passé?

MARCHANDON. — J'avais la clef de la cuisine. Je suis rentré par là. J'ai pris un grand couteau dans le buffet. Je me suis avancé jusqu'à la chambre. Mme Cornet s'est déshabillée, elle a fait sa toilette et s'est mise au lit. Alors je me suis montré et elle m'a aperçu... Elle a poussé un cri d'effroi... Elle s'est levée!... Elle a voulu se sauver... Je l'ai rejointe... Je l'ai frappée...

JANE BLIN. — C'est bien la vérité?

MARCHANDON. — Oh! oui.

JANE BLIN. — Jure-le sur la tête de ta mère.

MARCHANDON. — Je le jure!...

Trois mois après, la tête de Marchandon roulait sur la place de la Roquette.

Un autre juge d'instruction dont le nom est bien connu de tous ceux qui lisent un journal, c'est M. Laurent Atthalin.

Avec son abondante chevelure rejetée en arrière, sa longue barbe très soignée, M. Laurent Atthalin est le juge courtois par excellence, envoyant son homme à l'échafaud avec toutes les formes d'un gentleman de race. Dans son cabinet ont défilé Euphrasie Mercier, M. Wilson, les membres de la Ligue des

patriotes, les nihilistes russes et Turpin, Triponé et autres prévenus dans l'affaire récente de la mélinite.

Enfin M. Doppfer, l'Alsacien patriote et consciencieux, l'honnêteté même, poursuivant sa tâche sans bruit, sans éclat, mais
aussi avec un entêtement de cheval de labour qui va lentement,
mais ne reste jamais en route.

Eyraud et Gabrielle Bompard en ont su quelque chose.

VI

LE PARQUET DU PROCUREUR
DE LA RÉPUBLIQUE

Les juges d'instruction se mettent en mouvement sur la demande du Parquet et ils ne statuent sur le sort de l'inculpé par une ordonnance de non-lieu ou une ordonnance de renvoi devant la juridiction compétente que sur les réquisitions de ce même Parquet.

Qu'est-ce que le PARQUET ? Mot étrange qui, dans le sanctuaire de la Justice, fait penser au Temple de la Bourse !

Le Parquet, c'est tout simplement M. le procureur de la République, entouré de ses substituts.

M. le procureur de la République plane sur tout ce petit monde et prend lui-même les décisions de quelque importance, ordonne les poursuites ou jette un voile sur certaines hontes douloureuses.

M. Banaston,
procureur de la République.

A l'heure où nous écrivons, le chef du Parquet de première instance est M. Banaston, qui a succédé à M. Bernard. C'est un magistrat distingué, dont on put apprécier, aux assises, quand il était avocat général, le délicat talent de parole et dont on estime aujourd'hui la bonne grâce et le tact dans l'exercice de ses fonctions administratives.

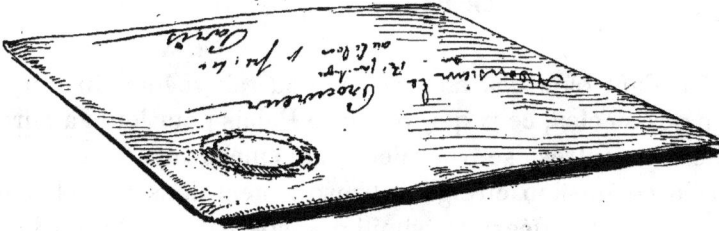

Un coin du banc de la presse.

VII

AUTOUR DU PALAIS

LE MÉDECIN DU PALAIS

Pendant bien des années, on pourrait même dire pendant bien des siècles, ceux qui, venus au Palais pour leurs affaires ou celles des autres, se trouvaient subitement indisposés, — ceux que la congestion étreignait brusquement dans les salles d'audience surchauffées, les simili-désespérés qui, devant le juge-instructeur, se livraient au pseudo-suicide classique avec le grattoir du greffier, — ceux-là n'avaient tout d'abord pour les encourager à ne pas quitter cette existence que les soins insuffisants des huissiers d'audience, des garçons de bureau ou des municipaux de service : nul praticien n'était attaché à l'établissement judiciaire, comme tenancier d'un « poste de secours » ; le cas échéant, un médecin du voisinage, un étranger à la grande famille judiciaire était requis.

En somme, il y avait là, pour les magistrats ou avocats, quelque chose de particulièrement choquant : il n'était pas possible d'expirer en famille ; c'était un *étranger* qui venait vous administrer les dernières consolations de la médecine.

Le Conseil général de la Seine mesura l'étendue de cette lacune et résolut de la combler : un poste de « médecin du Palais » fut créé, et le titulaire actuel, l'aimable docteur Charles Floquet, fut préposé spécialement aux indispositions judiciaires.

Le docteur Floquet comprit immédiatement le desideratum des membres de la grande famille dans laquelle il entrait : ce que le Palais réclamait, ce n'était pas un médecin vieux jeu, solennel et phraseur, toujours disposé aux examens silencieux, aux auscultations terrifiantes, toujours prêt à libeller des ordonnances barbouillées de mots techniques..., non, ce que l'on voulait, c'était avant tout un homme dont la compétence médicale incontestée se dissimulât sous l'affabilité des dehors et qui fût complètement « de la maison ».

Il fallait à l'avocat ou au juge mal réveillé par la chaleur de l'audience un médecin qui eût le mot pour rire ; il fallait au prévenu qui a tenté de se suicider un docteur qui, tout en couvrant les plaies du blessé d'une étroite bande de taffetas gommé, lui rappelât que les grattoirs sont faits pour gratter le papier et non le cuir — fût-il humain.

En un mot, il fallait au Palais un homme qui, le cas échéant, pût ragaillardir un patient plutôt par des phrases cordiales que par un cordial sans phrases.

Le docteur Floquet a si bien compris l'importance de cette partie de ses fonctions qu'il a employé ses loisirs — on ne meurt pas tous les jours au Palais — à faire ses études de droit. Il est licencié, s'il vous plaît ! un ruban violet qui, de rectangulaire qu'il était, est devenu rond, s'est accroché à sa boutonnière ; l'air est avenant, la voix douce.

Nul mieux que le médecin du Palais ne sait calmer, d'une phrase, les inquiétudes des robins que taquinent le rhume ou la bronchite ; d'un mot en passant il vous conseillera « le Tolu dans du lait chaud », sans paraître y attacher de l'importance ; le malade est rassuré et voilà la maladie enrayée !

Sans vouloir médire par avance de ceux qui, dans un lointain avenir, pourront succéder au docteur Floquet, on peut, dès à présent, assurer que nul ne possédera, plus que lui, les qualités de l'emploi et ne trouvera sur sa route plus de mains cordialement tendues.

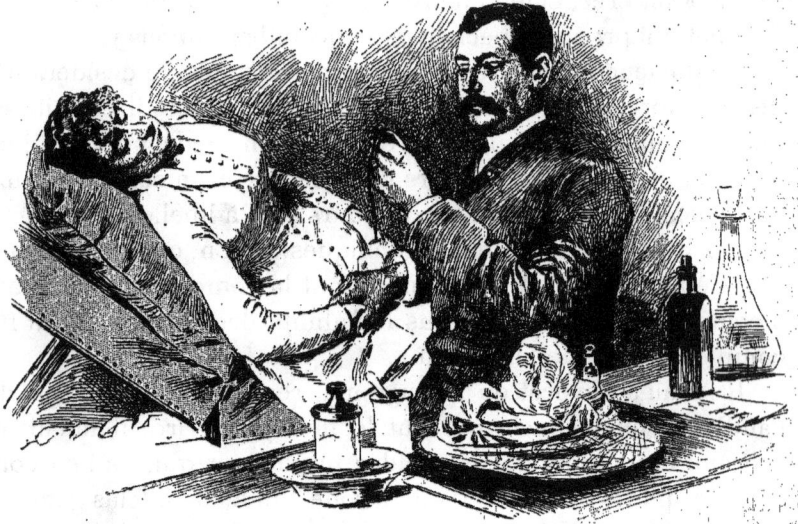

Le médecin du Palais.

Et comme le docteur Floquet, pour bien remplir son office, est toujours forcé d'être sur pied dans le Palais, certaines gens, voyant son cabinet presque constamment fermé, s'imaginent que ses fonctions sont une sinécure. A ceux-là nous dédions la curieuse statistique de son service — des services qu'il rend pour mieux dire.

En 1890, il a été constaté au Palais :

Cas médicaux :

Affections cardiaques (endocardite, hypertrophie du cœur, etc.)....	9
Syncopes, vertiges...	42
Hémorragies diverses.	12
Affections des voies respiratoires (laryngite aiguë et chronique, spasme de la glotte, emphysème pulmonaire, etc.)................	29
Affections des voies digestives....	21
Affections de l'appareil d'innervation (congestion cérébrale, insolation)..	9
Épilepsie..	15
Hystérie...	42
Catalepsie...	1
Névralgies diverses..	11
Alcoolisme...	6
Affections mentales..	3
TOTAL...........	200

Cas chirurgicaux :

Contusions...	34
Entorses..	2
Luxation de l'épaule....	1
Luxation du coude..	1
Plaie pénétrante de la poitrine (tentative de suicide)............	1
Plaies et accidents divers..	16
TOTAL...........	55

En somme, 255 malades... et pas un mort! Voilà surtout le beau côté de ce petit bilan!

LE COMMANDANT LUNEL ET SES GARDES

Le garde du Palais est un militaire qui fait penser à la garde nationale.

Il y a du père de famille chez lui.

Il suffit de le regarder pour voir qu'il n'a pas la préoccupation de la caserne ni les ennuis de l'exercice, et que les soupes illusoires et les ratas décevants de la commission des ordinaires sont remplacés pour lui par un substantiel pot-au-feu que surveille une ménagère attentive.

De là vient sans doute ce je ne sais quoi de stable, de tranquille, de familial, qui apparaît dans l'air du garde du Palais, sur sa physionomie, dans son allure, qui a la lenteur solennelle d'un procès civil.

Il y a certainement une affinité mystérieuse entre le monument dans lequel ils vivent et ces prétoriens pacifiques. Qu'on ne s'y trompe pas cependant : le garde du Palais est tout juste l'inverse du garde national, qui prenait des airs belliqueux pour mieux déguiser son caractère : la plupart sont d'anciens sous-officiers, et ils ont à leur actif de nombreuses campagnes et d'excellents états de service.

Le langage est à l'avenant de la tenue. Le garde du Palais ne jure jamais et s'exprime en termes choisis.

L'uniforme a gardé un léger cachet archaïque. Ainsi le garde du Palais est aujourd'hui, avec l'élève de l'École polytechnique, un des derniers représentants du chapeau à claque, du bicorne, qu'il porte la pointe en avant à l'inverse du gendarme. Il est habillé d'une tunique et d'un pantalon noir à large bande rouge — les couleurs du Tribunal et de la Cour d'assises !

Les fonctions des gardes du Palais ont pour but d'assurer l'observation de l'éternelle consigne : *maintenir l'ordre*.

Seulement, comme l'ordre est déjà maintenu par ses collègues de la garde républicaine, lesquels gardent les malfaiteurs, les juges et le public, ce qu'il reste d'ordre à maintenir se trouve réduit à la dose homéopathique.

Aussi, après l'appel et une revue microscopique qui a lieu le matin dans les galeries encore désertes du Palais, les devoirs des gardes se bornent-ils à distribuer au public qui circule dans les couloirs quelques injonctions et quelques avis dont les plus usuels peuvent être ramenés à trois formules :

1° « Monsieur, on ne fume pas dans les couloirs. » Et, si c'est un avocat qui termine une cigarette :

« Maître (*avec un sourire*), vous savez que dans les couloirs les cigarettes... »

(Quand c'est un magistrat, les gardes tournent la tête.)

2° « Non, madame, je ne peux pas vous laisser circuler avec ce chien. »

3° Les jours de grosses affaires criminelles, où tous ceux que l'affaire ne regarde pas veulent voir la tête de l'assassin :

« Inutile d'insister. On n'entre qu'avec une carte du président ou une carte de presse. »

Et, comme on insiste toujours, le garde ajoute :

« Voyez le commandant Lunel. »

Le commandant Lunel, chef des gardes du Palais, n'a jamais eu, au cours de ses campagnes, à soutenir d'assauts pareils à ceux qu'on lui livre les jours où Pranzini, Prado, Eyraud et leurs successeurs font salle comble.

Passe encore pour les curieux : on s'en débarrasse avec un : « Désolé, monsieur. Impossible, la salle est bondée. » Mais les curieuses — et il y en a de charmantes — sont plus tenaces. Le chef des gardes a devant lui, ces jours-là, des bataillons de jolies femmes qui n'ont pas un prétexte valable et auxquelles il ne manque pas une raison.

Le chef des gardes — en *galantuomo* — se confond en regrets, invoque les ordres supérieurs, la salle comble, et s'arrange pour ne pas trop mécontenter le bataillon, tout en ne prononçant que les *Sésame ouvre-toi* réglementaires.

Avant d'être le plus aimable des chefs des gardes, le commandant Lunel était directeur de l'École hippique de Caen. Les services rendus, par sa grande expérience et son habileté consommée, dans l'organisation de nos remontes de cavalerie, ne se comptent plus.

On sait que le commandant Lunel est un de nos meilleurs hommes de cheval.

Le maréchal Canrobert distingua de bonne heure ses aptitudes et, au cours de la campagne de Crimée, il le chargea de diriger la remonte de Varna.

Depuis, il a été directeur de l'École des haras du Pin et président de la remonte de Versailles.

Le commandant Lunel.

Les états de service du commandant Lunel sont des plus brillants. Depuis 1841, époque de son engagement au 6e régiment de lanciers, il n'y a pas eu de campagne à laquelle il n'ait pris part. Décoré de la Légion d'honneur, à l'issue de la bataille de Solférino, il fut nommé chef d'escadrons le 10 février 1871, après avoir pris part aux combats du Bourget, du Raincy, de Buzenval et avoir exercé le commandement militaire du Louvre.

Nommé chef des gardes du Palais le 17 juillet 1874 et chef des gardes du Tribunal de commerce l'année suivante, il a apporté dans le service intérieur du Palais de Justice de très heureuses modifications.

Ajoutons qu'il réalise le type des commandants « pères de leurs bataillons », et qu'il a non seulement les vives sympathies

de ses gardes, mais de tous ceux qui au Palais se trouvent en rapport avec lui.

Un dernier trait : ne dédaigne pas les chansons gauloises, en compose même et vous en chantera, quand vous voudrez, *inter pocula*, qui émoustilleraient un vieux juge.

LE RESTAURANT DES AVOCATS

Le café « Louis », du nom de son propriétaire, est en dehors du Palais, une sorte d'annexe. Il est situé dans la petite rue Mathieu-Molé, composée de quatre maisons, qui relie la rue de la Sainte-Chapelle au quai de la Seine, en face du hangar construit pour loger les pompes à vapeur à proximité de la caserne des pompiers.

Pour y arriver, quasi clandestinement, les gens du Palais, seuls habitués de l'établissement, traversent la cour de la Sainte-Chapelle et sortent par un couloir en voûte, aux apparences de poterne, pratiqué dans le bâtiment des Chambres correctionnelles.

Une salle unique, dont l'aménagement a demandé une forte dose d'ingéniosité. Tout est combiné par centimètres comme dans les « roulottes » de forain, et l'on dirait que les meubles y sont faits pour rentrer à l'occasion les uns dans les autres. La cuisine, formée de panneaux vitrés, tient tout un angle ; le comptoir est à demi enfoui dans la place laissée libre entre cette cuisine et un petit escalier, sous lequel, au fond, il y a même une réserve, le garde-manger sans doute. En tout, six tables de marbre devant des banquettes de velours rouge, un guéridon au milieu, huit chaises et des glaces.

C'est là que, chaque jour d'audience, se succèdent ou s'entassent vingt, trente, quarante consommateurs : avocats, avoués, huissiers, greffiers, échappés des prétoires, presque tous en robe, donnant à cet endroit l'aspect pittoresque d'une conférence de gens graves, où l'on boirait.

Certains, appelés de bonne heure au Palais par des affaires

Le restaurant des avocats (dessin de Renouard).

inscrites en tête du rôle, viennent déjeûner les premiers; ils sont
l'avant-garde. Mais, dès midi et demi, les appels terminés,
d'autres surviennent; beaucoup, dont les causes sont remises
au cours de la journée, à une heure, deux heures de là, et qui,
pour occuper ce loisir, ou pendant les suspensions d'audience,
viennent faire une partie de cartes ou d'échecs.

Ce sont presque toujours les mêmes, divisés en deux castes,
les « hommes des bois », les fidèles de la Reine et du Cavalier,
et les « hommes de carton », les fanatiques du whist. Parfois
quelques timides risquent une partie de piquet ou d'écarté; mais
c'est d'un œil dédaigneux que les professeurs d'impasse savante contemplent ces jeux inférieurs.

Il y a là tous les types du joueur, d'autant plus curieux à
suivre et à reconnaître que le tempérament propre de chacun
se retrouve dans cette intimité de la dame de pique, comme dans
les luttes publiques de l'audience. Voici l'homme méthodique et
régulier, qui ne souffre point une inadvertance et confesse les
siennes avec douleur, sans indulgence d'ailleurs pour celles de
ses partenaires, tout comme à la barre; le brouillon, qui jette ses
cartes pêle-mêle, sans ordre, comme il fait des pièces de ses
dossiers; le délicat, qui joue en amateur, sans émotion, et qui
perd ses fiches une à une avec la même indifférence que les
procès de ses clients, en dilettante; le passionné, qui s'acharne,
qui vit dans ses cartes et jette à l'occasion, d'un coup de nerfs,
son jeu sur la table, comme il lancerait, devant un Tribunal, des
arguments agressifs à son adversaire; le placide, bien sûr de sa
force et dont la grosse voix, plus retentissante que les trompettes
de Jéricho, semble imposer le respect à la chance comme
elle effraye ses contradicteurs; l'ancien magistrat, qui ne dédaigne point d'interrompre le traditionnel silence du whist par
des mots gaulois et même pires; et le jovial, homme de gaîté,
qui a des trouvailles d'esprit charmantes, mais les pousse, hélas!
jusqu'au calembour, vieilles habitudes de juge et d'avocat; enfin
l'autoritaire grognon, de mine rébarbative, qui professe, dog-
matise, dédaigne et fait dormir d'ennui ses voisins, comme s'il
était encore devant la Cour. Et combien d'autres!

Aux échecs sont les stratégistes, les réguliers, les fantaisistes, les audacieux, les prudents. On les voit, dans cette guerre de bouts de bois, pareils à des champions, qui combattent avec les mêmes ardeurs, la même conviction, les mêmes ambitions d'amour-propre et les mêmes joies de triomphe que lorsqu'ils luttent pour sauver des fortunes ou se réjouissent d'un client sauvé.

Ah! si les plaideurs pouvaient venir et saisir dans ce déshabillé des sentiments, dans cette fougue du caractère mis à nu, les avocats dont ils ont besoin, c'est là qu'ils démêleraient le vrai tempérament et les aptitudes précises que leurs procès réclament et qu'ils feraient leur choix en connaissance de cause, beaucoup mieux, certes, que dans l'apparat, si correctement réglé du cabinet; mais, dans cette cohue d'hommes noirs qui s'interpellent et chantonnent, bruyants, lorsqu'un profane se risque, il se sent importun. C'est un intrus; on le toise et il se sauve.

Après quatre heures et le dimanche, c'est un désert.

LA PRESSE JUDICIAIRE

A la Cour d'assises, les jours de grosses affaires, sur le prolongement du banc des accusés, une vingtaine d'hommes, tassés, pressés, tordus, écrivent sur leurs genoux ou sur des tablettes de bois placées devant eux. A la Police correctionnelle, dans les grandes circonstances, on les voit plus mal installés encore : fourrés dans tous les coins, courbés dans toutes les postures, debout dans les embrasures de fenêtres, assis sur les marches du Tribunal, ils grattent d'innombrables feuillets de papier, griffonnant du matin au soir, comme indifférents à ce qui se passe autour d'eux, et finissant par avoir, un peu comme les compa-

gnons de Charlemagne, « la goutte aux reins, la crampe au cou, l'ampoule aux doigts ».

Ce sont les journalistes judiciaires, dont nous ne pouvons tracer ici les portraits — on comprend pourquoi, — mais dont l'existence intime a sa place nécessaire dans notre livre. Leur corporation, en effet, est un des coins originaux de la vie judiciaire et l'un ces moins connus par les familiers mêmes du Palais. Ceux-ci savent qu'ils possèdent en commnn deux petites salles, dont avocats (et magistrats aussi) connaissent bien le chemin, mais ils ne se doutent pas de ce que c'est que l'Association de la presse judiciaire.

Alex. Pothey,
doyen de la presse judiciaire.

Les chroniqueurs du Palais ne forment pas une association comme tant d'autres, fortes, sans doute, pour atteindre le but qu'elles se sont proposé; mais divisées en coteries, tiraillées par des jalousies ou des inimitiés personnelles. Non, l'Association de la presse judiciaire est autre chose. Ce n'est pas une corporation : c'est un corps à plusieurs têtes, avec un seul cœur.

On y discute souvent; mais, si nombreux qu'aient été les avis, quelque vives que se soient manifestées les oppositions, la décision y est toujours prise à l'unanimité des voix.

Formés en syndicat, comme tous ceux qui travaillent pour vivre, les journalistes du Palais n'ont pas transformé leur société en une ligue de confrères. Ils ont fait mieux : ils sont devenus des amis, fraternellement unis par des liens

M. Albert Bataille,
président
de l'Association de la
presse judiciaire.

étroits et ne sentant plus l'attache statutaire primitivement utile, mais désormais trop lâche. Leur excellent doyen Alexandre Pothey, le regretté Rocher, Émile Corra leur syndic d'hier, Albert Bataille le président d'aujourd'hui, Davrillé des Essards, conseiller municipal de Paris, si expert dans toutes les ques-

tions de mutualité, les ont groupés pour la défense de leurs
intérêts corporatifs : avec combien de peine, malgré quels
obstacles! Un commerce journalier, des difficultés vaincues
ensemble, des émotions partagées, des qualités de cœur et
d'esprit analogues, et peut-être aussi des défauts pareils, ont
fait d'eux, en quelque sorte, les membres d'une même famille.

Les deux salles exiguës que, dans un coin du Palais, l'Administration leur a octroyées pour se réunir, ne ressemblent point
à une salle de rédaction, commode mais banale; c'est le lieu de
rendez-vous d'hommes sûrs les uns des autres, tenus par une
affection réfléchie, intime et profonde. Ils diffèrent d'opinions
et d'origines; ils possèdent des goûts et des principes oppo-
sés, leurs sentiments et leurs tendances sont parfois contradictoires, ils disputent à perte de vue et à gosiers secs, *de omni re
scibili et quibusdam aliis*, mais leur solidarité passe avant théories et doctrines, et les plus farouches adversaires se réconci-
lient au moment de se rendre service.

C'est bien une famille qu'ils forment : la *blague* a usé le mot,
mais la chose ici vit dans toute sa force. C'est bien une famille,
puisque le nouveau venu, le jeune, elle le prend par la main,
guide ses premiers pas au Palais, lui enseigne la vie judiciaire.
Son éducation faite, elle ne s'en tiendra pas là : elle ne lui faci-
litera pas seulement son travail; absent, elle le remplacera;
calomnié, elle le défendra; malade, elle le soignera et le secourra
dans la mesure de ses modestes ressources.

De quelle gratitude aussi l'aimera-t-il, et comme il lui semblera naturel de faire à son tour aux autres un peu de bien!

A quoi bon insister d'ailleurs? Ce livre n'est-il pas un suffi-
sant témoignage de leur solidarité?

Leur sujet, le *Palais de Justice*, les auteurs l'ont choisi parce
qu'ils n'en pouvaient trouver un qu'ils fussent plus propres à
traiter, parce que le Palais a créé leur amitié, parce qu'il constitue leur vie. Comme l'écrivait M. Fernand de Rodays, un de
leurs aînés resté des leurs, « le Palais n'est-il pas la plus curieuse lanterne magique qu'un homme ait jamais manœuvrée? »
De janvier à décembre, ils le regardent, ils l'étudient, ils le

scrutent ; ils l'ont à la longue, presque malgré eux, appris par cœur. Ce monument avec ses couloirs, ses détours, ses portes, ses escaliers, ses recoins, ils le connaissent de son faîte à ses merveilleux sous-sols.

Le monde qui s'y agite, magistrats, avocats, criminels, comparses, ils en sont par métier les historiographes et les critiques, étant par devoir les spectateurs des événements qui s'y déroulent. Ils ont sur tout et sur tous des souvenirs personnels, des documents recueillis jour à jour, car les affaires quotidiennes leur ont permis de pénétrer dans toutes les coulisses de la vie judiciaire.

Ils possèdent si bien ce peuple qui se meut entre la rue de Lutèce et la place Dauphiné que, vieux ou jeunes, conservateurs ou radicaux, écoutez-les, ils porteront sur lui le même jugement : de leur part, mêmes admirations, mêmes respects, mêmes mépris, même scepticisme et mêmes révoltes. Intransigeants et modérés, pour tomber d'accord, n'ont que des concessions de forme à se faire : leurs formules diffèrent, mais l'avis est unanime.

Comment, d'ailleurs, en serait-il autrement ? Comment les écrivains judiciaires ne se retrouveraient-ils pas adeptes d'une même doctrine ? Disciples forcés de cette école pratique de psychologie qu'on nomme « les Tribunaux », ils ont acquis sur le même banc — ce rude banc de la presse si souvent envahi — la science spéciale qu'ils traitent sous la rubrique du Palais. Ils ont assisté aux mêmes expériences mille fois répétées et, nécessairement, ils en ont tiré des conclusions identiques. L'unité même de cet ouvrage en est l'éclatante démonstration.

Jules Moinaux.

LA MAISON D'EN FACE

I

LE TRIBUNAL DE COMMERCE

Au coin du boulevard du Palais et du quai de la Cité, en face du Palais de Justice, s'élève un monument isolé et carré surmonté d'une riche coupole : c'est le Tribunal de commerce.

Les juridictions spéciales au commerce ont eu leur origine dans les foires si nombreuses et si importantes qui se tenaient au moyen âge.

Le besoin d'une justice rapide et appropriée pour trancher les différends entre marchands détermina le roi Charles IX à rendre, en 1563, sur la proposition du chancelier de l'Hospital, la première ordonnance créant une juridiction commerciale à Paris. Les notables chargés d'administrer cette justice furent les *consuls des marchands;* d'où les expressions encore très usitées aujourd'hui de *juges-consuls,* de *juridiction consulaire* ou de *Tribunaux consulaires,* pour désigner les juges et les Tribunaux de commerce.

Jusqu'à la Révolution, l'institution des Tribunaux de commerce subsiste sans grandes modifications, et la loi des 16-24 août 1790, en proclamant à nouveau leur utilité, leur donne des règles qui les régissent encore en grande partie à l'heure actuelle.

Sans entrer dans des détails techniques que ne comporte pas le cadre de cette étude, rappelons en passant qu'ils se composent de juges élus parmi les commerçants dans les formes prescrites par la loi du 8 décembre 1883.

Les fonctions de ces magistrats sont temporaires et gratuites.

La compétence des Tribunaux de commerce s'étend sur tout l'arrondissement pour lequel ils sont institués et elle s'applique à toutes les contestations relatives aux actes de commerce et aux faillites.

Le dôme du Tribunal de commerce.

L'appel des jugements rendus par ces Tribunaux est porté devant la Cour d'appel du ressort.

Mais, pour être parfaitement renseigné sur l'importance et sur les attributions d'un Tribunal de commerce, nous n'avons qu'à entrer dans la maison qui s'élève en face du Palais ordinaire de la justice, comme si elle voulait lui faire concurrence et en détourner à son profit les plaideurs.

Nous sommes, en entrant dans le vestibule, renseignés sur l'historique du monument.

En effet, à notre droite, nous lisons, gravée sur une plaque de marbre fixée à la muraille, une inscription rédigée en ces termes :

L'an mil huit cent soixante
Sous le règne de
NAPOLÉON III, Empereur des Français
La Commission départementale de la Seine
Vote l'érection de cet édifice
Le baron HAUSSMANN, sénateur
Préfet du département de la Seine
M. DUMAS, sénateur
Président de la Commission départementale
M. DENIÈRE
Président du Tribunal de Commerce.

A gauche, une autre inscription, faisant pendant à la première :

L'an mil huit cent soixante-cinq
Le vingt-six décembre
Leurs Majestés NAPOLÉON III, Empereur des Français
Et l'Impératrice EUGÉNIE
Visitent cet édifice remis le même jour
Au Tribunal de commerce
Et aux Conseils des prud'hommes
Le baron HAUSSMANN, sénateur
Préfet du département de la Seine
M. Charles BERTHIER
Président du Tribunal de commerce
MM. BIÉTRY, BRIQUET, DELCOURT, CHUNOT
Présidents des quatre Conseils de prud'hommes.

A.-N. BAILLY, Architecte.

A droite, la salle du Conseil de préfecture.

Dans le vestibule de gauche, celui qui prend entrée sur le parvis de la Cité, plusieurs tableaux grillagés renferment l'affichage des actes intéressant le commerce.

Le public peut s'y renseigner sur le nom des agents de change et des courtiers de commerce, sur la date de leur entrée en fonctions et sur le nom de leurs prédécesseurs.

Ceux qui désirent entreprendre des opérations commerciales

feront bien d'y venir lire les noms des individus émancipés,
interdits, dotés d'un conseil judiciaire, des faillis et des banque-
routiers. Tous sont scrupuleusement inscrits sur des listes et, si
un commerçant se voit, plus tard, opposer, lors d'un règlement
de compte, l'incapacité d'un débiteur, il ne devra s'en prendre
qu'à lui-même de sa négligence.

A côté de ces tableaux de renseignements sont placés de
larges pancartes portant en gros caractères cette exhortation à
la prudence, qui, paraît-il, n'est pas inutile dans cette enceinte
de la justice : « *Le public est prié de se méfier des racoleurs* (lisez,
des hommes d'affaires véreux) *et de ne pas leur confier les assi-
gnations.* »

Pareil inconvénient est moins à craindre au Palais de Justice, où les agents d'affaires susdits ne peuvent se présenter à
la barre au nom de leurs clients. D'ailleurs, ils ont le lieu en
horreur, sans doute à cause du voisinage du cabinet du procureur de la République, et soyez persuadés que, lorsque vous les
rencontrerez dans les couloirs du temple de Thémis, c'est qu'ils
ont la plupart du temps à rendre compte à un juge d'instruction, ou à un Tribunal correctionnel, de quelque escroquerie ou
de quelque abus de confiance commis au préjudice d'un client
trop naïf.

Entrons au Tribunal.

Avant de monter au premier étage, admirons le double
et splendide escalier en marbre qui y donne accès. En bas,
deux lions représentent la force imposante, tandis qu'à la
partie supérieure s'élèvent, majestueuses, quatre statues per-
sonnifiant le Commerce, la Navigation, la Mécanique et l'Art
industriel.

L'escalier aboutit à la salle des Pas-Perdus. Quatre dates
inscrites aux coins de la salle sont chargées de nous remémorer
l'histoire des Tribunaux de commerce : 1563—1673—1807—1865.

1563, nous l'avons déjà dit, c'est l'année où, sa majorité
ayant été solennellement proclamée le 17 août dans un lit de

Le grand escalier du Tribunal de commerce.

justice, le roi Charles IX signe l'ordonnance établissant la juridiction des juges-consuls pour les marchands de Paris.

1673, c'est l'époque où Louis XIV rend une ordonnance des plus importantes constituant à elle seule un véritable Code de commerce, et qui précède celui de 1807, promulgué par Napoléon Ier et toujours en vigueur de nos jours.

1865 enfin, nous l'avons vu, c'est l'inauguration du monument actuel.

Dans la salle des Pas-Perdus, un règlement concernant les émoluments dus aux agréés frappe nos yeux et nous rappelle que les agréés ne sont pas des officiers ministériels, comme les avoués et les huissiers au Tribunal civil. Malgré leur toque à côtes et leur manteau vénitien, ce sont de simples particuliers, sans caractère public, que le Tribunal a jugés capables de représenter les parties et qu'il recommande au choix et à la confiance des plaideurs. S'en sert qui peut, et leur ministère ne peut être imposé en aucun cas.

A Paris, leur nombre est fixé à quinze. C'est bien peu, et l'on s'étonne à bon droit de les voir en aussi petit nombre dans le premier Tribunal commercial de France. Là encore il y a une réforme qui s'impose, car, surchargés de besogne, les agréés sont matériellement incapables de s'occuper par eux-mêmes de toutes les affaires qui leur sont confiées. Naturellement, les petites pâtissent des grandes et l'agréé est obligé de les laisser à la direction de secrétaires, dont l'expérience et le savoir ne peuvent pas toujours suppléer au coup d'œil du maître.

En leur qualité de simples mandataires de leurs clients, les agréés ne peuvent les représenter à la barre que munis d'un pouvoir spécial ou assistés par eux à l'audience.

Dans tous les cas, ils ne sont pas recevables à saisir le Tribunal de commerce près duquel ils postulent [les agréés s'appelaient jadis *postulants* ou *procureurs aux consuls*] des demandes qu'ils forment pour recouvrement de frais contre leurs clients.

C'est là précisément ce que déclare l'affiche que nous trouvons à la porte même de la salle d'audience.

Mon Dieu! que de pancartes en cet édifice! Mais celle-là consacre une innovation qui a pour but d'accélérer le fonctionnement de la procédure. On y lit, en effet, que lorsque les parties se présentent elles-mêmes à la barre, leur affaire est immédiatement mise au délibéré d'un juge. D'où cette conséquence que le jugement sera rendu dans un délai des plus brefs. Il n'y a qu'un malheur : l'application de cette réforme n'a pas du tout pénétré dans les mœurs.

Le Tribunal de commerce ne s'en enorgueillit pas moins d'être une juridiction expéditive.

C'est la principale qualité que puisse réclamer cette institution populaire, qui est parfois la juridiction la plus coûteuse, la plus inaccessible aux petits.

Ce sont seulement les procès à sensation, les affaires de société ou les dédits d'actrices qui sont réellement plaidés. Les autres, les procès des humbles, le Tribunal ne peut matériellement les examiner en audience. Il les renvoie à l'appréciation d'un arbitre, d'un expert ou d'un agent quelconque, honnête, c'est entendu, mais qui ne présente pas toutes les garanties du magistrat.

Si la cause ne requiert point d'expertise, il la renvoie immédiatement en délibéré : c'est-à-dire qu'elle est soumise à un juge qui, après vous avoir convoqué et entendu, rédigera — de son mieux — un jugement que la section à laquelle il appartient, accablée de besogne, enregistrera généralement.

C'est en fait le système du juge unique, contre lequel tant de critiques ont été élevées, alors même qu'il s'agit de magistrats dont la compétence est indiscutée. Quant au cérémonial d'audience, le profane qui met les pieds au Tribunal en reste parfois confondu! Juges, agréés, greffier, huissiers, parlent un langage barbare. Le pauvre diable qui se présente à la barre sans appui se sent écrasé avant d'avoir ouvert la bouche. Il gêne, et on le lui fait bien voir.

L'agréé adverse le domine et le raille :

« Que demandez-vous? interroge brièvement le président.

— Il me doit 250 francs!...

— Devant quelqu'un, » fait dédaigneusement l'agréé de l'adversaire.

Devant quelqu'un, cela veut dire que l'agréé dédaigne de plaider et s'en réfère à un arbitre.

« Devant qui? insiste le président; de quoi s'agit-il? »

L'agréé, encombré par ses dossiers, a totalement oublié l'affaire. Il regarde son cahier d'audience :

« Il s'agit de plumes! s'écrie-t-il avec assurance.

— De quel genre de plumes? reprend le président.

— De plumes métalliques, » chuchote son secrétaire.

Et l'agréé noblement :

« De plumes métalliques! »

Le président feuillette un petit agenda, parcourt la liste des experts et désigne un expert en plumes; voilà une affaire jugée.

« Mais..., » objecte timidement le demandeur.

L'appariteur, un monsieur à chaîne de sacristain, très digne, l'écarte de la barre et, d'un geste brusque, l'invite à aller s'asseoir.

Il faut dire, à la décharge des magistrats, que le personnel du Tribunal est absolument insuffisant.

Au Tribunal civil, il y a sept Chambres; au Tribunal de commerce, où les affaires sont bien plus nombreuses, il n'est tenu qu'une audience chaque jour. Il y a cent cinquante avoués et, dans la maison d'en face, il y a quinze agréés. Joignez au travail des audiences les rapports sur les faillites, les liquidations judiciaires, les délibérés, la rédaction des jugements, les réunions de créanciers et d'actionnaires, et vous comprendrez de quelle urgence sont, au Tribunal de commerce, la création de Chambres multiples, l'augmentation du nombre des agréés ou, mieux, la barre réellement accessible à tous, sans intermédiaires d'aucune sorte.

S'il n'est pris garde à tous ces abus, dans quelques années, le Tribunal de commerce aura perdu beaucoup de son autorité et ce serait dommage, car, tel qu'il fonctionne, il rend encore, dans les grosses contestations commerciales, de réels services à la justice. Ce sont les petits qui réclament! Avec le mouvement

Tribunal de commerce. Salle d'audience.

corporatif qui se manifeste de toutes parts, ils le remplaceront peu à peu par les Chambres syndicales, les Tribunaux professionnels et arbitraux, la vraie justice de l'avenir, celle-là, celle qui ne coûte rien et qui connaît les questions qu'elle traite.

Mais ce livre n'est point un livre de polémique. Écoutons !... Par hasard, voici qu'on appelle une affaire que messieurs les agréés ont jugée digne d'être plaidée.

Très curieuses, les physionomies des agréés ! En habit noir et cravates blanches, un petit surplis en moire froncée semblable au manteau de cour des prélats romains, ils ont l'air de grosses mouches bourdonnantes et affairées.

Ils parlent en gens posés, tout gonflés de leur mérite et de l'importance de leurs fonctions.

La présence des rares avocats ne les émotionne guère et ils leur abandonnent de mauvais gré quelques menues affaires trop peu importantes pour leurs seigneuries, en essayant d'ailleurs de jouer à ces concurrents toutes sortes de vilains tours.

Autrefois, ils étaient moins accommodants encore. La petite anecdote suivante, que l'on raconte dans les couloirs du Palais, semble du moins l'indiquer.

Chaque agréé a son pupitre réservé devant la barre du Tribunal et, lorsqu'il doit plaider ou assister à une audience, il vient y prendre place. Très jaloux de leur privilège, les agréés ne voulaient permettre à qui que ce fût d'occuper aucun de leurs quinze pupitres et, lorsqu'un avocat se présentait pour plaider au Tribunal de commerce, il se voyait impitoyablement refuser le droit de se tenir devant l'une des places restées libres.

« Mais ce pupitre n'est pas occupé, gémissait le malheureux avocat, pliant sous le poids de son dossier et cherchant un endroit pour le déposer.

— Désolé, mon cher maître, de vous contredire, reprenait un agréé d'un ton bon enfant ; mais Me X... va venir tout à l'heure et il m'a bien recommandé de lui conserver sa place. Croyez qu'il sera désolé... »

Et à chaque pupitre dont il s'approchait comme de la terre promise, le malheureux « maître » se voyait repoussé sous des prétextes aussi discourtois que peu sérieux.

Le président du Tribunal dut même intervenir pour faire cesser ces petites tracasseries et, pour y couper court une fois pour toutes, un seizième pupitre fut établi, au monopole duquel messieurs les agréés n'eurent plus aucun droit de prétendre.

.Une fois la plaidoirie des agréés terminée, pendant que le Tribunal se retire dans la Chambre du Conseil, pour méditer les termes de son jugement, en attendant sa décision, les plaideurs, s'ils ne préfèrent se dévorer des yeux ou s'absorber dans leurs réflexions, peuvent diriger leurs regards sur les tableaux qui ornent la salle d'audience. Sur quatre, deux sont achevés à l'heure actuelle. Le premier, à gauche en entrant, reproduit la scène de l'institution des juges-consuls, en 1563, par Charles IX ; le second commémore la promulgation de l'ordonnance de 1673 sur le commerce ; le troisième et le quatrième reproduiront des épisodes se rattachant à la promulgation du Code de commerce de 1807 et à l'inauguration de l'édifice actuel.

Quittons maintenant la salle des audiences et, traversant une galerie intérieure, visitons le côté parallèle à celui que nous venons de décrire.

Voici deux salles dites « des faillites », à côté desquelles se trouvent les bureaux des syndics, ornés d'un tableau signalant les ventes.

C'est dans ces salles que se réunissent les créanciers d'une affaire en déconfiture ; c'est là qu'ils apprennent à quelle sauce ils seront mangés. Ils sont sûrs de perdre, c'est une question de plus ou de moins.

« En serons-nous pour 20, 40 ou 60 pour 100? » se demandent-ils anxieux, en entrant dans la terrible salle. Et, suivant que les confidences du syndic ont été bonnes ou mauvaises, vous les voyez ressortir et quitter le Tribunal le visage rasséréné ou bouleversé.

En continuant d'explorer ce côté de la galerie, nous passons devant les cabinets de MM. les juges rapporteurs, puis, à l'autre coin, le secrétariat et le cabinet du président du Tribunal de commerce, la Chambre du Conseil.

Le second étage est réservé à l'administration plumitive du Tribunal. C'est là que sont établis les antres de l'enregistrement, les archives des faillites et des liquidations judiciaires, le cabinet du greffier secrétaire et la caisse.

C'est là que s'effectue le dépôt des actes de société, de mariage, de séparation, des marques de fabrique et des livres commerciaux à parafer.

Là également les arbitres apportent sous pli cacheté les rapports qu'ils ont été chargés de rédiger pour éclairer les juges, et les commis greffiers minutent l'expédition des jugements que les plaideurs viendront retirer.

Le troisième étage n'offre rien de bien intéressant à signaler; il est occupé presque en entier par les huissiers audienciers.

N'entrons pas, ces messieurs n'aiment pas qu'on les dérange!

II

LE CONSEIL DE PRÉFECTURE

La maison d'en face fournit aussi l'hospitalité au Conseil de préfecture du département de la Seine. Cette juridiction administrative y est modestement installée.

Au rez-de-chaussée se trouve l'unique salle d'audience, assez vaste, sans décoration, froide, légèrement humide pour rappeler sans doute que l'institution fut établie en pluviôse : on dirait une banale enceinte de Justice de paix veuve de public. En dehors des intéressés et sauf pour certains débats sur des questions de validité d'élections municipales, attirant plus de politiciens encore

que de journalistes, les audiences du Conseil, devenues publiques
depuis 1865, n'excitent aucune curiosité.

La raison en est que les affaires soumises à la juridiction
exceptionnelle du Conseil de préfecture sont, par leur nature
simple, arides, et, si elles offrent de la variété, elles manquent de pittoresque.

Le Conseil, dont les séances sont quotidiennes, est divisé en
deux sections, dotées chacune d'un vice-président. A Paris, ce
n'est point le Préfet qui a qualité de président du Conseil de préfecture ; il existe un président en titre, et il n'est point certain
dès lors que le Préfet de la Seine soit investi du droit de siéger,
comme ses collègues des départements. Ce point théorique n'a
jamais été résolu.

Quatre commissaires du gouvernement, choisis la plupart du
temps parmi les auditeurs au Conseil d'État, ayant pour chef
nominal le secrétaire général de la préfecture, remplissent les
fonctions dévolues au ministère public. Le greffe est tenu par un
employé de la préfecture qui prend le titre de secrétaire greffier.

Ce n'est pas un avancement normal qui conduit aux fonctions
de conseiller de préfecture dans le département de la Seine.
Tantôt ce sont des fonctionnaires de l'ordre administratif, ayant
déjà une suffisante position dans la carrière, qui sollicitent et
obtiennent ce poste ; tantôt ce sont d'anciens députés, momentanément en froid avec leurs électeurs, qui briguent la fonction, y
cherchent l'emploi de leur activité. Car, quelque enviée que soit
la situation, il est bon de dire qu'elle est loin de constituer une
sinécure.

Assimilés aux juges du Tribunal civil au point de vue du trai-
tement, les membres du Conseil ont des occupations très absor-
bantes qui, pour être bien remplies, exigent des connaissances
très étendues en droit administratif. Pour ce motif, longtemps,
l'entrée des Conseils de préfecture n'a été accordée qu'à des
hommes mûris par l'expérience, et ce n'est que de nos jours à
peu près qu'il en a été fait un début dans la carrière administrative pour les licenciés frais émoulus rêvant de préfecture. Mauvais début, il est vrai, dont se garent les jeunes Français nés

48

malins ou prémunis, qui enlèvent de haute lutte secrétariats généraux ou sous-préfectures, en évitant ce qui, au jeu de l'oie, est
figuré par un puits ou une prison. Le difficile n'est pas tant de
devenir conseiller de préfecture que de cesser de l'être.

Il semble que c'est surtout au Conseil de préfecture de la
Seine que s'applique le mieux le dicton : « Quand le bâtiment va,
tout va. » Tout bouleversement dans les rues de Paris provoque
un surcroît d'affaires contentieuses.

C'est en vertu du grand principe de la séparation des pouvoirs — inclinons-nous — que sont soumis à la juridiction administrative les conflits s'élevant entre les entrepreneurs de travaux
publics et l'Administration, ainsi que les réclamations des particuliers à l'occasion de dommages procédant du fait personnel
des entrepreneurs et point à l'occasion de ceux, ajoute le texte,
qui proviendraient du fait de l'Administration. Pour ces derniers, il faut s'adresser à la maison de l'autre coin du quai.

La procédure devant le Conseil est sommaire; les actes sont
signifiés par les agents de l'autorité administrative, et il est inter-
venu récemment, en 1889, une loi consacrant l'ensemble des
errements expéditifs qui, avec le temps, s'étaient établis. Cette
loi a en outre introduit le constat d'urgence, sorte de référé,
ajoutant aux avantages qu'offre une procédure rapide et économique. Mais — inévitable mais ! — à raison même du caractère
spécial des procès qu'ils ont à juger, les Conseils de préfecture
ont fort souvent recours à la nomination d'experts. Toute une
liste existe d'experts accrédités : ingénieurs de l'État, ingénieurs
civils, architectes qui, tous, ambitionnent l'honneur et le profit
de ces mandats de justice dont les plaideurs payent les frais et
supportent les lenteurs. Alors, rien de changé!

Un contribuable veut-il obtenir la réduction ou la décharge
de sa cote... mal taillée, c'est au Conseil de préfecture qu'il
s'adressera. De ce chef, les conseillers du département de la
Seine prononcent annuellement sur quinze à vingt mille réclamations, discutées auparavant, il est vrai, par le service des
contributions directes à qui elles sont soumises.

Si vous avez un chien de garde, porté comme chien de luxe

sur ces papiers multicolores que répandent d'une main libérale nos collecteurs d'impôts, plaignez-vous auprès du Conseil : il décidera de la fonction de l'animal.

En tant que juridiction répressive, le Conseil de préfecture juge les contraventions de grande voirie, exclusivement; la petite voirie lui échappe. Les infractions aux règlements sur les servitudes militaires sont aussi de son ressort, et la zone des fortifications, à Paris, est assez étendue pour que cette portion du rôle ne chôme pas.

On n'en finirait pas si l'on voulait énumérer exactement toutes les attributions prévues ou possibles des membres d'un Conseil de préfecture, le Préfet usant du droit de déléguer en son lieu et place, dans mille occasions, tel ou tel de ses conseillers.

Obligatoirement, dans des cas déterminés, le Conseil de préfecture est consulté. C'est lui qui autorise à citer en justice les communes et les établissements publics. Les conseillers revisent les comptes des percepteurs quand le chiffre ne dépasse pas la somme qui place alors ces fonctionnaires sous la censure directe de la Cour des comptes. Ils président aux adjudications de fournitures et le nombre des commissions dont ils font partie est incalculable.

Véritable maître Jacques de l'Administration, rendant plus de services qu'on ne se l'imagine, le conseiller de préfecture, fonctionnaire amovible et mal rétribué, reste aux yeux du gros public, ignorant de sa raison d'existence, un agent un peu mystérieux. Périodiquement, il se trouve au Parlement des députés, gourmands d'économies, pour demander sa suppression, et, chaque fois, il est sauvé par le Ministre, qui, lui, connaît son rôle.

Ce rôle, par certains endroits, fait véritablement double emploi avec celui du juge ordinaire, on ne saurait le nier, quelque respect inné qu'on professe pour le principe sacro-saint de la distinction des pouvoirs; mais, à moins d'une transformation complète de notre régime administratif, il est difficile de supprimer un rouage aussi utile.

III

LE CONSEIL DES PRUD'HOMMES

Tout autour de la grande salle carrée, qu'un facétieux agréé nommait un jour le « Hall central », se trouvent disséminés les bureaux des Conseils de prud'hommes, derniers locataires du Tribunal de commerce, petits tribunaux spéciaux, jugeant avec économie, douceur et impartialité les contestations entre ouvriers et patrons.

Il y a quatre bureaux, ayant chacun leur compétence particulière : bureau des métaux, bureau des produits chimiques, des industries diverses, des tissus. Chacun tient quatre audiences par mois et se compose de trois ouvriers et de quatre patrons pendant une semaine, de quatre ouvriers et de trois patrons durant la semaine suivante.

Toutes les affaires, avant de venir à l'audience, passent au bureau de conciliation où les deux juges qui y siègent s'efforcent, avec une conscience et une patience admirables, de mettre d'accord les parties qui veulent plaider. N'étant pas de ceux qui rendent seulement la justice, mais aussi de ceux qui la payent, ils n'ignorent pas que la moins chère est encore lourde à la bourse des petites gens et croient qu'une mauvaise transaction vaut mieux qu'un bon procès.

C'est ce que chacun d'eux tâche de faire comprendre aux plaideurs entêtés, et ils y mettent tant de conviction et de persuasion, qu'ils arrivent à arranger à l'amiable une bonne partie des affaires : la moitié, peut-être, des procès commencés s'arrêtent devant eux; pour les autres, ils donnent aux *contestants* irréconciliables une lettre qui les invite à se rendre à huitaine devant le bureau général.

A huitaine, l'ouvrier et son patron, fort échauffés tous deux, sont exacts à l'audience. L'aspect de la chambre est curieux. Point de solennité ni d'apparat : des salles aux murs nus, des bancs de bois pour le public; pour les conseillers prud'hommes, un long bureau séparé des assistants par une barrière à hauteur d'appui.

Comme tout ornement, sur un support, un buste de la République. L'autorité est représentée par un simple sergent de ville qui, chargé de rétablir un ordre que rien ne trouble, dort d'un sommeil consciencieux.

Point de décors, point de costumes : les sept membres du bureau général, comme les deux membres du bureau de conciliation, ont pour tout insigne une médaille d'argent suspendue au cou par un cordon de moire.

Point de formalités, ni de formules; pas de serment, pas de plaidoirie, chaque membre du bureau peut prendre la parole, poser une question. A la barre, tous, hommes et femmes, se défendent eux-mêmes; cela se passe en famille, entre gens qui savent la valeur du temps et de l'argent, dur à gagner. On ne préside pas, mais on juge; on ne plaide pas, mais « on s'explique », et la justice n'y perd rien.

M. Alary, ouvrier typographe, président des Prud'hommes (1870-1890).

Le spectacle, d'ailleurs, dans sa simplicité, n'est pas gai pour qui veut réfléchir, car ce qui frappe, c'est ce chiffre ridicule, s'il n'était navrant, des sommes débattues.

Les plaideurs, ici, ne luttent point pour leur épargne compromise ou leur fortune entamée; c'est leur pain, leur pain sec qu'ils réclament et qu'ils défendent à la barre, l'œil luisant, le ventre vide.

Écoutons les justiciables de ces bureaux; suivons une audience :

En voici un à qui son patron conteste quelques journées de travail. L'ouvrier prétend avoir été embauché pendant dix jours, l'autre soutient n'avoir employé le demandeur que pendant une

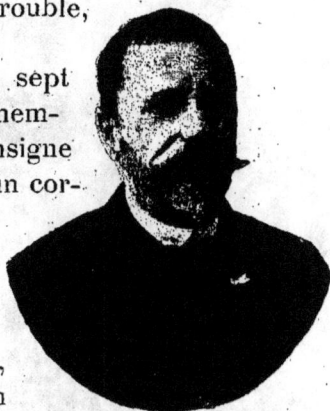

Salle des délibérations du Tribunal de commerce.

semaine. Et la différence entre le prix accordé et la somme
offerte? 9 francs : 3 francs par journée — 3 francs par jour,
à Paris!

Voici des ouvriers en chaussures qui demandent 19 sous pour
la façon d'une paire de bottines d'étoffe, couramment vendue
8 ou 9 francs en magasin.

Voici des ébénistes à qui l'on refuse 40 francs pour l'établissement d'un meuble d'ancien style que l'acheteur payera
30 louis.

Puis, ce sont de petites couturières demandant 20 ou 25 sous
pour tel vête- leur a pris dix
ment qui, de heures de tra-
l'aveu même des vail ; des
confection- fabricants
neuses, de cra-

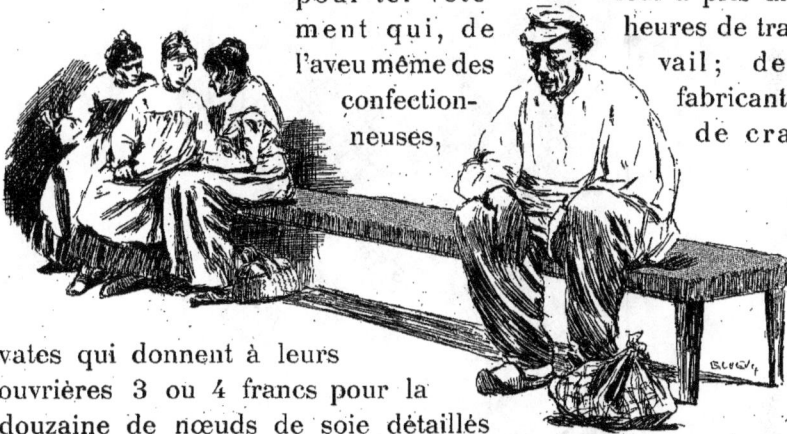

vates qui donnent à leurs
ouvrières 3 ou 4 francs pour la
douzaine de nœuds de soie détaillés
à 100 sous la pièce; des apprenties de quinze ans, les
traits tirés, le dos rond, les pieds las, déformés par les
courses longues et les fardeaux lourds, auxquelles des entre-
preneuses ou des blanchisseuses refusent de payer des
mois de 15 ou 20 francs... et le défilé continue ainsi jusqu'au
soir.

Les affaires sont sans relief, mais quels sombres dessous
on devine! On n'y voit plus, comme au fond des procès civils,
les familles ruinées, les foyers déserts et le bonheur détruit. On
y sent l'être humain qui souffre dans son corps, qui peine pour
manger et qui ne mange pas à sa faim.

En somme, une triste petite juridiction que le Conseil des
prud'hommes : un Tribunal où ne viennent que petits plaideurs

et petits procès et où le curieux ne s'aventure point. Qu'on y prenne garde, cependant! Devant ce bureau modeste où les débats sont pacifiques, le vrai litige qui se discute, c'est celui du travail et du capital : le même qui, demain peut-être, bouleversera le monde.

L'ÉVOLUTION AU PALAIS

~~~~~~

I

PALAIS DE JADIS, D'HIER ET D'AUJOURD'HUI

Le Palais de Justice et le Tribunal de commerce visités, notre excursion judiciaire est finie. Mais c'est un mouvement instinctif de donner un regard d'ensemble au monument que l'on quitte, après l'avoir admiré dans ses détails. Le visiteur, en s'éloignant presque malgré lui, se retourne, comme pour concentrer en un dernier coup d'œil jeté sur le péristyle le spectacle des merveilles contemplées au dedans. Sans le savoir, il cherche à condenser ses souvenirs épars en une émotion définitive qui en soit à la fois la somme et le résumé.

Après notre promenade à travers les Chambres et les galeries, dans les salles et les cellules, nous ne pouvons abandonner l'édifice parcouru sans l'envelopper une dernière fois du regard.

Dans le reculement, vu d'un peu haut, le tableau que nous avons composé d'après nature apparaît alors, avec une figure qui se détache au premier plan, en éclipsant les autres : celle de la *Justice*. Le Palais n'est plus qu'un cadre, ses hôtes deviennent des personnages secondaires et, bien que nous ne l'ayons peinte nulle part, la Justice ressort de partout; elle est là, avec sa physionomie actuelle, en un portrait qui a sa date : 1891. Portrait étrange, choquant par la disparité de ses traits ; sans unité comme sans harmonie ; fait de bric et de broc et drapé d'un manteau d'Arlequin ; par cela même, d'une ressemblance scrupuleuse. Les figures allégoriques auxquelles s'attardent les artistes contemporains n'ont, en effet, rien de commun avec la Justice de notre temps. Pour être dans la vérité, au lieu de l'accoutrement classique, ils devraient vêtir leur modèle d'une défroque empruntée à l'antiquaire et retouchée par le couturier : une robe du premier Empire garnie de cabochons de jais à la mode, et sous laquelle se devinerait la tournure de l'an dernier, lui siérait assez bien, le rococo dominant. A ses pieds, près de la balance légendaire, à la place du miroir de vérité, un objectif s'imposerait.

Celui qui oserait brosser ou modeler ce monstre serait dans la note réelle, il traduirait fidèlement le mélange d'antiquailles et de nouveautés, la combinaison d'usages surannés et d'idées neuves entre lesquels se partage la Thémis de cette fin de siècle ; il l'aurait créée telle qu'elle est, non comme une vieille déesse qui cherche à se rajeunir, mais comme une Immortelle qui lentement se transforme.

Transformation ! C'est le mot de notre époque transitoire : jamais mieux qu'aujourd'hui où l'homme ne résiste plus au progrès, la loi posée par Héraclite n'a trouvé son application dans le domaine moral : « Tout s'écoule, tout se transforme. » Mais nulle part l'évolution des choses ne se manifeste avec autant d'évidence matérielle qu'au Palais de Justice. Ici, la vérité du principe formulé par le vieux philosophe et repris par l'école anglaise éclate dans le monument comme dans les mœurs. Le maçon et l'avocat en sont les agents simultanés, et, si les murs vous la révèlent, les plaidoiries vous la confirment.

En ce qui concerne l'architecture, la première partie de notre livre a montré la succession des bâtiments compris dans l'enceinte du Palais; les parties qui subsistent d'autrefois, les constructions qui s'élèveront demain y ont été notées de façon à n'y plus revenir. Aussi, dans ce dernier chapitre, nous bornerons-nous à faire rapidement toucher du doigt l'évolution de la Vie judiciaire, à séparer l'ancien et le moderne qui, dans le monument que nous avons décrit, vivent l'un auprès de l'autre confondus dans la meilleure intelligence du monde.

Pour cela, il suffit de classer chronologiquement les documents, exposés dans notre ouvrage selon l'ordre logique, de les grouper suivant leur âge ou leur nature propre. Ainsi décomposé en ses divers éléments, le Palais de Justice donne à l'analyse quatre Palais distincts : le Palais de jadis, le Palais d'hier, le Palais de demain et le Palais de l'avenir.

LE PALAIS DE JADIS

« Celui-là des Palais, c'est l'aîné, c'est l'aïeul... » C'est le Palais de l'anachronisme, le Palais des ordonnances, le Palais des présidents à mortier, celui des gens du Roy. Contemplons avec respect sa vétusté : il est contemporain de la Sainte-Chapelle et, comme elle d'ailleurs, pittoresque. Résidu de la justice d'autrefois, la Révolution l'avait renversé, il est ressuscité après elle et n'est pas encore près de mourir. Celui-là, nous l'avons vu dans toute sa gloire, au début de l'année, quand la foule sceptique de ses hôtes est allée, dans un recueillement factice, écouter le *Veni Creator* de la messe rouge et continuer à l'audience solennelle une tradition qui ne subsiste que parce qu'elle est... la tradition. Nous l'avons ensuite retrouvé çà et là, pendant le cours de l'année. Costumes et coutumes baroques; entérinement des lettres de grâce, ventes à la bougie, prestation de serment du stagiaire, réunions de colonnes, constitution du Barreau en corporation privilégiée avec ses prud'hommes (maîtres sur maîtres) ayant le droit de punir, tout cela lui appartient. A lui aussi, cette toge et cette toque bizarres qui attifent l'homme de loi du temps d'Edison à peu près comme un médecin du temps de Molière. Aujourd'hui le docteur paraît à la barre sans uniforme, mais le défenseur qui l'interroge porte encore la robe de Maistre Pierre Pathelin.

Il y a peu de temps, avec cette robe la barbe était incompatible; l'avocat devait se faire une tête spéciale, et le rasoir pouvait être considéré comme un instrument professionnel.

Le plus curieux, c'est que le monde du Palais tient ces petites gênes pour prérogatives auxquelles il ne renoncera jamais de bonne volonté.

Un bâtonnier, qui n'oserait pas traverser la Seine affublé comme à l'audience, donnerait sa démission plutôt que de plaider en redingote. Le même, d'ailleurs, déclarera grotesque la perruque du *solicitor* d'Angleterre.

LE PALAIS D'HIER

Tout ce côté du Palais retarde de plus de cent cinquante ans sur le calendrier de l'année; mais, s'il nous montre la Justice sous son aspect le plus ancien, il n'est pas seul à représenter le temps passé. Il n'y a pas que les cérémonies et les costumes qui soient ici d'un autre âge : l'esprit, l'esprit de certains magistrats surtout, est d'une autre époque, plus proche de la nôtre, mais déjà bien vieille. Est-ce le culte du passé, est-ce l'éducation ou les tempéraments qui en sont la cause? Nous ne le chercherons pas, mais cela est facile à constater : à tous les degrés de l'échelle, on trouve quelque juge qui porte en lui on ne sait quoi d'étrangement arriéré.

Il est *provincial* dans la vie comme l'est un villageois égaré sur le boulevard. A l'exemple du Gascon qui se croyait Parisien pour avoir appris par cœur le guide de la capitale, il s'imagine que le Code contient toutes les règles de l'existence moderne, et ne tient aucun compte des mœurs courantes : les accommodements que le monde prend forcément avec la stricte morale le stupéfient et l'indignent.

Qu'un homme, par exemple, ait une maîtresse. C'est là évidemment, dans notre civilisation, un état irrégulier. « Œuvre de chair ne feras qu'en mariage seulement, » a dit l'Église, et le

Code, défenseur de la famille, a pris ce commandement pour base de ses prescriptions.

Cependant, c'est un fait assez commun de voir des célibataires goûter avant le soir de leur hymen des plaisirs que le maire a pour fonctions de légitimer.

Eh bien, nombre de magistrats — lorsqu'ils président une audience — croient réellement condamnables toutes ces *injustæ nuptiæ*. Au garçon de vingt-cinq ans qui comparaît devant lui, plus d'un ne manque pas de dire d'un ton sévère :

« Les renseignements fournis sur votre compte ne sont pas défavorables ; mais vous rentriez souvent chez vous fort tard dans la nuit : vous aviez *sans doute* des maîtresses. »

Le reproche varie selon les cas. Si le prévenu a été surpris un soir qu'il tuait le temps chez une Mme Tellier quelconque : « Vous vous livriez à la débauche, » gronde le président. Si, au contraire, l'accusé possédait ce que l'argot parisien nomme pittoresquement « le vieux collage » : « Vous viviez avec votre concubine, la fille X..., et vous la faisiez passer pour votre femme ! » s'écrie le juge d'un ton de mépris.

Entre les deux formules, il y a toute une gamme ascendante, avec le maximum de sévérité toujours réservé à l'homme du faux ménage. Ce rigorisme peu moderne se double parfois d'une ignorance extraordinaire des choses pratiques. Certains conseillers à la Cour en sont restés à l'expérience acquise pendant leurs années d'études (1845-1848). Ils ne paraissent pas se douter notamment que l'argent, depuis leur jeunesse, a perdu les trois quarts de sa puissance d'achat. On connaît, à ce propos, la phrase prononcée par un président de la Cour d'assises de Paris :

« Vous avez dérobé 300 francs à votre patron et, avec le produit de ce vol, vous avez, pendant un mois, entretenu une femme galante ! »

Et dans le même ordre d'idées cette affirmation d'un autre président parlant d'une demi-mondaine : « Une femme seule, à Paris, ne dépense pas 19 000 francs par an. »

Les plus jeunes parmi les magistrats, les plus intelligents et les plus habiles se laissent aller quelquefois à ces sortes de

réflexions puériles, témoin cet avocat général — un des plus
considérés au Palais — qui posa un jour cette question à un
assassin célèbre : « Vous avez voulu faire croire à vos victimes
que vous étiez propriétaire de vastes domaines, aux environs de
Madrid ! Vous vous êtes même présenté plusieurs fois devant
elles vêtu en grand seigneur espagnol ! »

Ces naïvetés étonnent. Elles jurent avec les mœurs et nous
font dire que la catégorie de magistrats que nous venons d'es-
quisser constitue encore un Palais à part, qui n'est plus celui
de jadis, qui n'est pas le Palais actuel ; c'est le Palais d'antan —
dans le sens latin du mot. Confinés, le plus souvent, dans les
minuties d'une procédure ridiculement lente pour des justiciables qui prennent le chemin de fer et possèdent le téléphone,
les magistrats, si éminents soient-ils, n'arrivent pas à se persuader que la société qui défile sous leurs yeux n'est plus
celle de 1806 et que, si le Code est resté le même, autres sont
les idées du monde, ses préjugés, ses théories et ses besoins.

A côté du magistrat qui semble n'avoir pas vécu, et supprimant ceux qui servent de transition et ceux que nous avons
décrits çà et là, on pourrait placer le type du magistrat ultra-
moderne. Ce n'est pas celui-là qui s'avisera de raser son menton
pour vivre davantage dans la note traditionnelle. La tradition ?
Il s'en soucie comme un condamné à mort de la déchéance
de ses droits politiques.

Les précédents ? les anciens ? il n'en a cure. Une chose seule
l'occupe : l'effet produit au dehors par la condamnation qu'il
prononce et surtout par les traits piquants dont il harcèle ses
prévenus ; « en ces combats d'esprit savant maître d'escrime »,
il rappelle d'assez près le monsieur qui s'exerce à tirer au
pistolet sur le bonhomme de carton.

Celui-là connaît bien les préjugés du moment ; mais, s'il les
ménage, il n'en partage aucun. Faire du bruit, tel est son seul
principe ; qu'on parle de lui, voilà son grand désir. Il professe
l'horreur du journaliste ; mais, dans les galeries, le soir en s'en
allant, s'il en croise un, par hasard, à l'oreille il lui glisse un

mot pour lui rappeler l'exacte orthographe de son nom souvent
écorché par les compositeurs d'imprimerie.

Ce type de juge n'est heureusement pas très répandu au
Palais de Justice, mais son portrait s'imposait, ne fût-ce que pour
faire ressortir le caractère propre de ceux avec lesquels il fait
antithèse : de MM. Homais, conseillers à la Cour, et de MM. Prud-
homme, juges au Tribunal. Celui-là n'incarne ni le Palais
d'hier, ni celui d'aujourd'hui, ni, souhaitons-le, le Palais de
demain.

LE PALAIS D'AUJOURD'HUI

Entre ces deux variétés se place dans l'enceinte judiciaire le
représentant du monde moderne, l'homme de 1891 s'efforçant
d'ouvrir la porte aux bouffées d'air de l'extérieur, de renouveler
un peu l'oxygène usé dans les chambres où l'on s'absorbe à
contempler de vieux textes. C'est l'avocat surtout qui joue ce
rôle de *vir novus*. C'est lui qui lutte contre les champions des
antiques doctrines et des antiques sentiments. Il n'est point révolutionnaire, loin de là ; mais il cède malgré lui aux mouvements d'évolution de la masse du peuple. Il la connaît bien, lui,
la foule, il l'a reçue chez lui ; dans ce confessionnal où le jour
peut entrer sans que les secrets en sortent et qui se nomme
son cabinet ; il a écouté ses plaintes, il a vu ses pleurs. Il sait ce
que souffrent les petits, quels maux rongent la bourgeoisie, et
son état est de le dire, son devoir de le faire comprendre aux
juges planant au-dessus de la réalité des choses de toute la
hauteur de leur bureau. Il est au Palais le naturalisme, en face
de l'idéalisme représenté par l'avocat général. Tandis que le
magistrat debout invoque les grands principes, parle au nom de
la justice, de la famille, de la propriété et « autres balançoires »,
comme disait M. le président Cartier, lui, découvre les plaies,
montre des cicatrices, conte des misères et des douleurs.

De là, les deux genres d'éloquence, si dissemblables, du ministère public et de la défense. Le substitut conserve encore
presque toutes les formes rhétoriciennes et redondantes des harangues au Parlement, il est d'ordinaire gonflé et vise au gran-

diose : l'avocat (nous parlons de la jeune école) veut être précis et sobre, retenir l'attention par la simplicité et obtenir l'émotion par la vérité brutalement peinte. La génération nouvelle tend à créer une sorte d'éloquence mathématique qui serait faite de moins de virtuosité, mais de plus de science, et qui, en réalité, se composerait de beaucoup de savoir joint à beaucoup de talent. L'orateur crierait moins, il ne gesticulerait plus, il convaincrait peut-être davantage. La transformation d'ici dix ans sera complète. Un symptôme le prouve : certains membres du Parquet de la Seine — des jeunes — ont eu recours, eux aussi, à ces moyens oratoires simplifiés, et le succès leur a prouvé que l'éloquence la moins apprêtée est encore la meilleure éloquence; que l'analyse des mobiles frappe plus juges et jurés que l'apostrophe, et qu'un rapport de médecin-légiste a plus de poids que le plus bel épiphonème.

Si ce changement s'opérait d'une façon absolue, si des deux côtés de la barre on en arrivait, non plus à prononcer des réquisitoires et des plaidoiries visant surtout à être « un habile réquisitoire » ou « une émouvante plaidoirie », mais à discuter des charges, à les examiner sérieusement et savamment avec le calme réfléchi de médecins en désaccord sur le remède à appliquer, la justice aurait fait un grand pas; elle cesserait d'être une sorte de « culte » avec son cérémonial et son rituel, pour devenir une clinique des maladies morales; le Palais ne serait plus un temple, ce serait le plus imposant et le plus auguste des hôpitaux.

II

LE PALAIS DE DEMAIN

Ces temps ne sont pas venus !... Et, sans le vouloir, c'est le Palais d'un avenir encore bien lointain que nous venons de rêver.

Que sera-t-il, ce Palais de demain? On conçoit qu'il serait

assez malaisé de le préciser. Il est question, couramment,
de maintes réformes. Dans le Parlement, dans la presse, les
projets les plus divers sont chaque jour mis en avant. Il n'est
pas d'incident judiciaire, tant soit peu retentissant, qui n'en
fasse surgir toute une série. Mais il y a loin, comme on sait, de
la coupe aux lèvres : entre l'idée d'une réforme, si juste, si
désirable soit-elle, et sa réalisation.

Ce qui semble certain, c'est que la justice tend à se simplifier,
qu'elle deviendra peu à peu moins lente et moins pompeuse,
moins pittoresque, par suite, mais plus pratique. Toutes les
innovations ont pour but d'en abréger les délais et de la rendre
plus accessible aux humbles, à ceux auxquels sa protection est
le plus nécessaire. On étend la compétence des juges de paix, on
multiplie les Conseils de prud'hommes, on cherche à développer
l'arbitrage. Plus on ira, plus le changement sera accentué, plus
la physionomie de la vie judiciaire se modifiera dans ce sens.

Par exemple, que les juges soient élus et la robe proscrite,
que l'accès de la barre ne soit plus en quelque sorte réservé aux
seuls avocats, ou, simplement, que l'exercice de la profession
d'avocat ne dépende plus de l'agrément d'un « Conseil de
l'Ordre », et ce sera l'éclosion de mœurs nouvelles au Palais de
Justice.

Sans aller jusqu'au bouleversement total des « traditions », il
n'est pas téméraire de prévoir tout un ensemble de mesures
législatives dont la répercussion ne peut manquer de se faire
sentir sur les rapports de juge à justiciable.

La réforme du Code de procédure civile, celle du Code d'instruction criminelle, la revision de quelques titres du Code civil,
la refonte des lois répressives, sont de ce nombre.

Certes les problèmes qui se posent et sollicitent une solution se multiplient à l'infini. Ainsi, pour beaucoup, l'huissier,
dont la popularité n'a, d'ailleurs, jamais été excessive, est un
luxe inutile et coûteux, et la poste le pourrait, dans la plupart
des cas, remplacer avantageusement. La nécessité de l'avoué,
juxtaposé à l'avocat, n'apparaît pas très clairement à d'autres.
Aux juges correctionnels, il en est qui préfèrent hautement le

jury correctionnel, dans la conviction où ils sont que des magistrats temporaires, en dépit de quelques erreurs inévitables, sont
plus aptes à juger humainement que des magistrats de métier,
insensiblement portés, par l'habitude même de juger, à ne voir
dans le justiciable qu'une matière à jugement. La question même
du juge unique, avec jury civil, a été soulevée et fournit un aliment
de plus aux controverses.

On en est venu à dire : « Le moins de juges possible ! »
comme d'autres, en politique, vont répétant : « Le moins de
gouvernement possible ! » Et de hardis esprits sont partis de là
pour préconiser, en matière civile, l'arbitrage obligatoire ! Ceux-
là estiment que, si les décisions des arbitres courent le risque
de n'être pas toujours strictement d'accord avec le texte du Code,
il sera rare du moins qu'elles ne le soient pas avec le bon sens ;
et cela leur est une consolation suffisante.

Ils font observer, au surplus, que, dans l'arbitrage, on pourra,
sans grand effort, trouver, quand on voudra, la *compétence*, qui
est, à leur avis, beaucoup plus apparente que réelle dans le système actuel, où il semble que le juge soit présumé omniscient.
Les plaideurs, disent-ils, ne seraient-ils pas amenés, par la
force même des choses, à choisir les arbitres le plus en situation, par leur profession ou leurs aptitudes, de trancher leur
différend, et viendrait-il jamais à la pensée de deux littérateurs
de prendre pour juges de leurs contestations des savetiers ?

L'engagement imposé à leurs membres, par certaines Sociétés littéraires et artistiques, de soumettre leurs démêlés professionnels au jugement arbitral du Bureau de la Société ou d'un
comité désigné par elle n'est-il pas comme un acheminement
vers cet arbitrage légalement obligatoire ?

Mais ce sont là théories réformistes sur le caractère pratique
desquelles on peut discuter à perte de vue.

Une seule a l'heureux privilège de réunir les suffrages de
tous les justiciables, c'est celle qui a trait à la réduction des frais
de justice. De sérieux efforts sont faits pour donner à l'opinion
une satisfaction positive à cet égard. Mais, avant que le principe
fameux de la gratuité de la justice soit appliqué dans toute sa

rigueur, il s'écoulera, selon toute apparence, un nombre respectable d'années!...

Le rêve, ce serait la découverte d'un système judiciaire qui, avec la gratuité absolue de la justice, assurerait le recrutement de magistrats — permanents ou temporaires — ayant, chacun dans ses attributions, le caractère et la compétence, science et conscience; qui, juges criminels ou correctionnels, auraient pour unique souci, dans une procédure, de rechercher la vérité, pour but unique l'application des lois; aux yeux desquels le prévenu, réputé innocent jusqu'à l'arrêt de condamnation, ne prendrait pas trop souvent figure de coupable, et dont enfin la froide et sereine urbanité ne distinguerait jamais entre les « puissants » et les « misérables »...

Mais ce Palais idéal, ce n'est ni celui de demain ni celui de l'avenir. N'est-ce pas le Palais impossible?

Paris, octobre 1891.

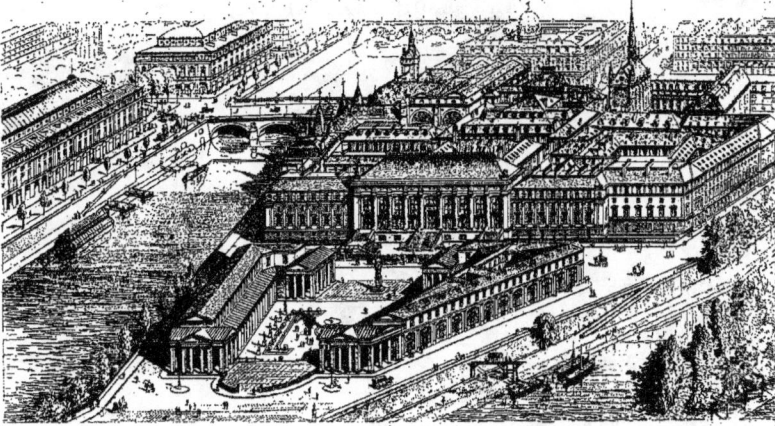

Vue générale du Palais, avec projet complémentaire (Duc et DOMMEY, architectes).

TABLE DES MATIÈRES

〜〜〜〜

I

LE PALAIS ANCIEN ET LE PALAIS ACTUEL

II

MAGISTRATURE D'AUTREFOIS ET JUSTICE D'AUJOURD'HUI

III

LA VIE JUDICIAIRE

JUSTICE CIVILE